JN080633

木造・S造・RC造 ディテール集 断熱納まり 増補版

X-Knowledge

W
木造

S
鉄骨造

RC
鉄筋コンクリート造

木造・S造・RC造 ディテール集

CONTENTS

外壁

ページ数	木造	S造	RC造
011	窯業系サイディング	ALC板（縦張り・ロッキング構法）	打放し・吹付け
012	〃	ALC板（横張り・ロッキング構法）	タイル
013	ガルバリウム鋼板	COLUMN	〃
014	湿式仕上げ	押出し成形セメント板（横張り）	石
015	金属外装と湿式仕上げの取合い	〃	〃
016	木板、木板＋モルタル吹付け	PCa版、金属パネル	金属パネル（箱曲げ、切り板）
017	COLUMN	断熱サンドイッチパネル	スパンドレル

開口部

ページ数	木造	S造	RC造
019	窯業系サイディング（横張り）	ALC板	打放し・吹付け
020	〃	〃	〃
021	ガルバリウム鋼板	〃	タイル
022	湿式仕上げ	押出し成形セメント板（縦・横張り共通）	石（乾式工法）
023	木板	アルミパネル	外付けサッシ
024	COLUMN	スパンドレル	ガラスブロック
025	サッシと外壁面をそろえる	断熱サンドイッチパネル	複層ガラス
026	外付けサッシ＋真壁＋障子	カーテンウォール	断熱サッシ
027	FIX窓	コーナーサッシ	エアタイトサッシ
028	アルミサッシ	出窓	2重サッシ
029	アルミサッシ（外付け）	〃	〃
030	掃出し窓（一般サッシ、デッキ、ノンレールサッシ、デッキ）	掃出し窓（ノンレールサッシ、デッキ）	掃出し窓（ノンレールサッシ、デッキ）

内壁

ページ数	木造	S造	RC造
059	クロス、タイル、左官	LGS下地／クロス	GL工法／クロス、木下地／クロス
060	スギ板＋左官、合板＋左官	塗装、薄塗り左官、断熱・遮音仕様	塗装、薄塗り左官、断熱・遮音仕様
061	合板、出隅（塗装）	左官、合板	左官、合板
062	出隅（左官）、入隅（左官・突付け）	タイル、石（規格品）	タイル、石（規格品）
063	入隅（左官・出目地）	本石、アルミパネル	本石、アルミパネル
064			
065			
066			
067	出幅木	付幅木、壁左官	壁塗装、平幅木（壁クロス）
068	付幅木、平幅木	畳寄せ（真壁、大壁）	入幅木（石）、地下2重壁
069	入幅木、幅木なし	雑巾摺り	地下2重壁＋湧水床パネル、湧水壁パネル＋湧水床パネル

天井

ページ数	木造	S造	RC造
071	合板	クロス	クロス
072	クロス、薄塗り左官・塗装	塗装、合板	敷目板、左官
073	縁甲板、露し	縁甲板、練付け合板	スパンドレル、浴室天井材（捨張りあり）
074	曲面	ロックウール吸音板、直天井	浴室天井材（捨張りなし）、直天井
075	異種仕上げの取合い、下がり天井（見切なし）	下がり天井（見切なし）、下がり天井（アルミ見切）	下がり天井、カーテンボックス
076	下がり天井（見切縁）、カーテンボックス	下がり天井（木製見切）	
077	壁と天井の見切、間接照明		

建具

ページ数	木造	S造	RC造
079		開き戸の枠廻り	
080		枠のバリエーション	
081	大壁と真壁が切り替わる部分の開き戸、ムク材を使用した片引戸の枠廻り（平面、断面）		
082	枠を目立たせない、大壁と真壁が切り替わる部分の片引戸		
083	鴨居・敷居のバリエーション、片引戸を戸袋に引き込む		

床・基礎断熱

ページ数	木造	S造	RC造
111	XPS／EPS	XPS	現場発泡硬質ウレタンフォーム
112	〃		
113	〃		

壁断熱

ページ数	木造	S造	RC造
115	グラスウール	現場発泡硬質ウレタンフォーム	現場発泡硬質ウレタンフォーム、XPS
116	XPS、EPS	断熱サンドイッチパネル	ロックウール、ボード状硬質ウレタンフォーム
117	セルロースファイバー	高性能グラスウール	COLUMN

天井断熱

ページ数	木造	S造	RC造
119	グラスウール、高性能グラスウール	高性能グラスウール	XPS

外気に接する床の断熱

ページ数	木造	S造	RC造
121	高性能グラスウール／現場発泡硬質ウレタンフォーム	XPS、現場発泡硬質ウレタンフォーム	XPS、XPS＋EPS(外断熱システム)

屋根断熱

ページ数	木造	S造	RC造
123	セルロースファイバー、高性能グラスウール	現場発泡硬質ウレタンフォーム	EPS(外断熱システム)、XPS
124	フェノールフォーム	ボード状硬質ウレタンフォーム	ボード状硬質ウレタンフォーム
125	XPS、現場発泡硬質ウレタンフォーム	現場発泡硬質ウレタンフォーム＋ボード状硬質ウレタンフォーム	現場発泡硬質ウレタンフォーム(＋屋上緑化)

本書の使い方

本書は木造・S造・RC造の3つの構造について、工事種目ごとに分け、対比しながらその納まりを比較できるように表示している。また、構造に関係なく同じディテールを使用する場合は、共通項目として掲載した。規格寸法など、一般に使用する寸法などは表にまとめてある。各構造における工事で頻繁に遭遇する基本的な納まりから、専門業者しか知りえないような応用的なテクニックまで網羅してある。今後の設計活動に大いに活用されたい。

工事区分タイトル

「外壁」や「開口部」など、工種ごとに大きなくくりで分けてある。設計する部位がどこにあたるのか、工事区分を参考にして該当する詳細図を探してほしい

工事区分目次

冒頭の目次だけでなく、工事区分ごとの構造別の目次を掲載。どの構造のどのような内容がどこにあるのかが一目で分かる

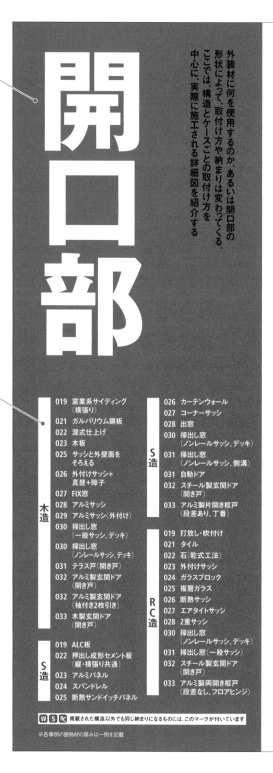

開口部

外装材に何を使用するのか、あるいは開口部の形状によって、取付け方や納まりは変わってくる。ここでは、構造とケースごとの取付け方を中心に、実際に施工される詳細図を紹介する

W **S** **Rc** 掲載された構造以外でも同じ納まりになるものには、このマークが付いています

※各事例の断熱材の厚みは一例を記載

規格寸法の半外付けサッシが主流

木造

外部開口部は、建物の断熱性能の向上のためアルミサッシから樹脂サッシに大きな転換が進んでいる。樹脂サッシには、今までのアルミサッシにあった外付けタイプのラインナップが無くなったことに注意。樹脂サッシの場合、真壁の和室にも半外付けタイプを使うことになるが、見切りなど付ける必要が出てくることと、障子を入れる場合には、取り付け位置を外壁側にする必要も出てくる。障子を入れた真壁のデザインを重視する場合は、ラインナップに残っている樹脂アルミの複合サッシを採用するのも一手だ。

サッシを室内側に入れすぎない

S造

S造の開口部では、用いられる外装材のタイプによって、サッシの納まりが異なる。外装材を躯体に直に取り付けるALC板などでは、パネル自体が開口枠となるため、サッシはパネルに取り付けられた開口補強材［❶］のフレームに溶接する。胴縁を用いる工法の場合、胴縁が開口フレームとなる。

各工法で専用のサッシが製品化されていることが多いが、それ以外のものを用いる場合は、サッシを室内側に入れすぎないことや、シーリングの打ち方など、雨仕舞には十分注意したい。

抱きをとった内付けサッシが一般的

RC造

RC造の開口部は、躯体に「抱き」をつくって室内側からサッシを納める内付けが一般的である。基本的にサッシ枠で止水されるS造とは異なり、ある程度の抱きがあるほうが雨仕舞は有利。抱きの寸法や額縁の位置は、外装材の種類や断熱材の入れ方によって調整する。

サッシ枠は躯体に埋め込んだサッシアンカーに溶接して固定するが、溶接のためには、サッシ形状や室内側の納まりも含めて、躯体に適切な欠き込みが必要になる。上下枠での欠き込み寸法をその都度しっかり確認しておく。

構造見出し

構造別の見出し。木造、S 造、RC 造の 3
種類に分類されており、工事の種類や段
階ごとに、順番に右へと読み進める

構造別チェックポイント

各構造ごとの、その工種におけるポイ
ント。どのような点に注意して設計を
すればよいのか、簡潔にまとめてある

使用材料と設計ケース名

どのような材料を使用したときのディ
テールなのか、あるいは設計する際に注
意すべきケースの名称。そこで使用する
材料のポイントなども記載されている

1│窯業系サイディング（横張り）

❶平断面［1:10］

窯業系サイディングア14
胴縁20×40
透湿防水シート
構造用面材
グラスウールア105

樹脂サッシ

シーリング

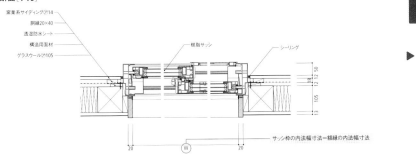

サッシ枠の内法幅寸法＝額縁の内法幅寸法

20　Ⓦ　20

開口部

各部位詳細図

各構造のさまざまな詳細図。平
面や断面など、設計者だけでは
なく施工者にも理解できるよう
に、よくあるケースについて取
り上げている

1│ALC板

❶平断面（縦張り・横張り連窓）［1:8］

複層仕上塗材

サッシ芯
壁芯

開口補強材
LGS

シーリング：MS-2
防水モルタル

アルミサッシ
（ALC板用）

開口補強材

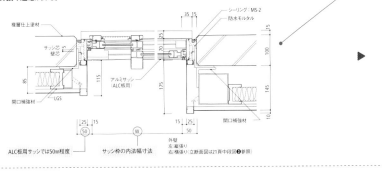

ALC板用サッシでは50㎜程度

サッシ枠の内法幅寸法

外壁
左 縦張り
右 横張り（立断面図は21頁中段図❸参照）

1│打放し・吹付け

❶平断面［1:8］

打放しまたは
複層仕上塗材

抱き

壁芯
サッシ芯

アルミサッシ

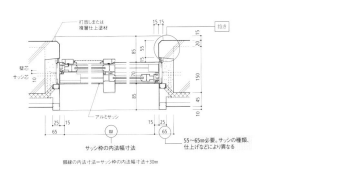

サッシ枠の内法幅寸法

額縁の内法寸法＝サッシ枠の内法幅寸法＋30㎜

55～65㎜必要。サッシの種類、
仕上げなどにより異なる

注釈

図面だけではわかりにくいこと、
あるいは法的な補足の説明など
を、欄外に表示

特記 ❶ALC板の外壁に開口部を設ける場合、開口補強材が必要。開口補強材の選定は、開口の大きさ、風圧および工法により異なるため、構造計算で求める。各メーカーより部材選
定の目安が示されている

外壁

構造体によって外壁の仕上げ方には大きな特徴がある。ここでは、外壁を仕上げるときの下地となる部材と躯体との取合いなどの納まりについて代表的な例をあげていく

壁内結露をどう防ぐか

木造

木造の外壁仕上げは大きく乾式仕上げと湿式仕上げに分類できるが、その種類は多様である。ただ、いずれの工法においても特に壁内結露への対策には注意したい。壁の気密性を高めることは重要だが、壁内に入り込む湿気を完全に防ぐのは難しいので、外壁通気と合わせて考え、入ってしまった湿気を逃がす工夫を施しておく。室内からの湿気を防ぐために、壁の室内側に防湿シートなどを張り、さらに室外側は透湿防水シートや通気胴縁などによって、湿った空気を外部に放出できるようにする。

鉄骨躯体とのクリアランスを押さえる

S造

S造の外壁は、柱や梁にアングル（山形鋼）などを溶接し直接固定するもの（ALC板など）と、アングルやチャンネル（溝形鋼）などで胴縁を立て、そこに外壁材を固定するもの（金属系パネルなど）に大きく分けられる。いずれも躯体とのクリアランスを押さえることが、納まりのうえで重要になる。

一般に多く用いられるALC板[❶]でも、縦張りは各階の梁に固定されるが、横張りは柱で固定することが多いため、張り方によってクリアランスの値が変わってくることに注意しておきたい。

増打ち、目地の対応で躯体を保護

RC造

RC造の外壁仕上げは、躯体をそのまま見せる打放し仕上げと、躯体に仕上げとして塗装や吹付け[❷]を施すもの、モルタルや胴縁などの下地を用いて仕上材（タイル、石、金属系パネルなど）を張るものに大別できる。

いずれも躯体の強度低下を防ぐため（特に打放しや吹付け仕上げの場合）、コンクリートの増打ちで鉄筋のかぶり厚を確保したり、外壁面のひび割れによって水を招き入れないように適切な目地の設置とシーリング処理を行ったり、十分な対策をとりたい。

1｜窯業系サイディング

❶基礎廻り(横張り)［1:12］

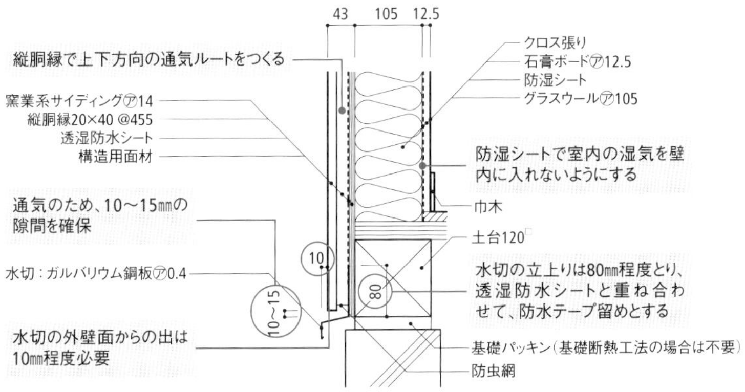
43
105
12.5
縦胴縁で上下方向の通気ルートをつくる
窯業系サイディング㋐14
縦胴縁20×40 @455
透湿防水シート
構造用面材
通気のため、10〜15㎜の隙間を確保
水切：ガルバリウム鋼板㋐0.4
水切の外壁面からの出は10㎜程度必要
10
10〜15
80
クロス張り
石膏ボード㋐12.5
防湿シート
グラスウール㋐105
防湿シートで室内の湿気を壁内に入れないようにする
巾木
土台120□
水切の立上りは80㎜程度とり、透湿防水シートと重ね合わせて、防水テープ留めとする
基礎パッキン(基礎断熱工法の場合は不要)
防虫網

❷基礎廻り(縦張り)［1:12］

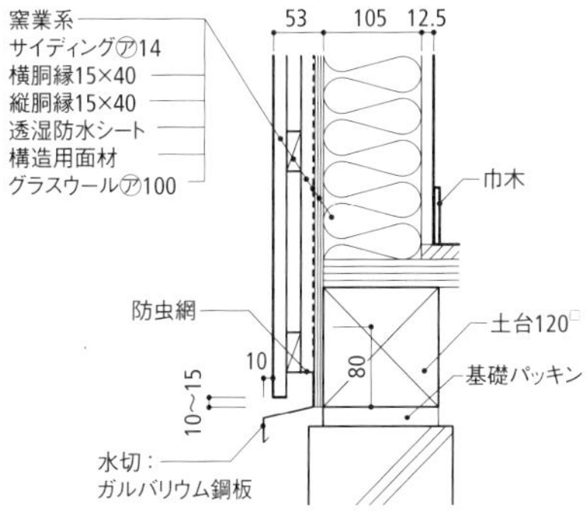
窯業系
サイディング㋐14
横胴縁15×40
縦胴縁15×40
透湿防水シート
構造用面材
グラスウール㋐100
53
105
12.5
巾木
防虫網
10
80
10〜15
土台120□
基礎パッキン
水切：
ガルバリウム鋼板

縦張りの場合には横同縁を使うが、胴縁が外壁通気の邪魔をしてしまう。そのために胴縁に欠き込みがしてあるものを使うなどの配慮が必要である。

1｜ALC板(縦張り・ロッキング構法)

❶一般部［1:15］

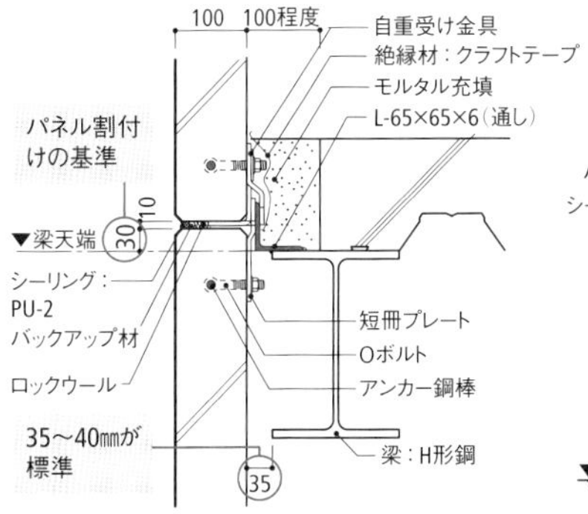
100
100程度
自重受け金具
絶縁材：クラフトテープ
モルタル充填
L-65×65×6(通し)
パネル割付けの基準
▼梁天端
30
10
シーリング：
PU-2
バックアップ材
ロックウール
35〜40㎜が標準
短冊プレート
Oボルト
アンカー鋼棒
梁：H形鋼
35

❷基礎廻り［1:15］

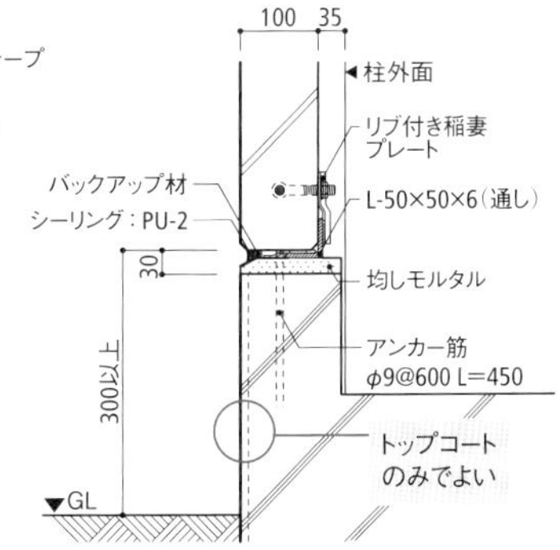
100
35
柱外面
リブ付き稲妻プレート
バックアップ材
シーリング：PU-2
L-50×50×6(通し)
30
均しモルタル
300以上
アンカー筋
φ9@600 L=450
トップコートのみでよい
GL

❸出隅［1:20］

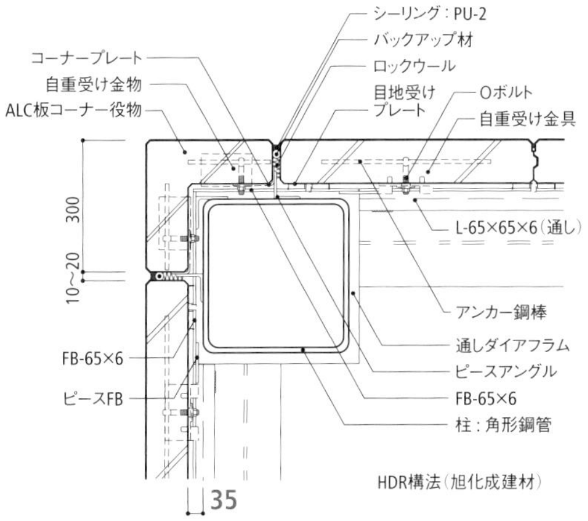
シーリング：PU-2
バックアップ材
ロックウール
コーナープレート
自重受け金物
ALC板コーナー役物
目地受けプレート
Oボルト
自重受け金具
300
10〜20
L-65×65×6(通し)
アンカー鋼棒
通しダイアフラム
ピースアングル
FB-65×6
ピースFB
FB-65×6
柱：角形鋼管
35

HDR構法(旭化成建材)

ロッキング構法とは地震などによる層間変位に対し、パネルが回転し追従する取付け構法。図のOボルトとアンカー鋼棒によって回転が可能になる。

1｜打放し・吹付け

❶基礎廻り［1:15］

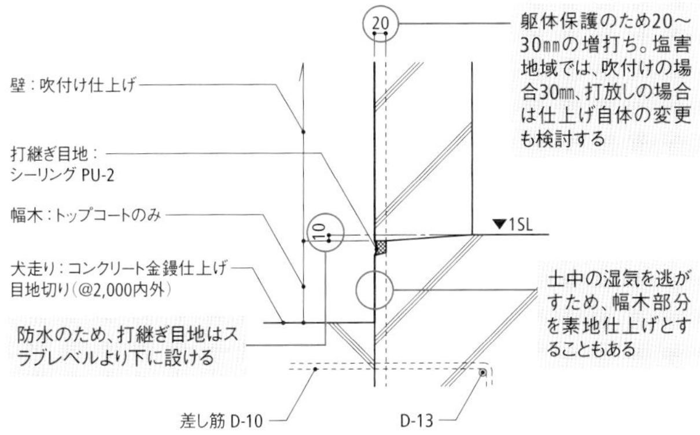
20
躯体保護のため20〜30㎜の増打ち。塩害地域では、吹付けの場合30㎜、打放しの場合は仕上げ自体の変更も検討する
壁：吹付け仕上げ
打継ぎ目地：
シーリング PU-2
幅木：トップコートのみ
10
▼1SL
犬走り：コンクリート金鏝仕上げ
目地切り(@2,000内外)
防水のため、打継ぎ目地はスラブレベルより下に設ける
土中の湿気を逃がすため、幅木部分を素地仕上げとすることもある
差し筋 D-10
D-13

❷目地とシーリング［1:8］

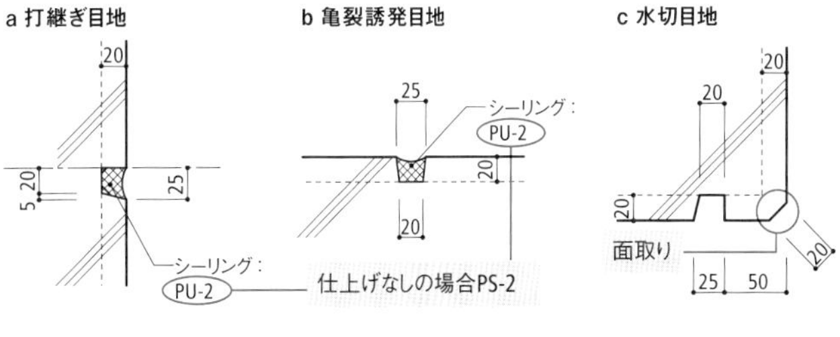
a 打継ぎ目地
b 亀裂誘発目地
c 水切目地
20
5
20
25
シーリング：
PU-2
25
シーリング：
PU-2
20
20
仕上げなしの場合PS-2
20
20
20
面取り
25
50
20

a 打継ぎ目地：コンクリートを打継ぐ個所に設ける
b 亀裂誘発目地：ひび割れが起こる範囲を目地内に限定するため、2〜3m おきに縦方向に設ける［❸］(横方向は打継ぎ目地が兼ねる)
c 水切目地：漏水や外壁の汚れ防止のため、軒天井や開口上部などに設ける［❹］。シーリングは不要

RC 造では打継ぎ部や亀裂誘発のために目地が必要になるが、そこで水の浸入を防ぐにはシーリングが重要である。シーリング材は、被着体や用いられる建物の個所によってそれぞれ適した成分があり、仕上げの有無によってもそれが異なるので注意したい［❺］。

特記 ❶ALC とは、Autoclaved Lightweight aerated Concrete (高圧高温蒸気養生された軽量気泡コンクリート)の略。外壁用パネルの標準サイズは、幅が 600㎜、厚さが 100・125・150㎜で、長さは厚さにもよるが、1,500〜5,000㎜の範囲で用意されている ❷吹付け材は JIS により細かく分類されている。一般に「吹付けタイル」と呼ばれる複層塗材と、「リシン」と呼ばれる薄塗り材、「スタッコ」と呼ばれる厚塗り材に分類される。耐久性、コスト、周辺環境などを考慮して選定する ❸バルコニーやパラペットなどの防水立上り部分では1.5m ピッチ程度 ❹人が触れる可能性のある場所・高さでは、なるべく面を取る ❺各成分の略記号：シリコーン系→ SR-1、SR-2／変成シリコーン系→ MS-1、MS-2／ポリサルファイド系→ PS-1、PS-2／アクリルウレタン系→ UA／ポリウレタン系→ PU-1、PU-2／アクリル系→ AC

（1| 窯業系サイディング）

❸水切を用いない場合［❶］［1:12］

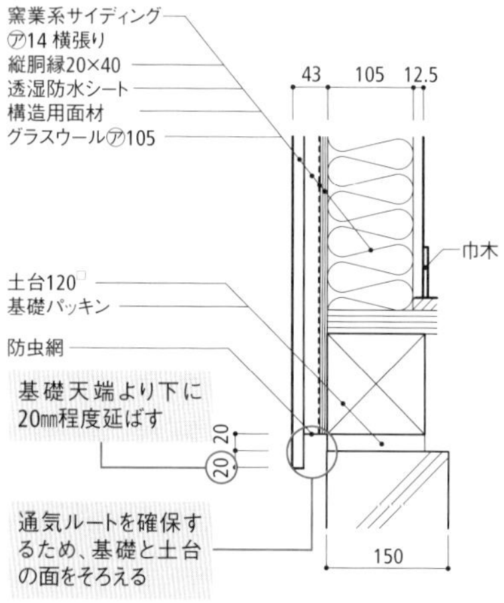
窯業系サイディング
㋐14 横張り
縦胴縁20×40
透湿防水シート
構造用面材
グラスウール㋐105
43
105
12.5
巾木
土台120□
基礎パッキン
防虫網
基礎天端より下に20㎜程度延ばす
20
20
通気ルートを確保するため、基礎と土台の面をそろえる
150

サイディングとは板状の乾式の外装材の総称で、一般に横張りは施工のしやすさ、縦張りは汚れにくさがメリットとされる。窯業系サイディングは、セメントに木片などの繊維質を混ぜて耐久性を高め、プレス成形で板状にしたもので、住宅の外壁に多く用いられる。ほかに金属系サイディング、木質系サイディングなどがあり、ほとんどの製品で外壁通気工法が標準化されている。

❹出隅（役物を用いない場合）［1:5］

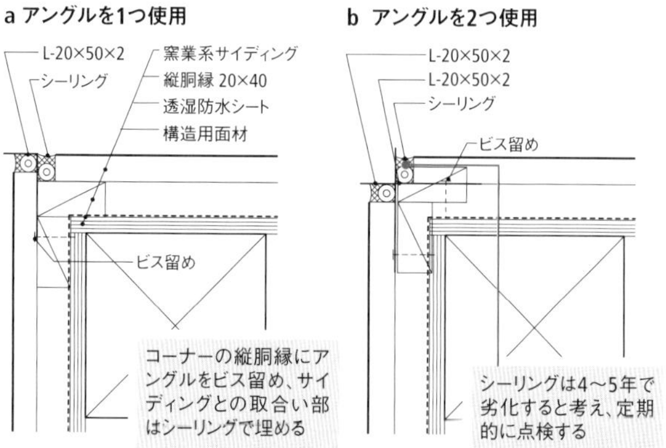
a アングルを1つ使用
L-20×50×2
シーリング
窯業系サイディング
縦胴縁 20×40
透湿防水シート
構造用面材
ビス留め
コーナーの縦胴縁にアングルをビス留め、サイディングとの取合い部はシーリングで埋める
b アングルを2つ使用
L-20×50×2
L-20×50×2
シーリング
ビス留め
シーリングは4〜5年で劣化すると考え、定期的に点検する

アングルや板金を用いて納めた出隅。a では 2 つの面の見え方が異なり、b では同じになる。比較的容易にすっきりと納められる。

2| ALC板（横張り・ロッキング構法）

❶一般部［1:15］

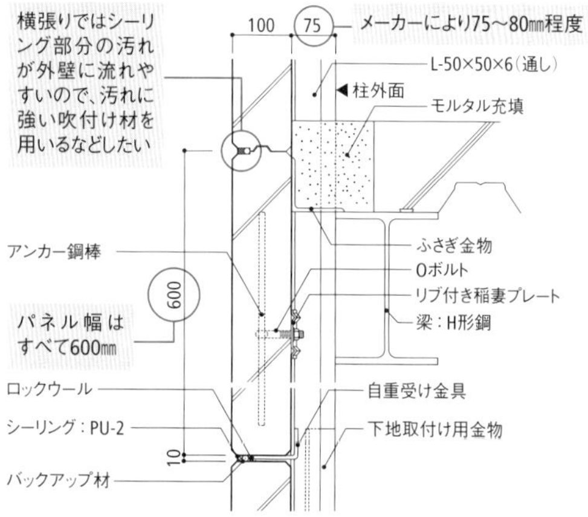
横張りではシーリング部分の汚れが外壁に流れやすいので、汚れに強い吹付け材を用いるなどしたい
100
75
メーカーにより75〜80㎜程度
L-50×50×6（通し）
柱外面
モルタル充填
アンカー鋼棒
600
パネル幅はすべて600㎜
ふさぎ金物
Oボルト
リブ付き稲妻プレート
梁：H形鋼
ロックウール
シーリング：PU-2
バックアップ材
10
自重受け金具
下地取付け用金物

❷出隅［1:20］

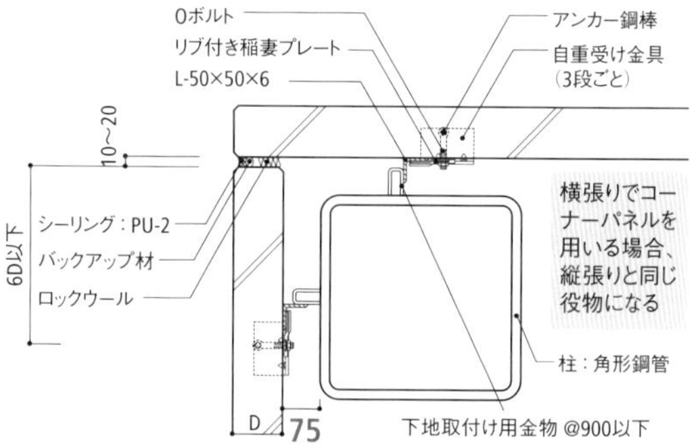
Oボルト
リブ付き稲妻プレート
L-50×50×6
アンカー鋼棒
自重受け金具（3段ごと）
10〜20
6D以下
シーリング：PU-2
バックアップ材
ロックウール
横張りでコーナーパネルを用いる場合、縦張りと同じ役物になる
柱：角形鋼管
D
75
下地取付け用金物 @900以下

ALC 板の横張りでは、通常、柱面に取付け用の金物を溶接するので［❷］、縦張りよりクリアランスが大きくなる。縦張りは雨仕舞でも比較的有利なため多用されるが、建物のプロポーションや開口部の形状によっては、横張りのほうが対応しやすい場合もある。

（1| 打放し・吹付け）

❸構造スリット［1:8］

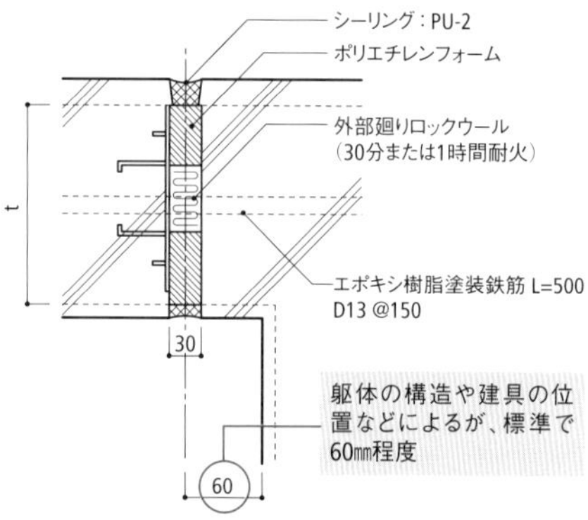
シーリング：PU-2
ポリエチレンフォーム
外部廻りロックウール（30分または1時間耐火）
t
エポキシ樹脂塗装鉄筋 L=500 D13 @150
30
躯体の構造や建具の位置などによるが、標準で60㎜程度
60

躯体の剛性を調整するため、柱や梁と腰壁・袖壁などの間にはスリットを設けて、非構造壁をつくりたい。スリットを中心に差し筋を入れるが、その際、鉄筋は防錆のためエポキシ樹脂を塗布したものか、亜鉛めっきを施したものを使用すること。

2| タイル

タイル張りの施工法のうち、工期短縮やコストダウンを目的として最近急増しているのが、下地モルタルなしで躯体に直接張る「直張り」である。ただし、あらかじめ下地調整として高圧洗浄で躯体の目粗しをしておくなど、タイルの剥落には十分注意する。タイルと下地の両側に張り付けモルタルを塗る「改良圧着張り」［❸］も広く用いられている［❹］。
外壁に使われるタイルは、主に磁器質とせっ器質のものである。サイズは、小口平（108 × 60 ㎜）、二丁掛け（227 × 60 ㎜）、ボーダー（227 × 30〜40 ㎜）、100 角（94 × 94 ㎜）、50 角（45 × 45 ㎜）、50 ㎜二丁（45 × 95 ㎜）などがあり、平物のほかにコーナー用の役物（曲げ、屏風曲げ）もある［③］。タイル張りは割付けが意匠に大きな影響を及ぼすので、タイルの選択にもそれを考慮する。

❶直張り［1:8］

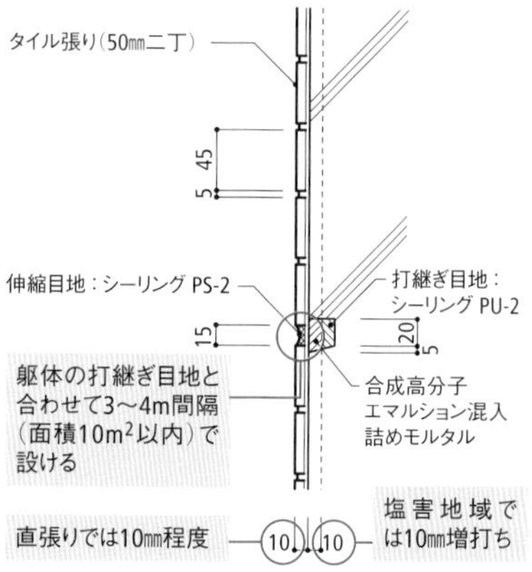
タイル張り（50㎜二丁）
45
5
伸縮目地：シーリング PS-2
打継ぎ目地：シーリング PU-2
15
20
5
躯体の打継ぎ目地と合わせて3〜4m間隔（面積10m²以内）で設ける
合成高分子エマルション混入詰めモルタル
直張りでは10㎜程度
10
10
塩害地域では10㎜増打ち

[特記] ❶各瑕疵担保機関に要確認　❷柱スパンによっては間柱が必要　❸張り付けモルタルをまず下地面に塗り、それが固まらないうちにタイル側にも薄く塗り付ける。両側に塗ることで、良好な接着力を得ることができる　❹ほかに工法としては、タイル側にのみ張り付けモルタルを塗る工法（改良積み上げ張り工法、マスク張り工法）や、下地側にのみ張り付けモルタルを塗る工法（密着張り工法、圧着張り工法、モザイクタイル張り工法）がある。各タイルによって推奨工法が定められている

2 | ガルバリウム鋼板

❶基礎廻り[1:12]

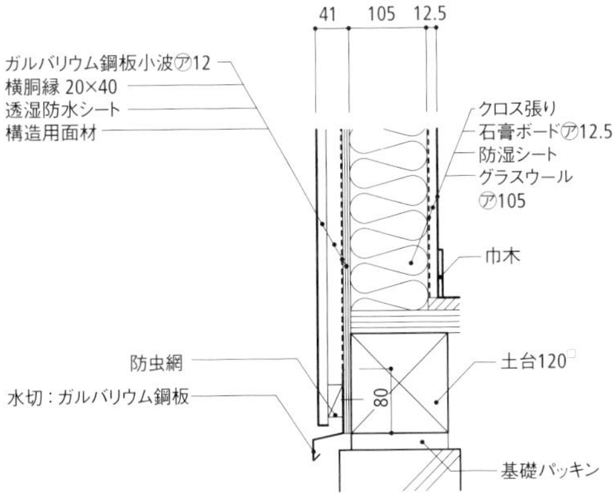
41
105
12.5
ガルバリウム鋼板小波㋐12
横胴縁 20×40
透湿防水シート
構造用面材
クロス張り
石膏ボード㋐12.5
防湿シート
グラスウール
㋐105
巾木
防虫網
水切：ガルバリウム鋼板
土台120□
80
基礎パッキン

ガルバリウム鋼板は耐久性やメンテナンス性が高く、意匠的にもまとめやすいことから、近年よく使用されている。

❷入隅・出隅(役物を用いない場合)[1:5]

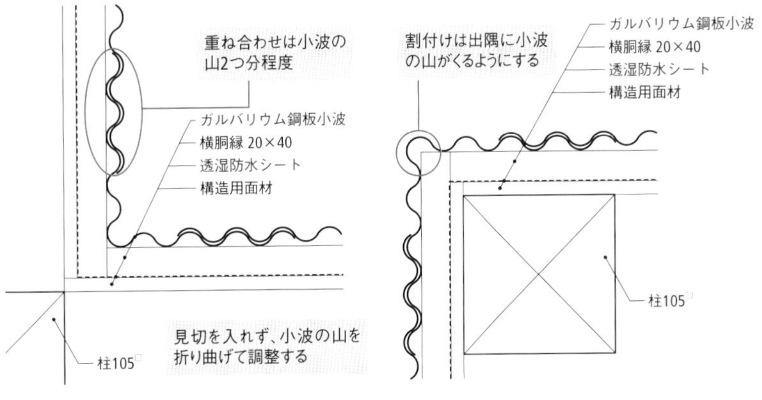
重ね合わせは小波の
山2つ分程度
ガルバリウム鋼板小波
横胴縁 20×40
透湿防水シート
構造用面材
柱105□
見切を入れず、小波の山を
折り曲げて調整する
割付けは出隅に小波
の山がくるようにする
ガルバリウム鋼板小波
横胴縁 20×40
透湿防水シート
構造用面材
柱105□

コーナーに役物を用いず曲げ加工で対応すると、すっきり見えると同時にコストダウンにもなる。ただし、あらかじめ割付けには気をつけておく。

[COLUMN]

クリアランスに影響する出っ張り

S造の外壁で鉄骨躯体からのクリアランスを決めるときは、通しダイアフラムや柱脚(基礎柱形)の寸法が大きく関わってくる。

ダイアフラムは角形鋼管柱の仕口部分における補強板で、最も一般的な「通しダイアフラム形式」[❺]では、柱面から25㎜程度外壁側に出っ張る。外壁の取付けの際にはその出寸法を考慮して、柱面から35〜40㎜のクリアランスをとるようにする。

また、露出型固定柱脚の基礎柱形を床スラブ内に納めない場合、外壁面より柱形が出っ張ることがあるので注意が必要。基礎柱形とベースプレートの寸法、アンカーボルトの出などを考慮したクリアランスの検討が必要である[❻]。

❶ダイアフラムの出寸法

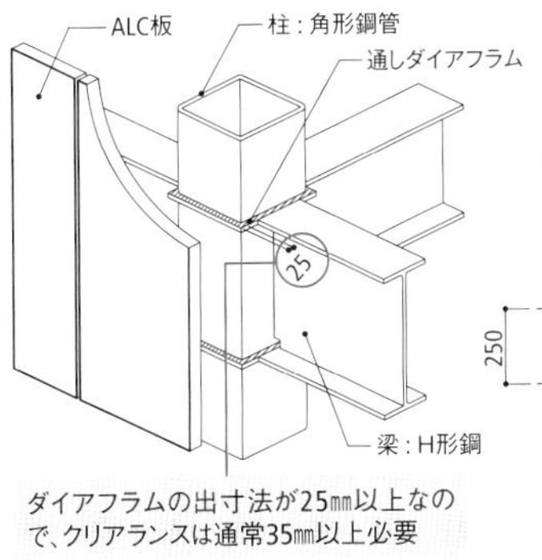
ALC板
柱：角形鋼管
通しダイアフラム
25
梁：H形鋼
ダイアフラムの出寸法が25㎜以上なの
で、クリアランスは通常35㎜以上必要

❷柱脚との取合い[1:40]

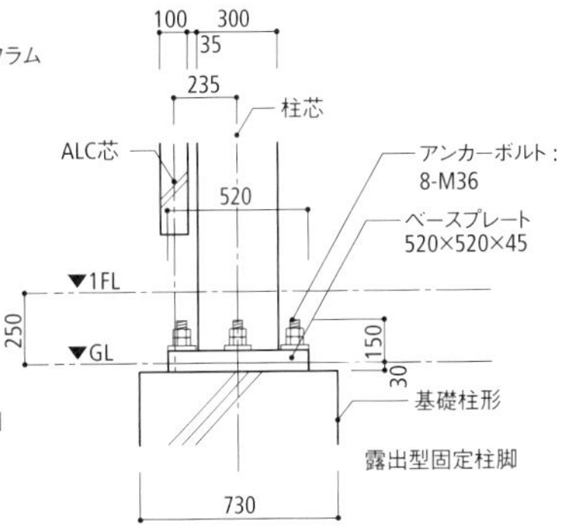
100
300
35
235
柱芯
ALC芯
520
アンカーボルト：
8-M36
ベースプレート
520×520×45
▼1FL
250
▼GL
150
30
基礎柱形
露出型固定柱脚
730

❷改良圧着張り[1:8]

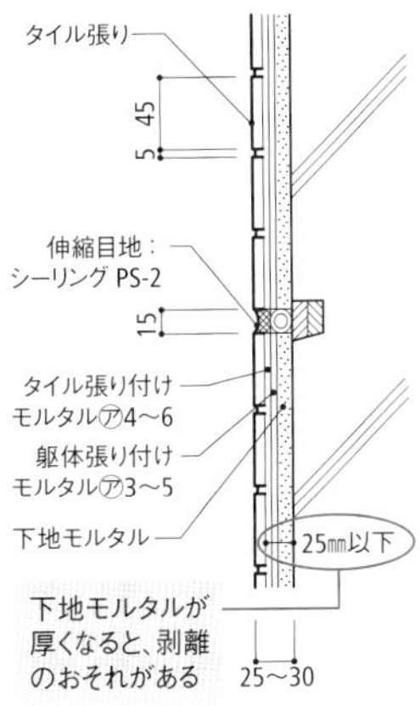
タイル張り
45
5
伸縮目地：
シーリング PS-2
15
タイル張り付け
モルタル㋐4〜6
躯体張り付け
モルタル㋐3〜5
下地モルタル
25㎜以下
下地モルタルが
厚くなると、剥離
のおそれがある
25〜30

❸役物タイルと出隅・入隅[1:10]

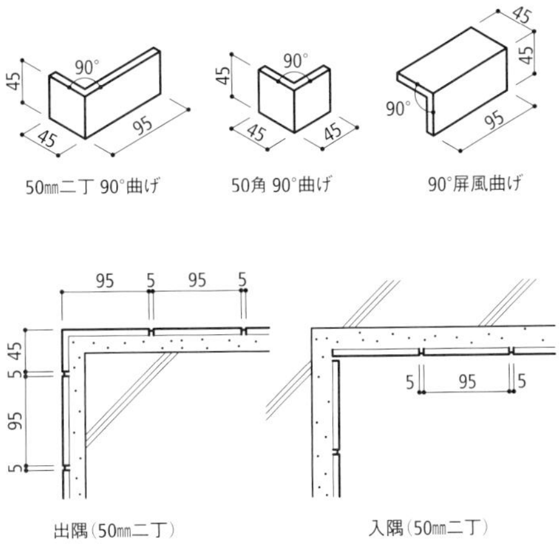
90°
45
45
95
50㎜二丁 90°曲げ
90°
45
45
45
50角 90°曲げ
45
45
90°
95
90°屏風曲げ
95
5
95
5
45
5
95
5
出隅(50㎜二丁)
5
95
5
入隅(50㎜二丁)

❹タイル割付けの考え方[1:40]

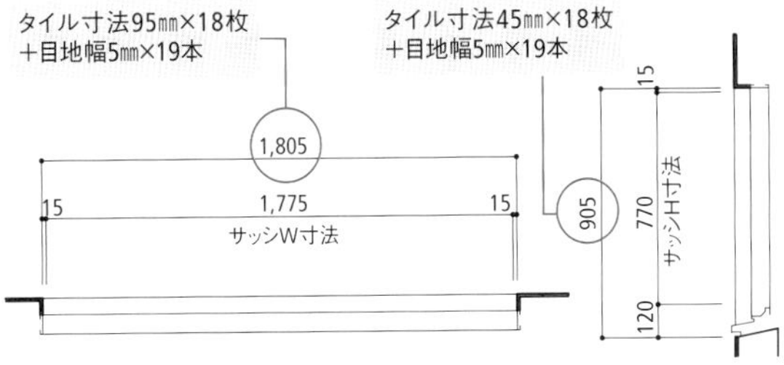
タイル寸法95㎜×18枚
+目地幅5㎜×19本
タイル寸法45㎜×18枚
+目地幅5㎜×19本
1,805
15
1,775
15
サッシW寸法
15
905
770
サッシH寸法
120

タイルの割付けは、目地幅も含めたタイル寸法を半端なく納めることが基本だが、実際には割り切れないことも多く、目地幅や端部で調整することになる[❼]。

特に、開口部廻りや独立柱などの目につきやすいところでは、使用するタイルを早めに決め、その寸法に合わせた躯体寸法の調整が重要になる。

上の図は、50㎜二丁のタイル張りで、W1,800×H750㎜程度の開口を設けようとした場合の例。

[特記] ❺柱を仕口部分で横方向に切断して、そこに2枚のダイアフラム(鋼板)を挟み、溶接で接合する。ほかに、鋼管内にダイアフラムを溶接する「内ダイアフラム形式」、外側に溶接する「外ダイアフラム形式」がある　❻S造の柱脚には、露出型、埋込み型、根巻き型があるが、中小規模の建物で多く採用されているのは、大臣認定品の露出型固定柱脚である。露出とはいえ、アンカーボルトより下は床コンクリートで埋められることも多い　❼ただし、マット状のユニットタイルは目地幅での調整が困難

3 | 湿式仕上げ [1:12]

❶モルタル吹付け(基礎廻り)

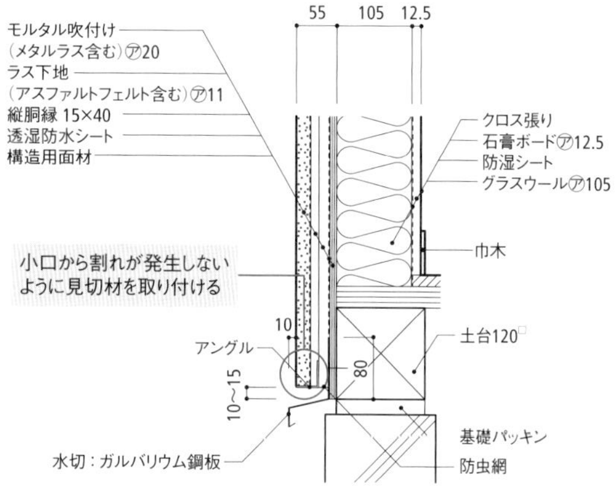
55
105
12.5
モルタル吹付け
(メタルラス含む)㋐20
ラス下地
(アスファルトフェルト含む)㋐11
縦胴縁 15×40
透湿防水シート
構造用面材
クロス張り
石膏ボード㋐12.5
防湿シート
グラスウール㋐105
巾木
小口から割れが発生しない
ように見切材を取り付ける
10
アングル
80
土台120□
10〜15
基礎パッキン
防虫網
水切:ガルバリウム鋼板

❷構造用合板を用いない場合

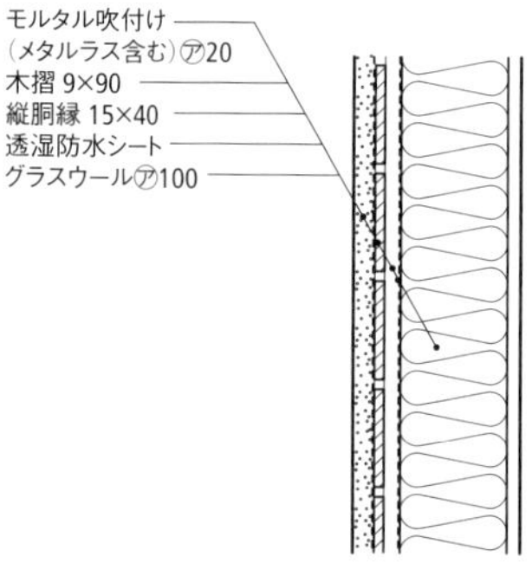
モルタル吹付け
(メタルラス含む)㋐20
木摺 9×90
縦胴縁 15×40
透湿防水シート
グラスウール㋐100

❶❷とも湿式仕上げの基本的な納まりだが、現在では❶が主流。❷では構造用合板の代わりに筋かいなど別の構造材が必要になるが、構造用合板は透湿性が低いため、外壁通気の観点では❷のほうが効果的である。ただし、木摺は材料費こそ安いが施工の手間がかかることも覚えておきたい。近年は透湿性が高い構造用面材も市販されているので、それも含めて工法を検討する。

3 | 押出し成形セメント板(横張り) [1:15]

❶一般部

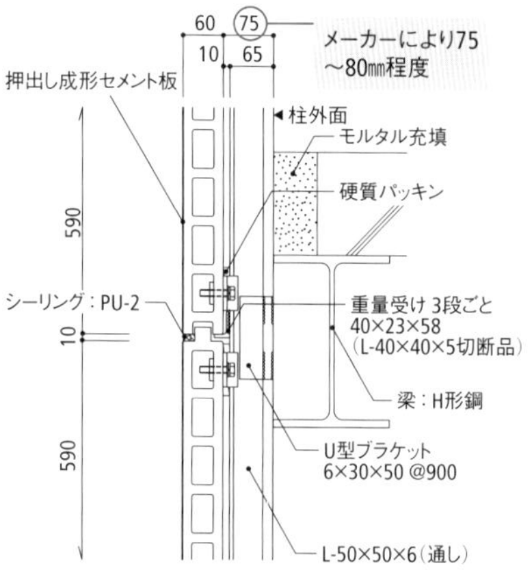
60
75
10
65
メーカーにより75
〜80㎜程度
押出し成形セメント板
柱外面
モルタル充填
硬質パッキン
590
シーリング:PU-2
10
重量受け 3段ごと
40×23×58
(L-40×40×5切断品)
梁:H形鋼
590
U型ブラケット
6×30×50 @900
L-50×50×6(通し)

❷基礎廻り

a 水切を付けない場合

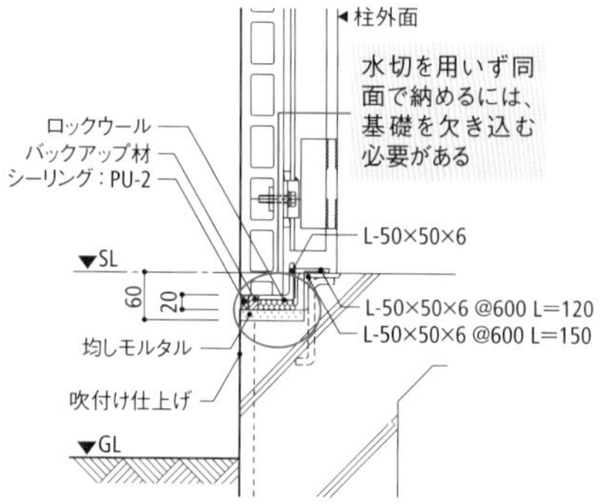
柱外面
水切を用いず同
面で納めるには、
基礎を欠き込む
必要がある
ロックウール
バックアップ材
シーリング:PU-2
SL
L-50×50×6
60
20
L-50×50×6 @600 L=120
L-50×50×6 @600 L=150
均しモルタル
吹付け仕上げ
GL

b 水切を付ける場合

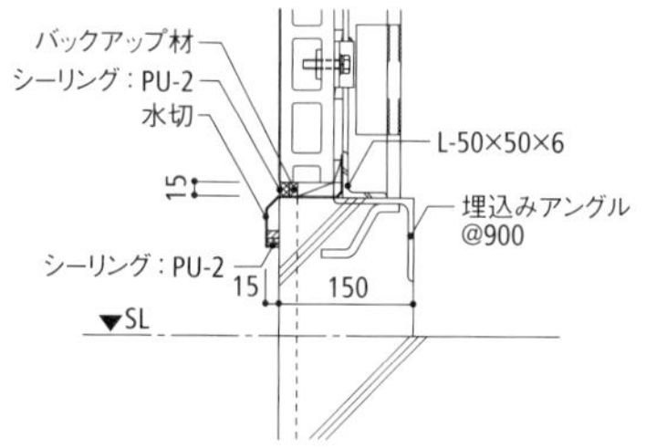
バックアップ材
シーリング:PU-2
水切
L-50×50×6
15
埋込みアングル
@900
シーリング:PU-2
15
150
SL

押出し成形セメント板[❶]はALC板に比べ壁厚が薄く、耐久性・耐火性・耐震性に優れる。胴縁が必要になるため、鉄骨躯体からのクリアランスはALC板(縦張り)より大きくなる。

3 | 石 [1:12]

石張りには乾式工法と湿式工法があるが、最近ではファスナーと呼ばれる金物を用いて躯体の層間変位に追随させる乾式工法が主流である[❷]。乾式工法でも使用する金物や躯体への留め方は石厚や荷重によって異なり、層間変位の大きさによっては2次ファスナー(2段式ファスナー)が必要となる[❸]。

石のサイズは、600〜900×900㎜程度が主流で、石厚は表面仕上げによって、30㎜以上(本磨き・水磨き・ジェットバーナー)、あるいは40㎜以上(小叩き・びしゃん叩き・割肌)を基本に考える。なお、汚れ対策には磨き仕上げが有効である。

❶乾式工法(1次ファスナー)

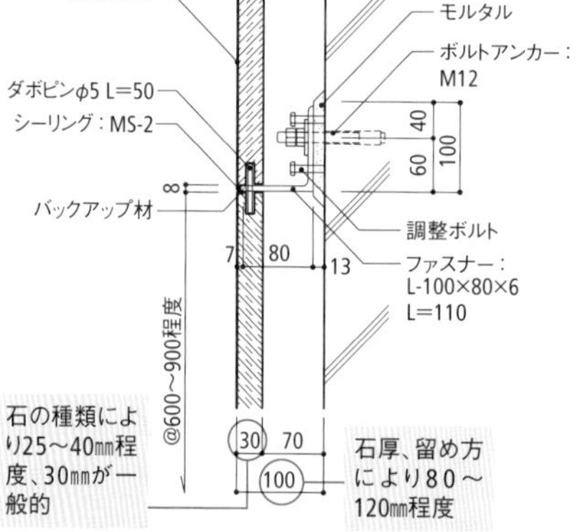
花崗岩張り
モルタル
ボルトアンカー:
M12
ダボピンφ5 L=50
シーリング:MS-2
40
100
60
8
バックアップ材
調整ボルト
7
80
13
ファスナー:
L-100×80×6
L=110
@600〜900程度
石の種類によ
り25〜40㎜程
度、30㎜が一
般的
30
70
100
石厚、留め方
により80〜
120㎜程度

❷乾式工法の基礎廻り

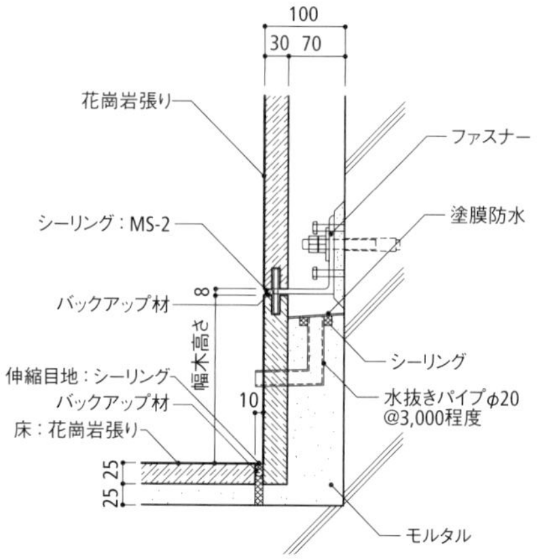
100
30
70
花崗岩張り
ファスナー
シーリング:MS-2
塗膜防水
バックアップ材
8
幅木高さ
シーリング
伸縮目地:シーリング
水抜きパイプφ20
@3,000程度
バックアップ材
10
床:花崗岩張り
25
25
モルタル

特記 ❶セメント・ケイ酸質原料および繊維質原料を主原料として中空板状に押出し成形し、オートクレーブ養生したパネル(Extruded Cement Panel、略してECP)。サイズはメーカーにより異なるが、主なものとして、厚さは50・60・75㎜、幅は440・490・590・890㎜がある ❷低層部分やエントランス廻りなど小面積の部分では、湿式工法が用いられることもある ❸建物の規模が大きい場合は、石打込みPCa版を用いることが多い

4 | 金属外装と湿式仕上げの取合い [1:12]

❶ガルバリウム鋼板+モルタル吹付け

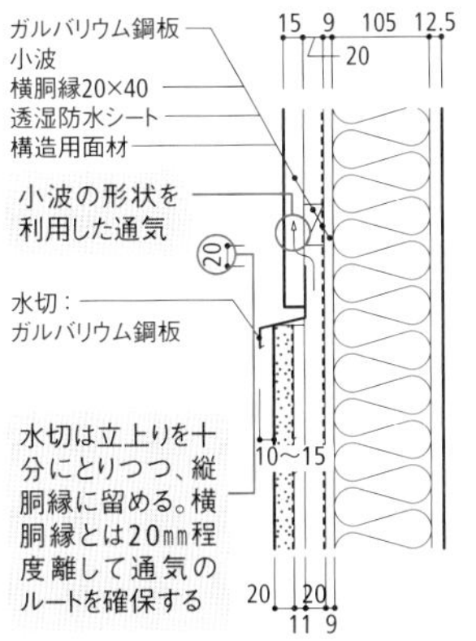

15 9 105 12.5
20
ガルバリウム鋼板小波
横胴縁20×40
透湿防水シート
構造用面材
小波の形状を利用した通気
20
水切：ガルバリウム鋼板
水切は立上りを十分にとりつつ、縦胴縁に留める。横胴縁とは20mm程度離して通気のルートを確保する
10〜15
20 20
11 9

❷取合い部に水切を設けない場合

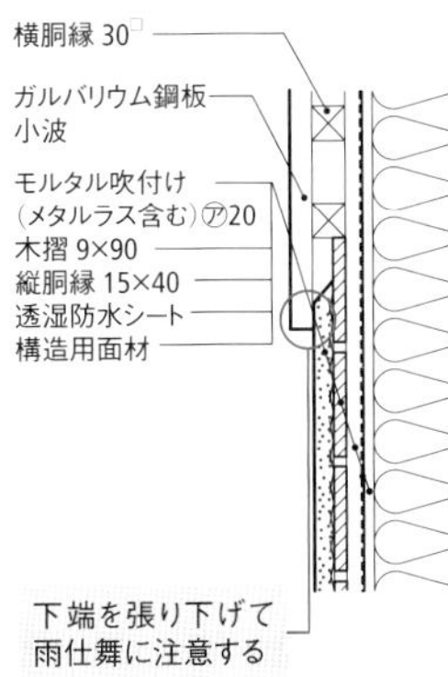

横胴縁 30□
ガルバリウム鋼板小波
モルタル吹付け（メタルラス含む）㋐20
木摺 9×90
縦胴縁 15×40
透湿防水シート
構造用面材
下端を張り下げて雨仕舞に注意する

❸モルタル吹付け+ガルバリウム鋼板

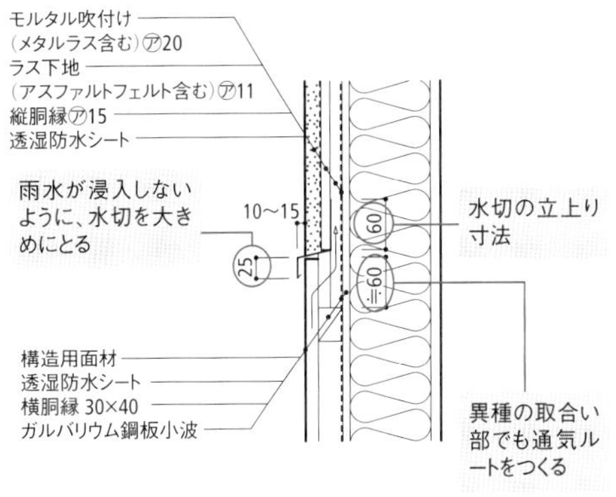

モルタル吹付け（メタルラス含む）㋐20
ラス下地（アスファルトフェルト含む）㋐11
縦胴縁㋐15
透湿防水シート
雨水が浸入しないように、水切を大きめにとる
10〜15
25
60
≒60
水切の立上り寸法
構造用面材
透湿防水シート
横胴縁 30×40
ガルバリウム鋼板小波
異種の取合い部でも通気ルートをつくる

木造住宅では階層ごとに異なる外装材を用いて、外観に意匠的な変化をつけることがよくある。取合い部の納まりのポイントは、通気層の連続や仕上げ厚さの調整、雨仕舞などになる。各仕上げで、耐久性やメンテナンス性に差があることも考慮しておきたい。

❸出隅

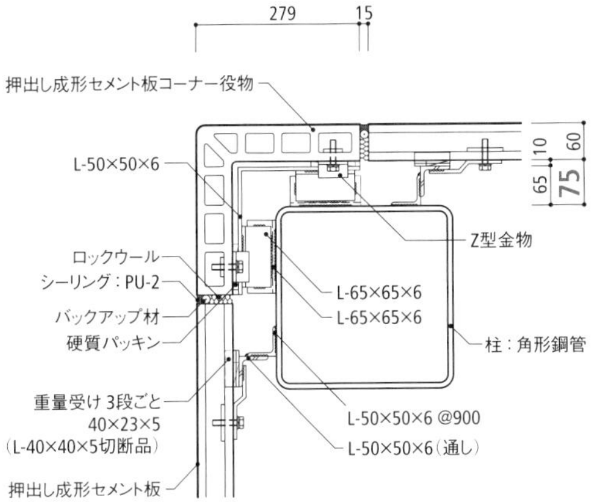

279 15
押出し成形セメント板コーナー役物
L-50×50×6
10 60
65 75
Z型金物
ロックウール
シーリング：PU-2
バックアップ材
硬質パッキン
L-65×65×6
L-65×65×6
柱：角形鋼管
重量受け 3段ごと 40×23×5（L-40×40×5切断品）
L-50×50×6 @900
L-50×50×6（通し）
押出し成形セメント板

COLUMN

ALC板外壁での耐火仕様

S造で耐火建築物とする場合は、柱・梁に耐火被覆、外壁には耐火パネルなどが必要になる。

ALC板の外壁は、75㎜以上の厚さで1時間の耐火性能を有するので、そのほかには柱・梁の耐火仕様を考えればよい。壁付け鉄骨柱・梁との合成被覆で一般的なのは、耐火被覆材の巻付けやロックウールの吹付けである。規模の大きい建物では、成形板耐火被覆材の取付けによる複合耐火も用いられる。

耐火被覆材の巻き付け

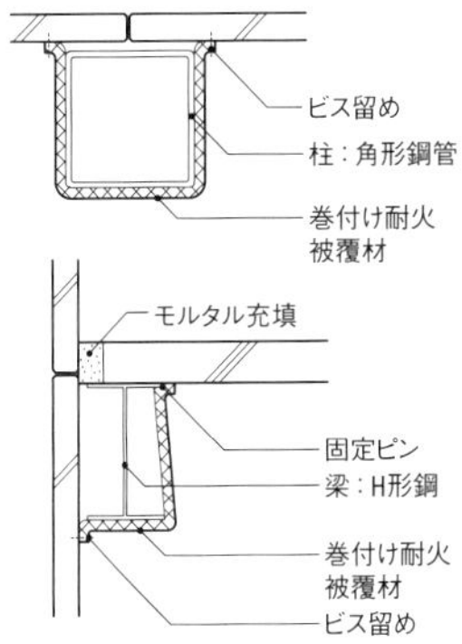

ビス留め
柱：角形鋼管
巻付け耐火被覆材
モルタル充填
固定ピン
梁：H形鋼
巻付け耐火被覆材
ビス留め

❸乾式工法（2次ファスナー）

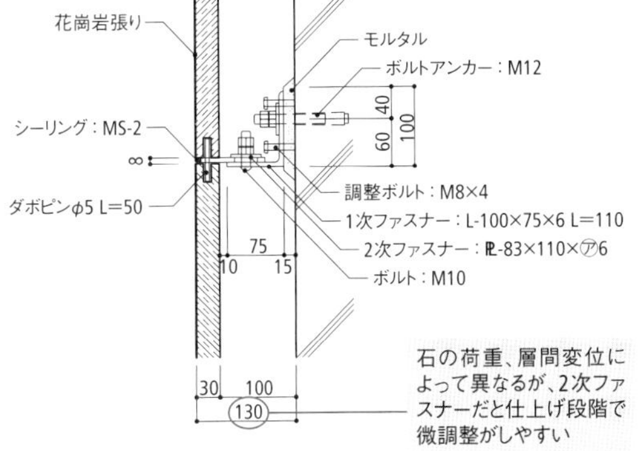

花崗岩張り
モルタル
ボルトアンカー：M12
40
100
60
シーリング：MS-2
8
ダボピンφ5 L=50
調整ボルト：M8×4
1次ファスナー：L-100×75×6 L=110
2次ファスナー：PL-83×110×㋐6
ボルト：M10
75
10 15
30 100
130
石の荷重、層間変位によって異なるが、2次ファスナーだと仕上げ段階で微調整がしやすい

❹出隅・入隅

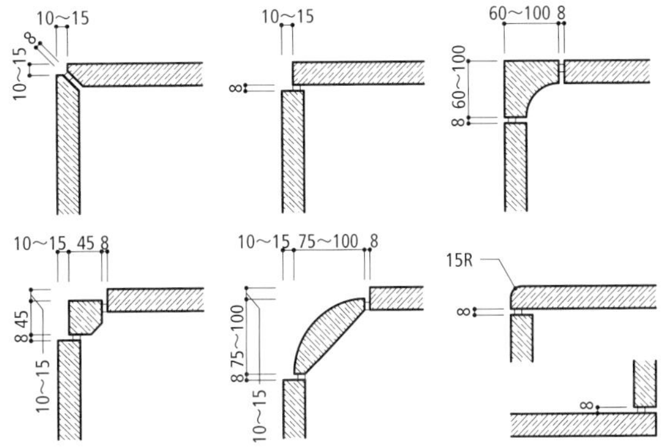

10〜15
8
10〜15
10〜15
8
60〜100 8
8 60〜100
10〜15 45 8
8 45
10〜15
10〜15 75〜100 8
8 75〜100
10〜15
15R
8
8

コーナーの納まりは、石種・石厚・使用個所によっても異なるが、一般には図のような納め方が多く用いられる。

木造

5 | 木板 [1:12]

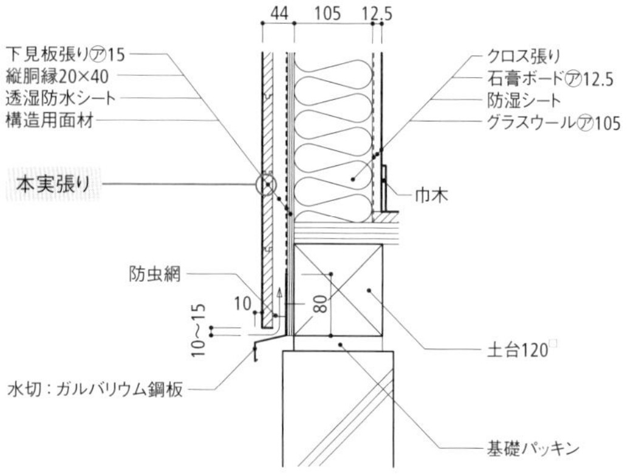
44
105
12.5
下見板張り㋐15
縦胴縁20×40
透湿防水シート
構造用面材
本実張り
防虫網
10
10〜15
80
水切：ガルバリウム鋼板
クロス張り
石膏ボード㋐12.5
防湿シート
グラスウール㋐105
巾木
土台120□
基礎パッキン

木板張りには大きく縦羽目板(縦張り)と下見板(横張り)がある。材厚に12㎜か15㎜を選択すると、ほかの外装材でも一般的な寸法なため扱いやすい。

6 | 木板＋モルタル吹付け [1:12]

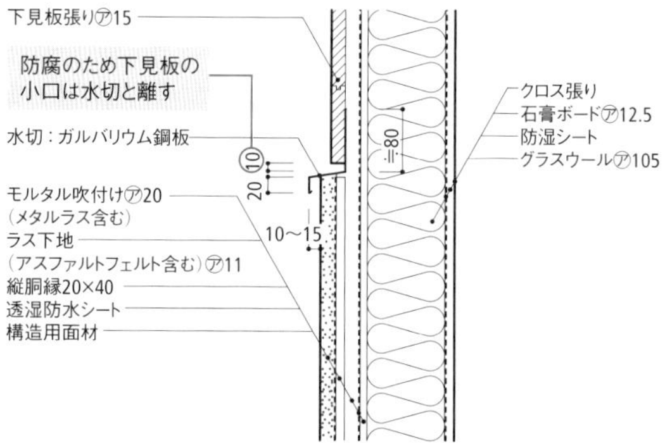
下見板張り㋐15
防腐のため下見板の小口は水切と離す
水切：ガルバリウム鋼板
10
20
≒80
モルタル吹付け㋐20
(メタルラス含む)
ラス下地
(アスファルトフェルト含む)㋐11
縦胴縁20×40
透湿防水シート
構造用面材
10〜15
クロス張り
石膏ボード㋐12.5
防湿シート
グラスウール㋐105

通気層の確保、雨仕舞のほか、板材の割付けにも注意する。

S造

4 | PCa版 [1:15]

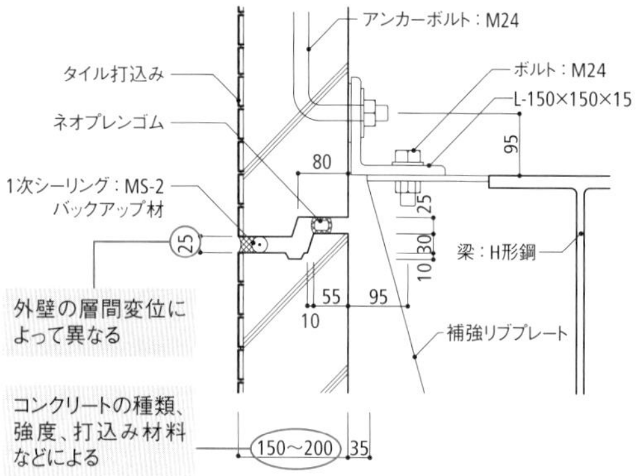
アンカーボルト：M24
タイル打込み
ボルト：M24
L-150×150×15
ネオプレンゴム
80
95
1次シーリング：MS-2
バックアップ材
25
25
外壁の層間変位によって異なる
30
10
55
95
10
梁：H形鋼
補強リブプレート
コンクリートの種類、強度、打込み材料などによる
150〜200
35

PCa版[❶]は主に高層・超高層建築物の外壁にカーテンウォールとして採用され、ファスナーを用いて大梁の上下やスラブに固定する。仕上げには吹付けやタイル・石を打ち込むことが多い[❷]。

5 | 金属パネル

❶一般部 [1:12]

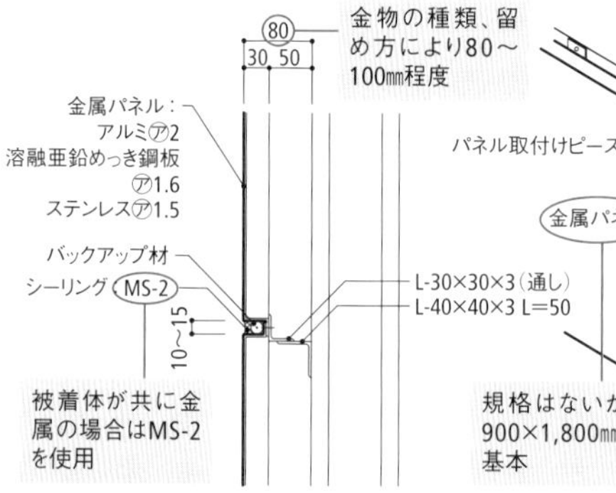
80
30
50
金物の種類、留め方により80〜100㎜程度
金属パネル：
アルミ㋐2
溶融亜鉛めっき鋼板
㋐1.6
ステンレス㋐1.5
バックアップ材
シーリング MS-2
10〜15
L-30×30×3(通し)
L-40×40×3 L=50
被着体が共に金属の場合はMS-2を使用

❷下地組み [1:20]

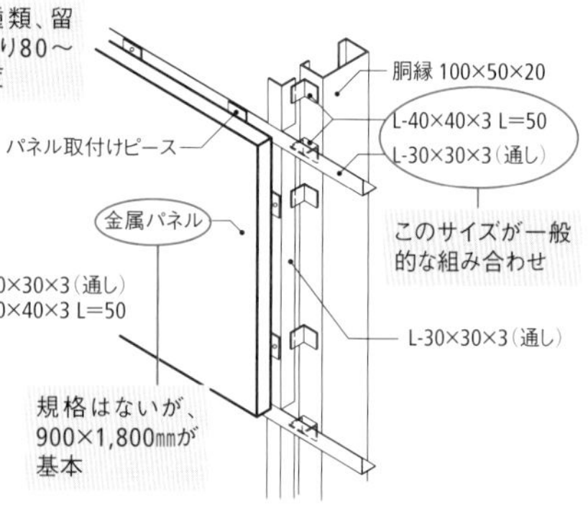
胴縁 100×50×20
パネル取付けピース
L-40×40×3 L=50
L-30×30×3(通し)
金属パネル
このサイズが一般的な組み合わせ
L-30×30×3(通し)
規格はないが、900×1,800㎜が基本

金属系のパネルは、RC造では躯体にアンカーを打ち込みアングルで固定するが、S造では溝形鋼の胴縁を立ててアングルで留める。このアングルのサイズ、位置や向きの指定にも注意が必要になる。なお、下地(躯体)以外は下段のRC造での納まりも参照されたい。

RC造

4 | 金属パネル(箱曲げタイプ) [1:12]

❶一般部

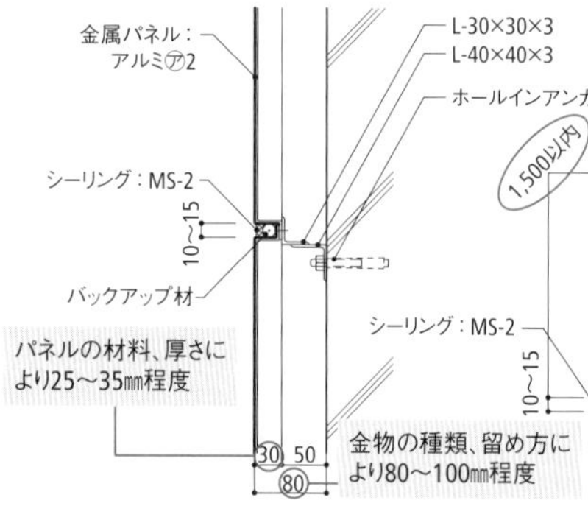
金属パネル：
アルミ㋐2
L-30×30×3
L-40×40×3
ホールインアンカーφ9
シーリング：MS-2
10〜15
バックアップ材
パネルの材料、厚さにより25〜35㎜程度
30
50
80

❷出隅・入隅

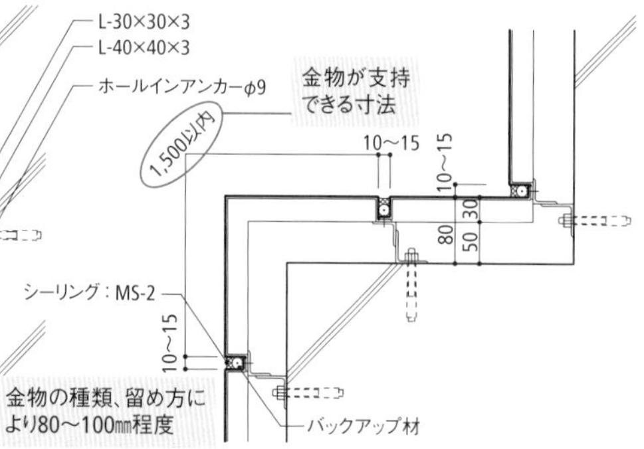
金物が支持できる寸法
1,500以内
10〜15
10〜15
30
80
50
シーリング：MS-2
10〜15
金物の種類、留め方により80〜100㎜程度
バックアップ材

5 | 金属パネル(切り板タイプ) [1:12]

❶一般部

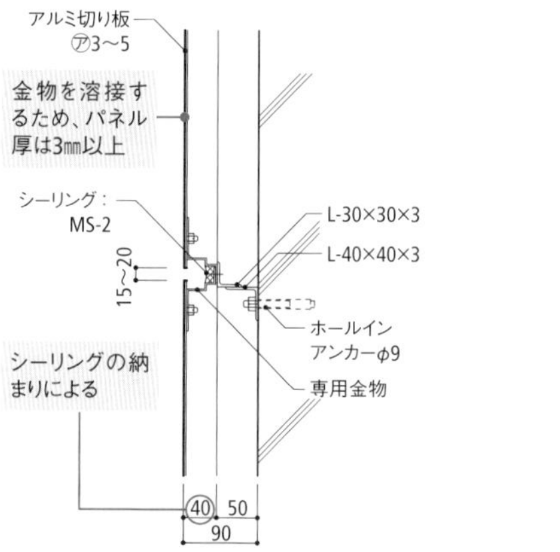
アルミ切り板
㋐3〜5
金物を溶接するため、パネル厚は3㎜以上
シーリング：
MS-2
L-30×30×3
L-40×40×3
15〜20
ホールイン
アンカーφ9
シーリングの納まりによる
専用金物
40
50
90

金属パネルには、端部を箱状に加工したもの(箱曲げタイプ)と、板状に見せるもの(切り板タイプ)がある。箱曲げタイプは施工しやすく比較的安価だが、経年変化でシーリング材の劣化やダレが目につくおそれもある。切り板タイプはシーリング材が隠れるためメンテナンスは有利だが、施工手間がかかる。

特記 ❶ PCaとは、Precast Concreteの略。工場であらかじめ成形されたコンクリートを指す。サイズや型枠の種類を少なくすることで、コストを抑えられる。Prestressed Concrete(PC)との区別のために小文字のaを付す ❷ S造で外壁を石張りとする場合、石打込みのPCaカーテンウォールまたはユニットカーテンウォールとすることが多いが、小規模な建物や建物の一部分に使用する場合は、ALC板や胴縁に石を張ることもある。

COLUMN

防火構造にするには

木造建築物の外壁を防火構造(耐火時間30分以上)にするには、使用する材の種類とその厚さの組み合わせを押さえておけばよい。右の図はその代表例である。

まず屋外側の外装材は、認定番号のあるサイディング以外では、①ラスモルタル20㎜以上、②ガルバリウム鋼板+石膏ボード12㎜以上、が一般的に用いられる。

これに屋内側で①石膏ボード9.5㎜以上、あるいは②グラスウール(またはロックウール)充填75㎜以上+合板(または構造用パネル、パーティクルボード、木材)4㎜以上、のいずれかを組み合わせれば防火構造になる。

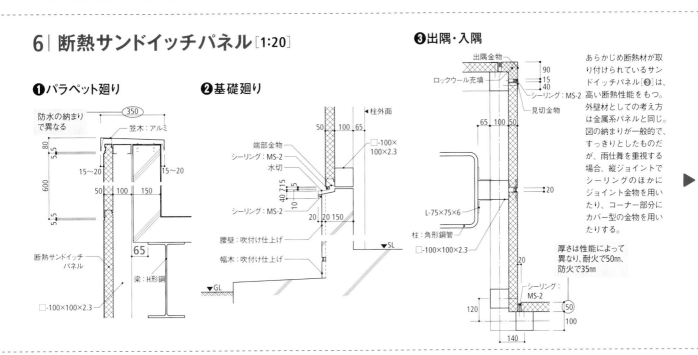

❶モルタル吹付けの場合[1:12]

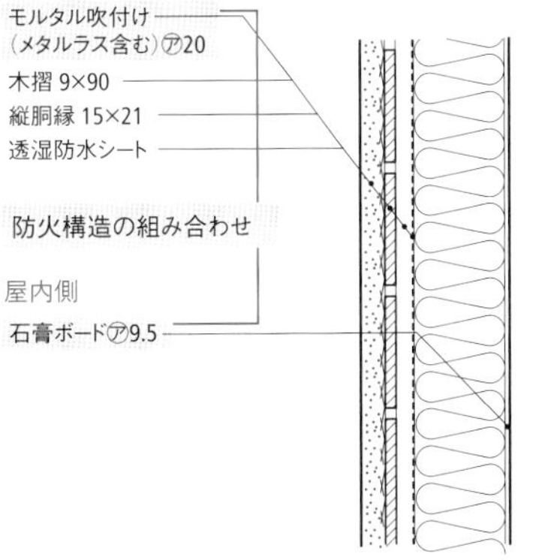

屋外側
モルタル吹付け(メタルラス含む)㋐20
木摺 9×90
縦胴縁 15×21
透湿防水シート
防火構造の組み合わせ
屋内側
石膏ボード㋐9.5

❷ガルバリウム鋼板張りの場合[1:12]

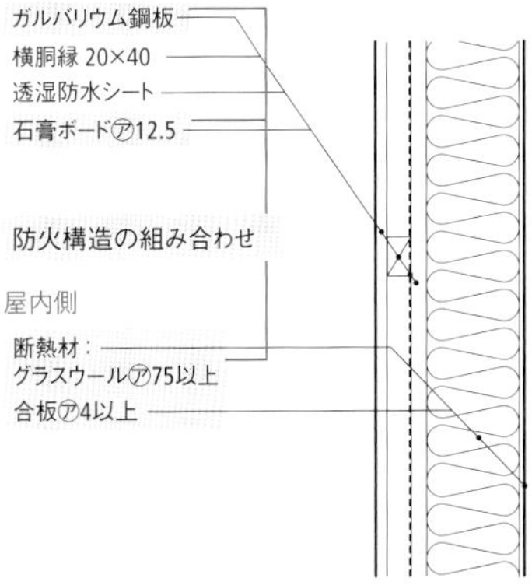

屋外側
ガルバリウム鋼板
横胴縁 20×40
透湿防水シート
石膏ボード㋐12.5
防火構造の組み合わせ
屋内側
断熱材:グラスウール㋐75以上
合板㋐4以上

※納まり構成は各行政庁の判断になる

6 | 断熱サンドイッチパネル[1:20]

❶パラペット廻り

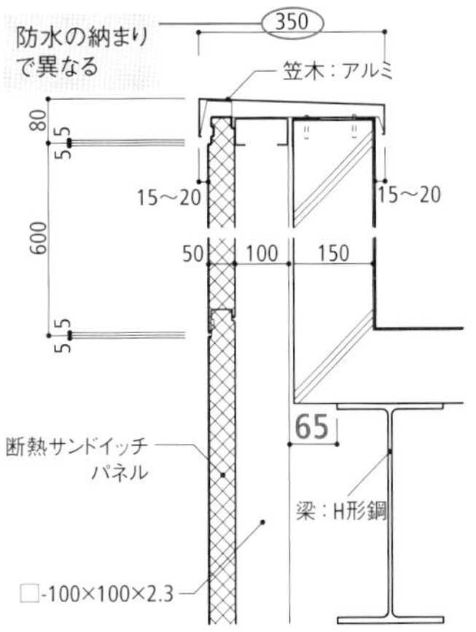

防水の納まりで異なる
350
笠木:アルミ
80
5.5
15~20
15~20
600
50
100
150
5.5
65
断熱サンドイッチパネル
梁:H形鋼
□-100×100×2.3

❷基礎廻り

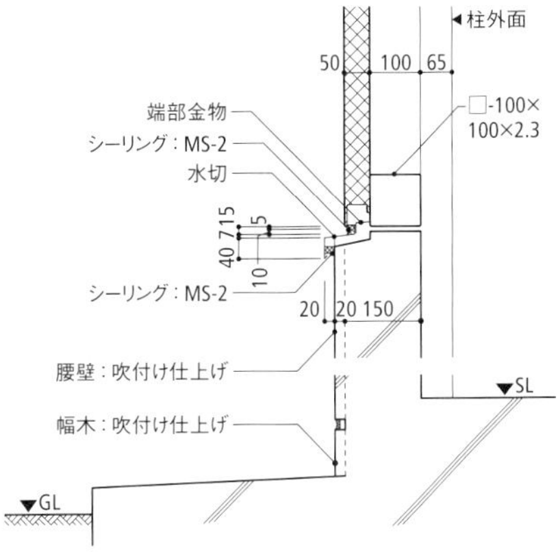

柱外面
50
100
65
端部金物
□-100×100×2.3
シーリング:MS-2
水切
40
7
15
5
10
シーリング:MS-2
20
20
150
腰壁:吹付け仕上げ
幅木:吹付け仕上げ
SL
GL

❸出隅・入隅

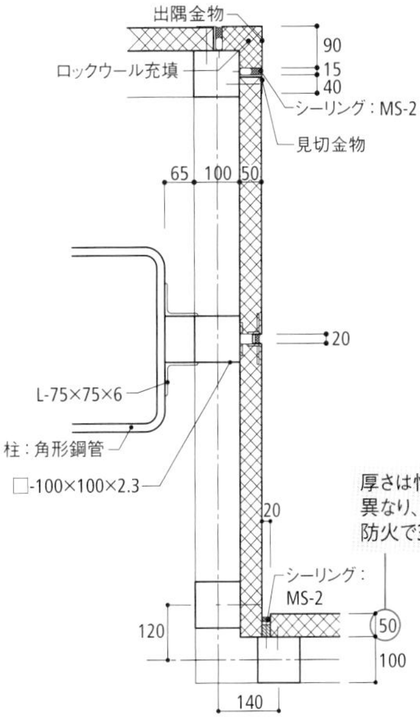

出隅金物
90
ロックウール充填
15
40
シーリング:MS-2
見切金物
65
100
50
20
L-75×75×6
柱:角形鋼管
□-100×100×2.3
20
シーリング:MS-2
120
50
100
140
厚さは性能によって異なり、耐火で50㎜、防火で35㎜

あらかじめ断熱材が取り付けられているサンドイッチパネル[❸]は、高い断熱性能をもつ。外壁材としての考え方は金属系パネルと同じ。図の納まりが一般的で、すっきりとしたものだが、雨仕舞を重視する場合、縦ジョイントでシーリングのほかにジョイント金物を用いたり、コーナー部分にカバー型の金物を用いたりする。

6 | スパンドレル[1:12]

❷出隅・入隅

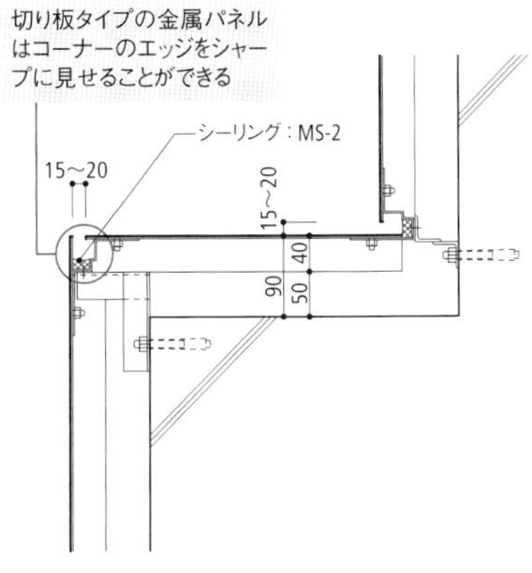

切り板タイプの金属パネルはコーナーのエッジをシャープに見せることができる
シーリング:MS-2
15~20
15~20
40
90
50

❶一般部

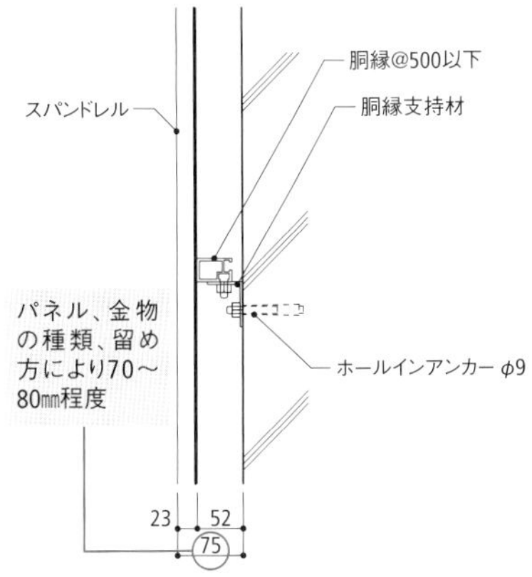

胴縁@500以下
胴縁支持材
スパンドレル
パネル、金物の種類、留め方により70~80㎜程度
ホールインアンカー φ9
23
52
75

❷一般部(平断面)

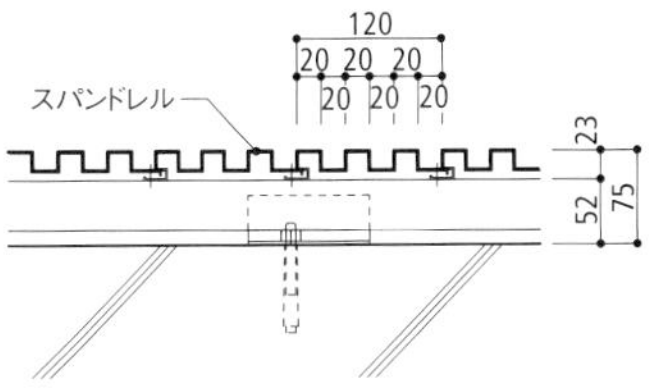

120
20 20 20
20 20 20
スパンドレル
23
52
75

RC造でのスパンドレル[❹]仕上げは、意匠として部分的に用いられることも多く、異種部材との接合部の納まりに工夫が必要になる。スパンドレルは各メーカーによってさまざまなタイプが製品化され、金物も各パネルに専用のものが用意されている。

[特記] ❸ロックウールなどの芯材を両側から鋼板で挟んだパネル。断熱性に優れ、製品によっては耐火・防火認定取得のものもある。表面材は、ガルバリウム鋼板を原板にフッ素樹脂やポリエステル樹脂塗装が施されている。働き幅は、600・910・1,000㎜、長さは製品によるが1~7.2m、または10m程度　❹スパンドレルとは、本来はカーテンウォールの上下階の開口部の間に取り付けられるパネルを意味するが、一般的に、10㎝前後の幅の板材で構成されるアルミ製の外装材を指すことが多い

開口部

外装材に何を使用するのか、あるいは開口部の形状によって、取付け方や納まりは変わってくる。ここでは、構造とケースごとの取付け方を中心に、実際に施工される詳細図を紹介する

規格寸法の半外付けサッシが主流

木造

外部開口部は、建物の断熱性能の向上のためアルミサッシから樹脂サッシに大きな転換が進んでいる。樹脂サッシには、今までのアルミサッシにあった外付けタイプのラインナップが無くなったことに注意。樹脂サッシの場合、真壁の和室にも半外付けタイプを使うことになるが、見切りなど付ける必要が出てくることと、障子を入れる場合には、取り付け位置を外壁側にする必要も出てくる。障子を入れた真壁のデザインを重視する場合は、ラインナップに残っている樹脂アルミの複合サッシを採用するのも一手だ。

サッシを室内側に入れすぎない

S造

S造の開口部では、用いられる外装材のタイプによって、サッシの納まりが異なる。外装材を躯体に直に取り付けるALC板などでは、パネル自体が開口枠となるため、サッシはパネルに取り付けられた開口補強材[❶]のフレームに溶接する。胴縁を用いる工法の場合、胴縁が開口フレームとなる。

各工法で専用のサッシが製品化されていることが多いが、それ以外のものを用いる場合は、サッシを室内側に入れすぎないことや、シーリングの打ち方など、雨仕舞には十分注意したい。

抱きをとった内付けサッシが一般的

RC造

RC造の開口部は、躯体に「抱き」をつくって室内側からサッシを納める内付けが一般的である。基本的にサッシ枠で止水されるS造とは異なり、ある程度の抱きがあるほうが雨仕舞は有利。抱きの寸法や額縁の位置は、外装材の種類や断熱材の入れ方によって調整する。

サッシ枠は躯体に埋め込んだサッシアンカーに溶接して固定するが、溶接のためには、サッシ形状や室内側の納まりも含めて、躯体に適切な欠き込みが必要になる。上下枠での欠き込み寸法をその都度しっかり確認しておく。

W **S** **Rc** 掲載された構造以外でも同じ納まりになるものには、このマークが付いています

※各事例の断熱材の厚みは一例を記載

1│窯業系サイディング（横張り）

❶平断面［1:10］

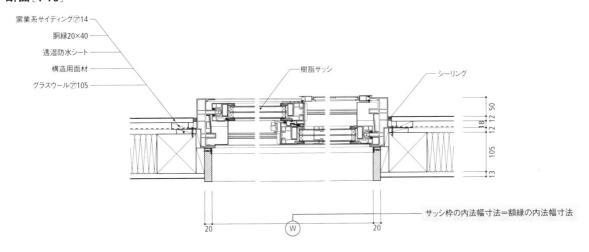

窯業系サイディングア14
胴縁20×40
透湿防水シート
構造用面材
グラスウールア105

樹脂サッシ

シーリング

サッシ枠の内法幅寸法＝額縁の内法幅寸法

1│ALC板

❶平断面（縦張り・横張り連窓）［1:8］

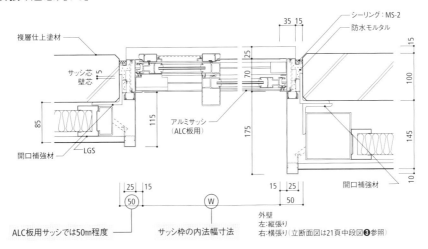

複層仕上塗材

サッシ芯
壁芯

アルミサッシ
（ALC板用）

開口補強材
LGS

シーリング：MS-2
防水モルタル

開口補強材

ALC板用サッシでは50mm程度

サッシ枠の内法幅寸法

外壁
左：縦張り
右：横張り（立断面図は21頁中段図❸参照）

1│打放し・吹付け

❶平断面［1:8］

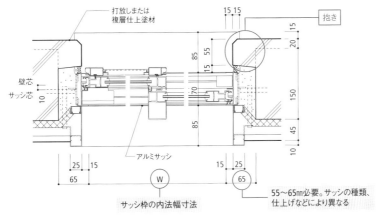

打放または
複層仕上塗材

抱き

壁芯
サッシ芯

アルミサッシ

サッシ枠の内法幅寸法

55〜65mm必要。サッシの種類、
仕上げなどにより異なる

額縁の内法寸法＝サッシ枠の内法幅寸法＋30mm

特記 ❶ALC板の外壁に開口部を設ける場合、開口補強材が必要。開口補強材の選定は、開口の大きさ、風圧および工法により異なるため、構造計算で求める。各メーカーより部材選定の目安が示されている

木造

(1｜窯業系サイディング[横張り])

❷立断面[1:8]

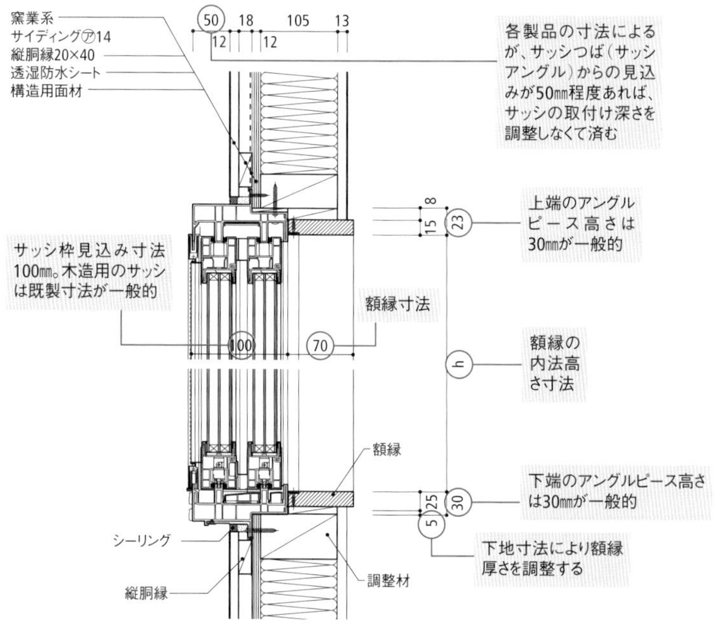

窯業系
サイディング㋐14
縦胴縁20×40
透湿防水シート
構造用面材
50
18
105
13
12
12
各製品の寸法によるが、サッシつば(サッシアングル)からの見込みが50㎜程度あれば、サッシの取付け深さを調整しなくて済む
8
15
23
上端のアングルピース高さは30㎜が一般的
サッシ枠見込み寸法100㎜。木造用のサッシは既製寸法が一般的
額縁寸法
100
70
h
額縁の内法高さ寸法
額縁
25
30
5
下端のアングルピース高さは30㎜が一般的
シーリング
下地寸法により額縁厚さを調整する
縦胴縁
調整材

S造

(1｜ALC板)

❷立断面(縦張り)[1:8]

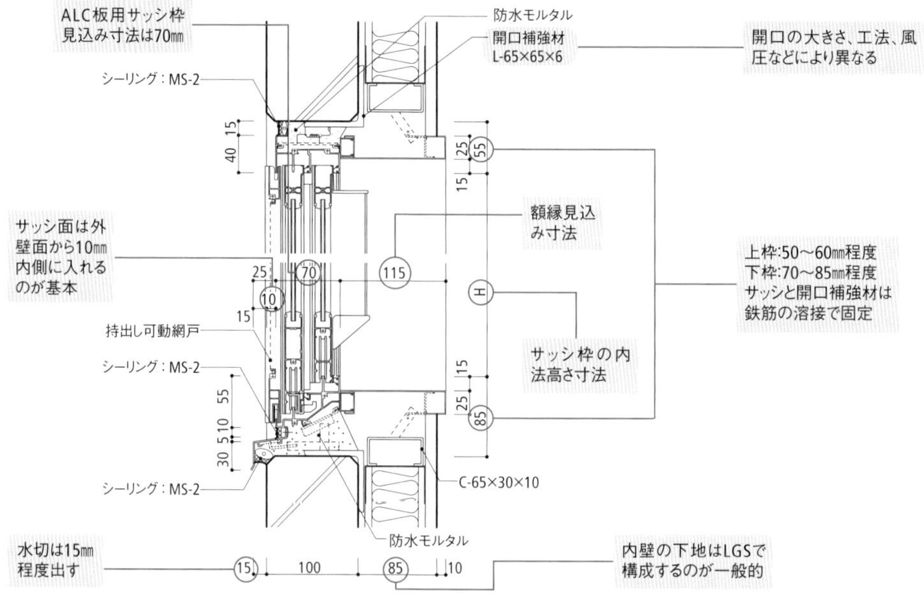

ALC板用サッシ枠見込み寸法は70㎜
防水モルタル
開口補強材L-65×65×6
開口の大きさ、工法、風圧などにより異なる
シーリング：MS-2
15
40
25
55
15
額縁見込み寸法
サッシ面は外壁面から10㎜内側に入れるのが基本
25
70
115
10
H
上枠:50〜60㎜程度
下枠:70〜85㎜程度
サッシと開口補強材は鉄筋の溶接で固定
15
持出し可動網戸
シーリング：MS-2
サッシ枠の内法高さ寸法
15
55
10
5
30
25
85
C-65×30×10
シーリング：MS-2
防水モルタル
水切は15㎜程度出す
15
100
85
10
内壁の下地はLGSで構成するのが一般的

RC造

(1｜打放し・吹付け)

❷立断面[1:8]

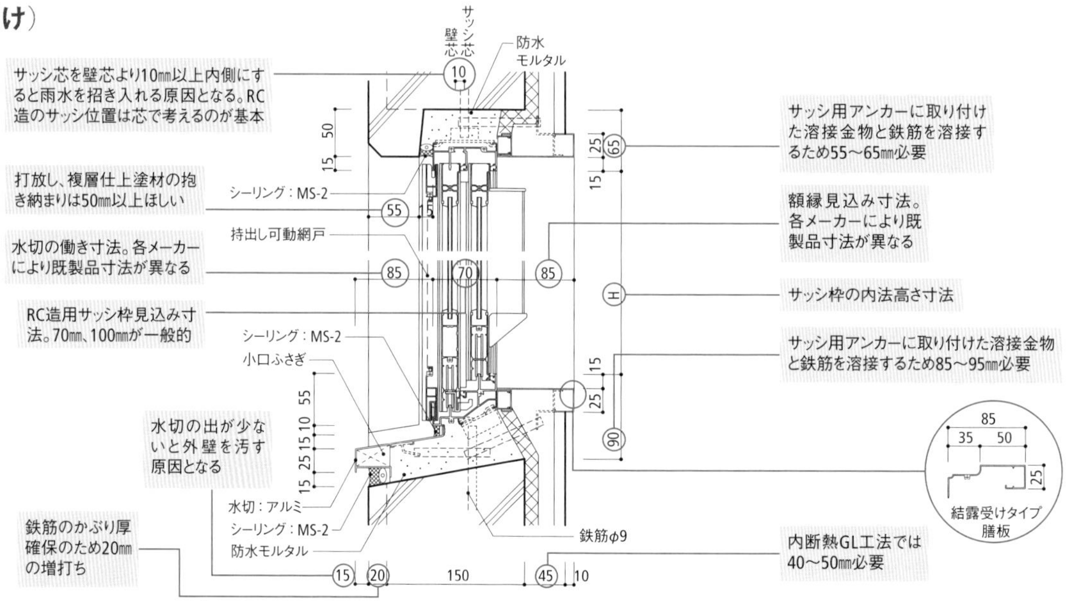

壁芯
サッシ芯
防水モルタル
サッシ芯を壁芯より10㎜以上内側にすると雨水を招き入れる原因となる。RC造のサッシ位置は芯で考えるのが基本
10
50
15
25
65
15
サッシ用アンカーに取り付けた溶接金物と鉄筋を溶接するため55〜65㎜必要
打放し、複層仕上塗材の抱き納まりは50㎜以上ほしい
シーリング：MS-2
55
額縁見込み寸法。各メーカーにより既製品寸法が異なる
持出し可動網戸
水切の働き寸法。各メーカーにより既製品寸法が異なる
85
70
85
H
サッシ枠の内法高さ寸法
RC造用サッシ枠見込み寸法。70㎜、100㎜が一般的
シーリング：MS-2
小口ふさぎ
サッシ用アンカーに取り付けた溶接金物と鉄筋を溶接するため85〜95㎜必要
15
55
10
25
15
水切の出が少ないと外壁を汚す原因となる
15
25
15
90
85
35
50
25
結露受けタイプ膳板
水切：アルミ
シーリング：MS-2
防水モルタル
鉄筋φ9
鉄筋のかぶり厚確保のため20㎜の増打ち
15
20
150
45
10
内断熱GL工法では40〜50㎜必要

2│ガルバリウム鋼板［1:10］

❶平断面

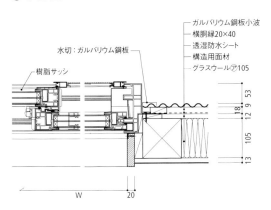

樹脂サッシ
水切：ガルバリウム鋼板
ガルバリウム鋼板小波
横胴縁20×40
透湿防水シート
構造用面材
グラスウールア105

ガルバリウム鋼板を張った外壁の開口部では、サッシの上端に笠木形の水切、そのほか3方向にコの字形の水切を取り付ける。

❷立断面

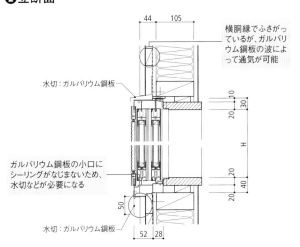

水切：ガルバリウム鋼板
横胴縁でふさがっているが、ガルバリウム鋼板の波によって通気が可能
ガルバリウム鋼板の小口にシーリングがなじまないため、水切などが必要になる
水切：ガルバリウム鋼板

❸立断面（ALC板横張り）［1:10］

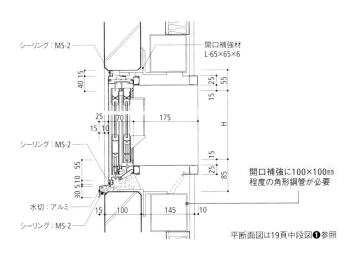

シーリング：MS-2
開口補強材 L-65×65×6
シーリング：MS-2
シーリング：MS-2
水切：アルミ
開口補強に100×100mm程度の角形鋼管が必要

平断面図は19頁中段図❶参照

❹ALC板の割付けと開口部

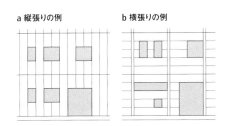

a 縦張りの例　　b 横張りの例

開口部の位置や大きさは、600mmを標準幅とするALC板の割付けに合わせたい。パネルの最小幅は300mm以上とし、パネルに切り込みをつくらないようにする。割付けの寸法・種類を少なくすることにより、施工効率が上がり、コスト・工期を抑えられる。

2│タイル［1:10］

❶平断面

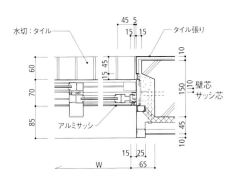

水切：タイル
タイル張り
アルミサッシ
壁芯
サッシ芯

図ではタイルを用いた水切の例を示したが、一般にタイル張り外壁の水切にはアルミ製が用いられることが多い。

❷立断面

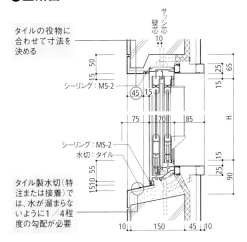

タイルの役物に合わせて寸法を決める
サッシ芯
壁芯
シーリング：MS-2
シーリング：MS-2
水切：タイル
タイル製水切（特注または接着）では、水が溜まらないように1／4程度の勾配が必要

木造

3 | 湿式仕上げ [1:10]

❶平断面

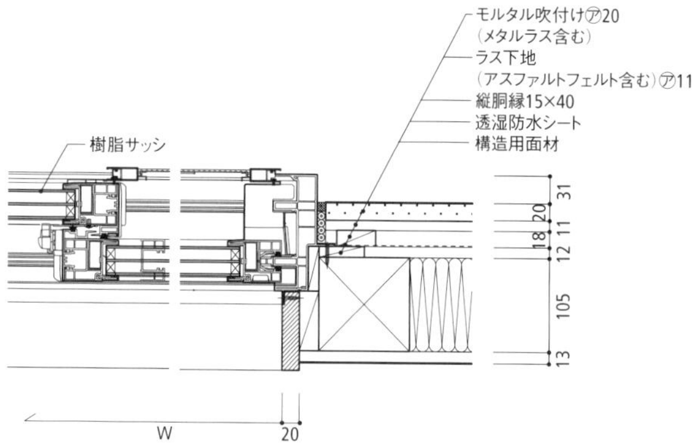

モルタル吹付け㋐20
(メタルラス含む)
ラス下地
(アスファルトフェルト含む)㋐11
縦胴縁15×40
透湿防水シート
構造用面材
樹脂サッシ
31
20
11
18
12
105
13
W
20

❷立断面

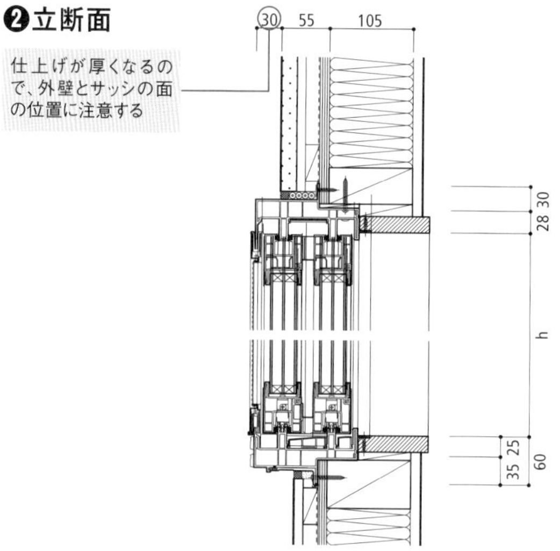

仕上げが厚くなるので、外壁とサッシの面の位置に注意する
30
55
105
28 30
h
35 25
60

モルタル吹付けは仕上げが厚くなるので、サッシ面との取合いに注意する。サッシの取付け部分に調整材を設けて対応する場合もある。

S造

2 | 押出し成形セメント板(縦・横張り共通)[1:10]

❶平断面

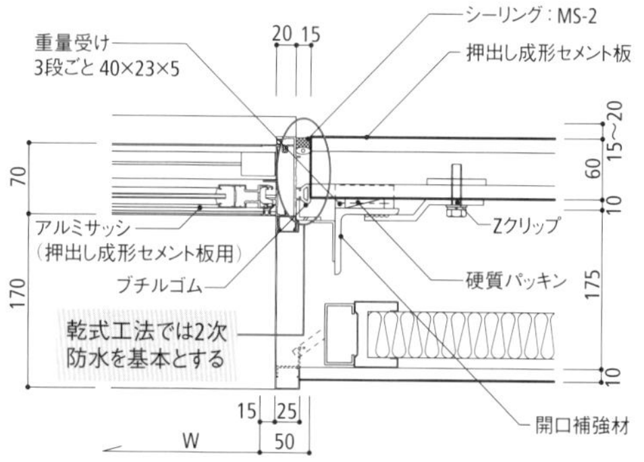

重量受け
3段ごと 40×23×5
20 15
シーリング:MS-2
押出し成形セメント板
15~20
60
10
Zクリップ
硬質パッキン
175
10
70
アルミサッシ
(押出し成形セメント板用)
ブチルゴム
170
乾式工法では2次防水を基本とする
15 25
W
50
開口補強材

❷立断面

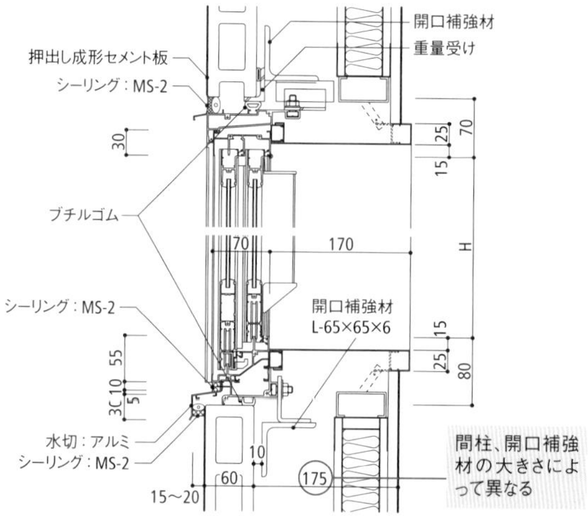

開口補強材
重量受け
押出し成形セメント板
シーリング:MS-2
30
25
70
15
ブチルゴム
70
170
H
シーリング:MS-2
開口補強材
L-65×65×6
15
25
80
55
10
30
5
水切:アルミ
シーリング:MS-2
10
60
175
15~20
間柱、開口補強材の大きさによって異なる

最近は押出し成形セメント板用のサッシ枠・水切が製品化されている。

RC造

3 | 石(乾式工法)[1:10]

❶平断面

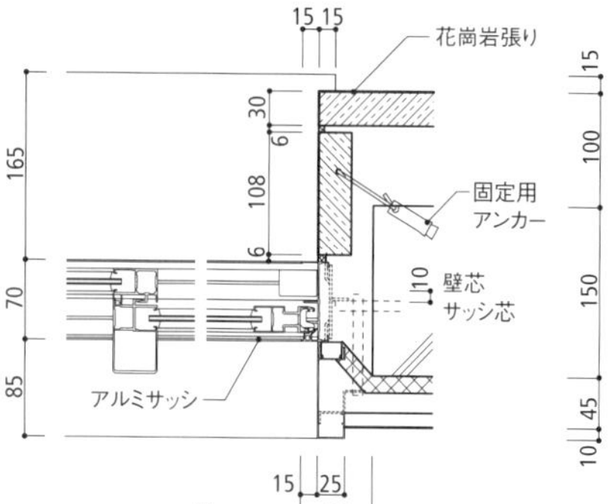

15 15
花崗岩張り
15
30
6
165
108
100
固定用
アンカー
6
10
壁芯
サッシ芯
70
150
85
アルミサッシ
45
10
15 25
W
65

❷立断面

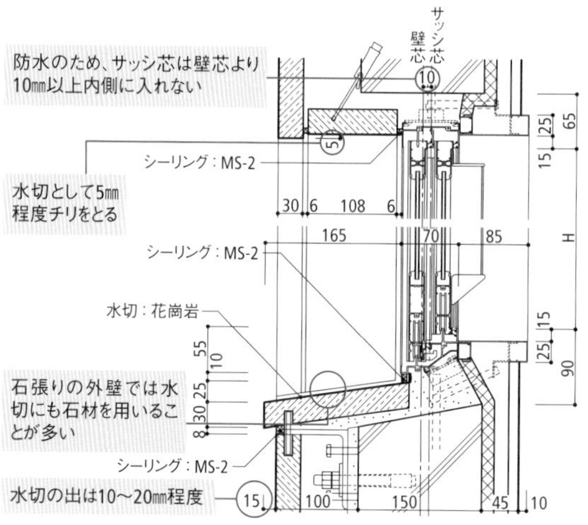

サッシ芯
壁芯
防水のため、サッシ芯は壁芯より10㎜以上内側に入れない
10
5
25
65
15
シーリング:MS-2
水切として5㎜程度チリをとる
30 6 108 6
165
70
85
シーリング:MS-2
H
水切:花崗岩
15
25
90
55
10
25
30
8
石張りの外壁では水切にも石材を用いることが多い
シーリング:MS-2
水切の出は10~20㎜程度
15
100
150
45
10

タイル張りと同様に、開口部廻りの石の割付けに注意。

4｜木板［1:10］

❶平断面

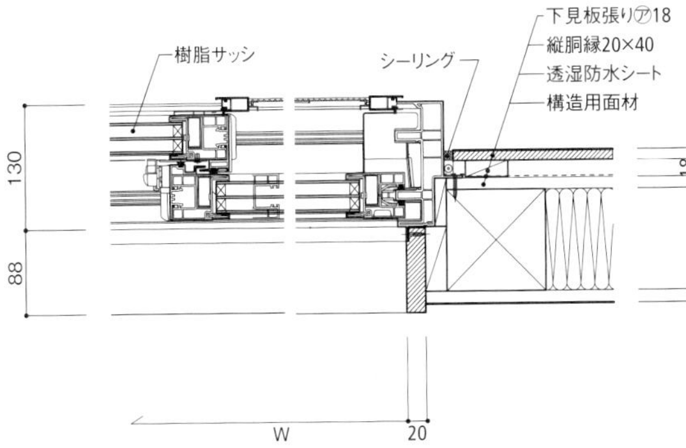
樹脂サッシ
シーリング
下見板張り㋐18
縦胴縁20×40
透湿防水シート
構造用面材
130
88
18
12
105
13
11
W
20

❷立断面

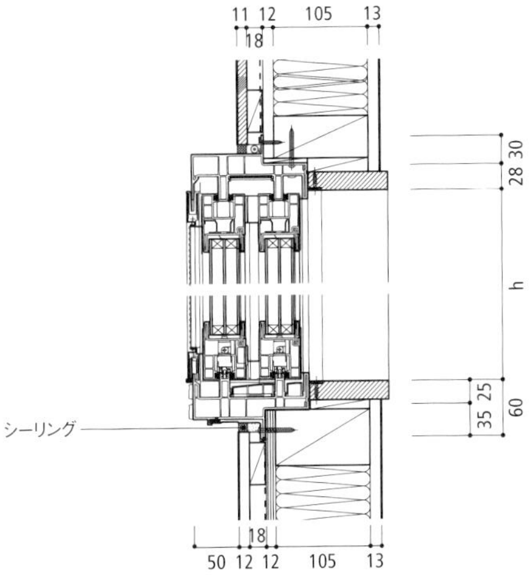
11 12 105 13
18
シーリング
28 30
h
35 25
60
50 12 12 105 13
18

外壁の板の厚み・胴縁のサイズが基準を満たしたものであり、グラスウールなどの断熱材、室内側に石膏ボード、構造用面材に防火性能を有したものを使えば、木材で仕上げる防火構造の外壁が可能。

3｜アルミパネル［1:10］

❶平断面

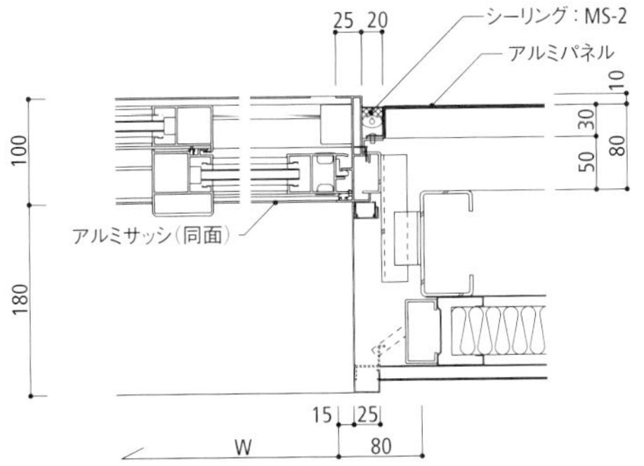
25 20
シーリング：MS-2
アルミパネル
アルミサッシ（同面）
100
180
10
30
50
80
15 25
W
80

❷立断面

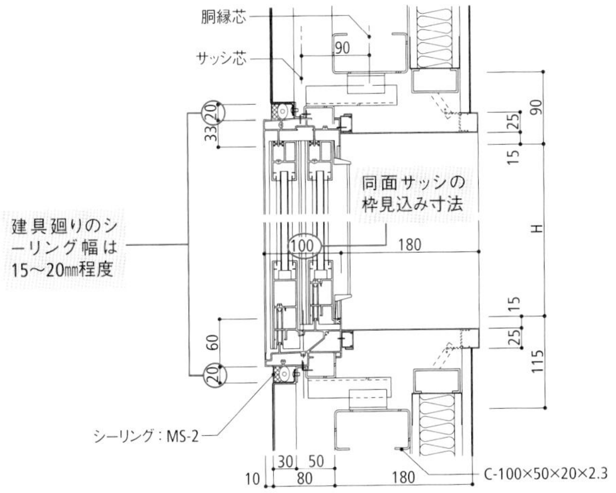
胴縁芯
サッシ芯
90
33
20
同面サッシの
枠見込み寸法
建具廻りのシーリング幅は15～20㎜程度
100
180
60
20
シーリング：MS-2
25
15
90
H
115
30 50
10 80 180
C-100×50×20×2.3

アルミパネル張りの開口部は、雨水を呼び込まないために、面一で納めることが多い。

4｜外付けサッシ［1:10］

❶平断面

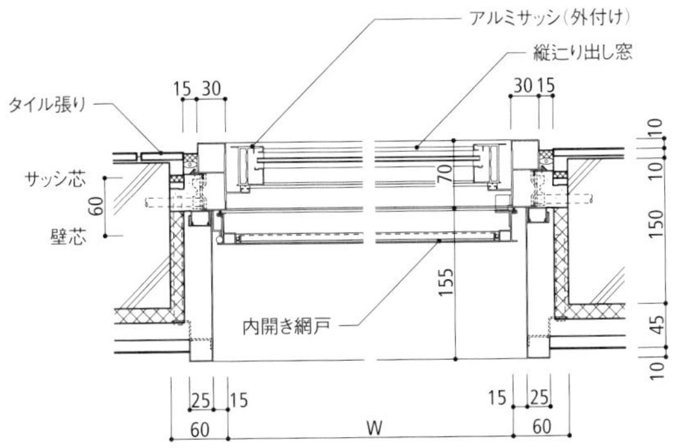
アルミサッシ（外付け）
縦辷り出し窓
タイル張り
15 30
30 15
サッシ芯
60
壁芯
70
155
内開き網戸
10
10
150
45
10
25 15
15 25
60
W
60

❷立断面

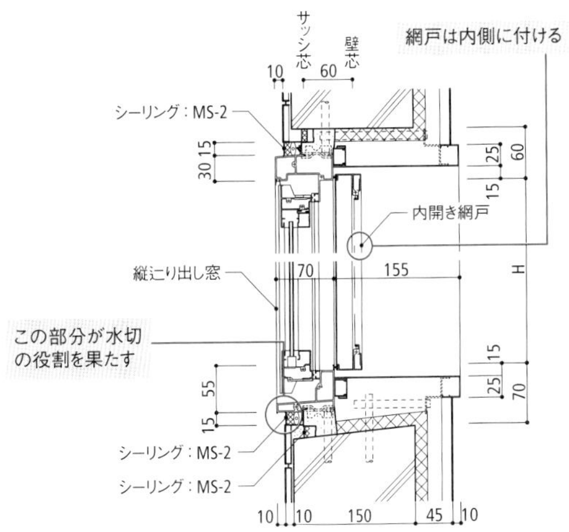
サッシ芯
壁芯
10
60
網戸は内側に付ける
シーリング：MS-2
30 15
25
60
15
内開き網戸
縦辷り出し窓
70
155
H
この部分が水切の役割を果たす
55
15
15
25
70
シーリング：MS-2
シーリング：MS-2
10 10 150 45 10

躯体とサッシの面をそろえたい場合は、外付けサッシを用いる。引違い窓よりも、外開き・辷り出し・突出し・外倒し窓のほうが適している［❶］。内開き・内倒し窓は網戸が外側に付くので見映えがよくない。

[特記] ❶抱きがないため、小雨時の開放には不向き

水切の代表的な寸法

木造の場合、水切は既製品のサッシとセットになったものを用いるか、それぞれ板金を加工して用いる。開口部廻りでも水切をつけずシーリングのみで納めることがあるが、シーリングの劣化を考慮すると、少なくとも上部には水切を設けたほうがよい。

S造・RC造で既製品の水切を使用する場合、表の寸法が代表例になる。国土交通省仕様のものは、正面からはやや厚く見えるが、下端で折り返しているため防水性能が高い。

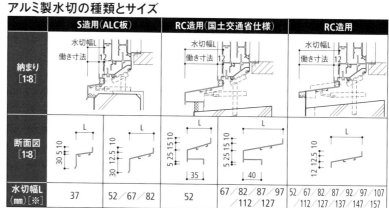

アルミ製水切の種類とサイズ

	S造用（ALC板）		RC造用（国土交通省仕様）		RC造用
納まり [1:8]	水切幅L 働き寸法 12		水切幅L 働き寸法 12		水切幅L 働き寸法 12
断面図 [1:8]	L 30 5 10	L 30 12.5 5 10 35	L 5 25 15 10	L 5 25 15 10 40	L 12 12.5 5 10
水切幅L (mm)[※]	37	52／67／82	52	67／82／87／97／112／127	52／67／82／87／92／97／107／112／127／137／147／157

※ 働き寸法（mm）＝水切幅L－12

---

4 | スパンドレル [1:10]

❶平断面

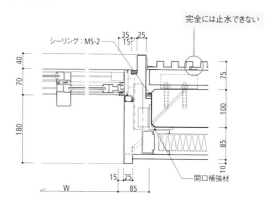

完全には止水できない

シーリング：MS-2

開口補強材

スパンドレルはパネルの構造上、取合い部分から水が浸入しやすい。水が入ることを前提とし、内部での防水に細心の注意を払う。

❷立断面

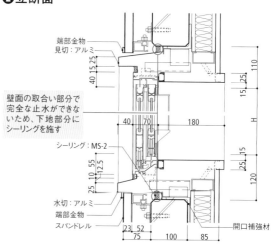

端部金物
見切：アルミ

壁面の取合い部分で完全な止水ができないため、下地部分にシーリングを施す

シーリング：MS-2

水切：アルミ
端部金物
スパンドレル
開口補強材

---

5 | ガラスブロック [1:10]

❶平断面

目地幅は中間部で9～15mm、端部で10～20mmとする。図面上ではひとまず10mmで考えておくとよい。タイル張りの場合はその割付けとの関係も考慮する

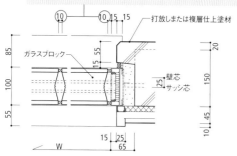

打放しまたは複層仕上塗材

ガラスブロック

壁芯
サッシ芯

ガラスブロックの一般的なサイズは、145×145×95mm、または190×190×95mm。目地のシーリングは、被着体がガラスどうしなのでSR-1を使用。

❷立断面

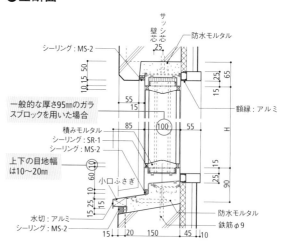

サッシ芯
壁芯
防水モルタル

シーリング：MS-2

一般的な厚さ95mmのガラスブロックを用いた場合

額縁：アルミ

積みモルタル
シーリング：SR-1
シーリング：MS-2

上下の目地幅は10～20mm

小口ふさぎ

水切：アルミ
シーリング：MS-2

防水モルタル
鉄筋φ9

5 | サッシと外壁面をそろえる [1:10]

❶平断面

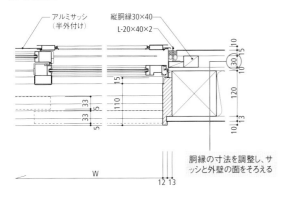

アルミサッシ
（半外付け）
縦胴縁30×40
L-20×40×2

胴縁の寸法を調整し、サッシと外壁の面をそろえる

通常、外壁面から出っ張る半外付けサッシも、通気胴縁の寸法を
調整することで、サッシと外壁の面をそろえることができる。

❷立断面

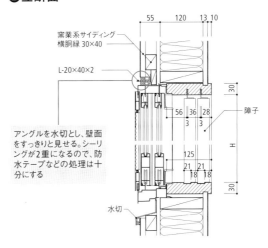

窯業系サイディング
横胴縁 30×40
L-20×40×2
障子
水切

アングルを水切とし、壁面をすっきりと見せる。シーリングが2重になるので、防水テープなどの処理は十分にする

5 | 断熱サンドイッチパネル [1:10]

❶平断面

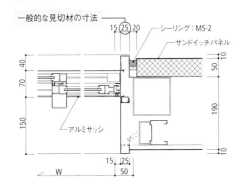

一般的な見切材の寸法
シーリング：MS-2
サンドイッチパネル
アルミサッシ

サッシを持出しタイプにすれば、見切材はなくすことも可能。

❷立断面

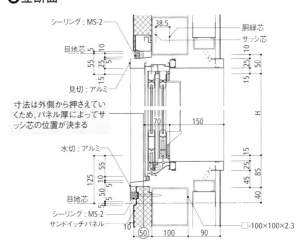

シーリング：MS-2
胴縁芯
サッシ芯
見切：アルミ
水切：アルミ
目地芯
シーリング：MS-2
サンドイッチパネル
□-100×100×2.3

寸法は外側から押さえているため、パネル厚によってサッシ芯の位置が決まる

6 | 複層ガラス [1:10]

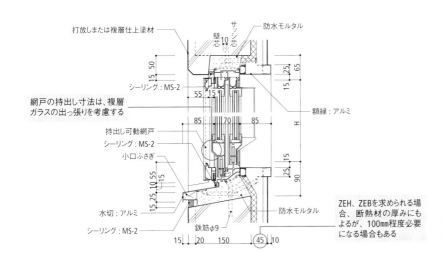

打放しまたは複層仕上塗材
壁芯
サッシ芯
防水モルタル
シーリング：MS-2
額縁：アルミ
持出し可動網戸
シーリング：MS-2
小口ふさぎ
水切：アルミ
シーリング：MS-2
防水モルタル
鉄筋φ9

網戸の持出し寸法は、複層ガラスの出っ張りを考慮する

ZEH、ZEBを求められる場合、断熱材の厚みにもよるが、100mm程度必要になる場合もある

一般のサッシ枠に熱損失を軽減する複層ガラスを採用したもので、最近の主流となりつつある。納まり寸法は変わらないが、単板ガラスに比べて内外の戸（可動部分）がそれぞれ内外に15mmほど出てくる。ガラスは空気層を挟んで2重になっているが、遮音性能は高くない。

6 | 外付けサッシ＋真壁＋障子 [1:10]

❶平断面

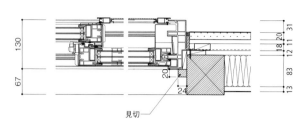

見切

❷立断面

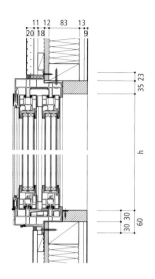

近年主流となった樹脂サッシには外付けサッシがないため、真壁の和室に障子を組み込みたい場合にはアルミと樹脂の複合サッシを使う。

6 | カーテンウォール [1:10]

❶平断面

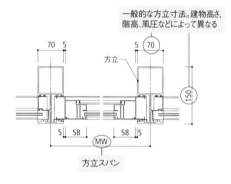

一般的な方立寸法。建物高さ、階高、風圧などによって異なる

方立

MW

方立スパン

❷立断面（上部）

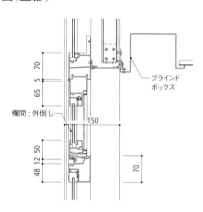

ブラインドボックス

欄間：外倒し

ガラスや金属パネルを組み込んだアルミ製カーテンウォールは、方立とサッシの組み合わせにより、外観をすっきりと見せることができる ［❶］。カーテンウォールには垂直を強調する方立通しと、水平を強調する無目通しがあるが、図は標準的な方立通し。

7 | 断熱サッシ [1:10]

❶平断面

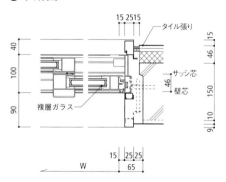

タイル張り

サッシ芯

壁芯

複層ガラス

❷立断面

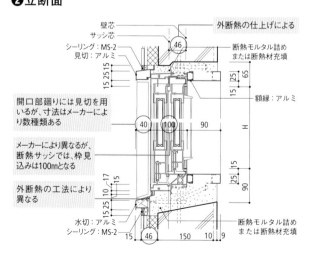

壁芯
サッシ芯
シーリング：MS-2
見切：アルミ

外断熱の仕上げによる

断熱モルタル詰めまたは断熱材充填

額縁：アルミ

開口部廻りには見切を用いるが、寸法はメーカーにより数種類ある

メーカーにより異なるが、断熱サッシでは、枠見込みは100mmとなる

外断熱の工法により異なる

水切：アルミ
シーリング：MS-2

断熱モルタル詰めまたは断熱材充填

サッシ枠に断熱材を充填したサッシ。内側が樹脂、外側がアルミのものが多い。ヒートブリッジが起こらないように、サッシ廻りにも断熱モルタルか断熱材を充填する。断熱サッシ＋複層ガラスとするとさらに効果的。

特記 ❶支持方法としては、スラブまたは梁に受け材としてのファスナーを取り付け、方立ブラケットと連結させる。外壁に耐火構造が求められる場合、開口部以外では耐火ボードが必要になる。

7│FIX窓［1:10］

❶平断面

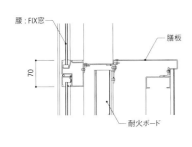

アングルを2つ用いて、ガラス受けのポケットをつくる。単板ガラスならば、30×30のチャンネルで十分

- L-40×40×3
- シーリング
- モルタル吹付け
- 43.4
- 複層ガラス
- L-40×40×3

FIX窓をすっきり見せるためには、ガラスを受けるポケット、ガラスを入れるための押縁の納まりがポイントになる。複層ガラスの場合は、十分なかかり代が確保できることを確認する。

❷立断面

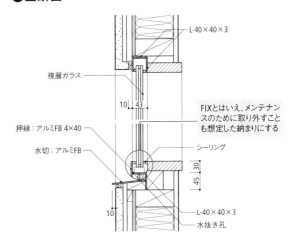

- L-40×40×3
- 複層ガラス
- 10│43
- 押縁：アルミFB 4×40
- 水切：アルミFB
- シーリング
- 45│30
- FIXとはいえ、メンテナンスのために取り外すことも想定した納まりにする
- 10
- L-40×40×3
- 水抜き孔

7│コーナーサッシ［1:10］

❸立断面（下部）

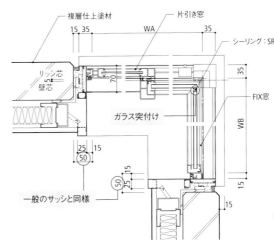

- 腰：FIX窓
- 膳板
- 70
- 耐火ボード
- 複層仕上塗材
- 15│35
- WA
- 片引き窓
- 35
- シーリング：SR-1
- リッシ芯
- 壁芯
- 70
- ガラス突付け
- FIX窓
- 35
- WB
- 15
- 25│15
- (50)
- 50
- 25
- 15
- 一般のサッシと同様
- 15

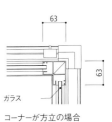

- 63
- 63
- ガラス
- コーナーが方立の場合

コーナーサッシや出窓は結露しやすいので、複層ガラスにしたり、下枠に結露受けを設けたり、対策をとったほうがよい。防火設備対応の場合、ガラス突付け納まりはできないので、コーナー方立を用いる。既製品には出隅・入隅の両タイプがある。

8│エアタイトサッシ［1:10］

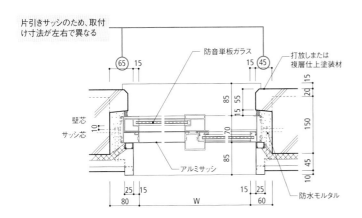

- 片引きサッシのため、取付け寸法が左右で異なる
- (65)│15
- 防音単板ガラス
- 打放しまたは複層仕上塗装材
- 15│(45)
- 15
- 20
- 85
- 55
- 15│55
- 150
- 壁芯
- サッシ芯
- 10
- 70
- アルミサッシ
- 85
- 45
- 10│15
- 防水モルタル
- 25│15
- 80
- W
- 15│25
- 60

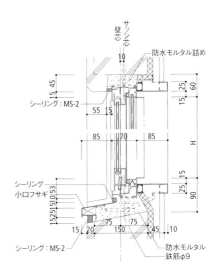

- サッシ芯
- 壁芯
- 10
- 防水モルタル詰め
- 15│45
- 25│60
- 15│15
- シーリング：MS-2
- 55│15
- 85│70│85
- H
- 15│25
- 90
- シーリング
- 小口フサギ
- 15│25│15│53
- 15│20
- 75│150│75
- 45│10
- シーリング：MS-2
- 防水モルタル
- 鉄筋φ9

引寄せ装置、枠および召し合わせ部の機構により、遮音性の高いサッシ。幹線道路・線路沿いの建物などで用いられることが多い。引違いでは遮音性に劣るため、片引きサッシが一般的。

木造

8 | アルミサッシ [1:8]

❶平断面

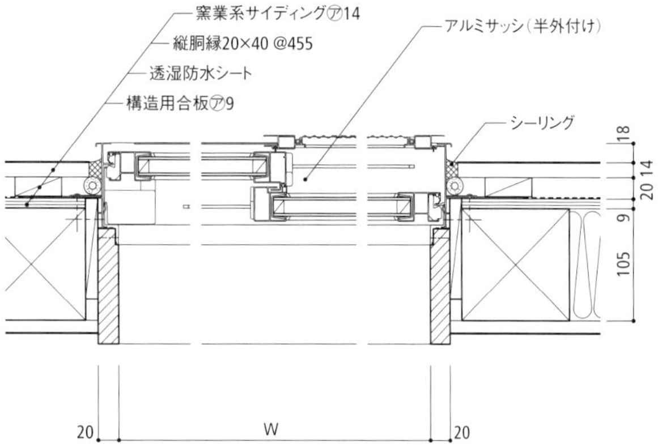

窯業系サイディング㋐14
縦胴縁20×40 @455
透湿防水シート
構造用合板㋐9
アルミサッシ(半外付け)
シーリング
18
20 14
9
105
20
W
20

❷立断面

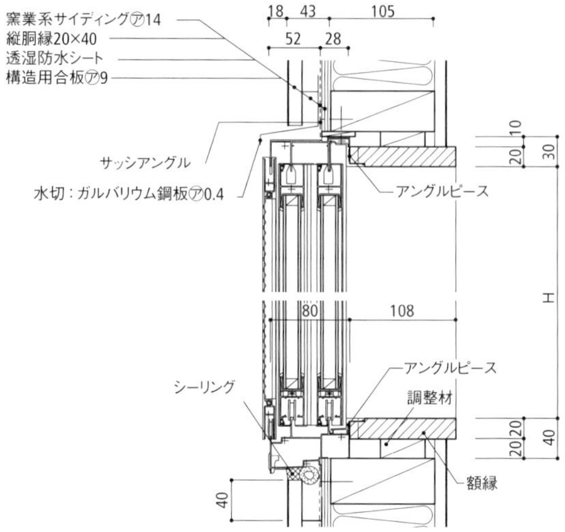

窯業系サイディング㋐14
縦胴縁20×40
透湿防水シート
構造用合板㋐9
18
43
105
52
28
サッシアングル
水切:ガルバリウム鋼板㋐0.4
アングルピース
10
20
30
H
80
108
シーリング
アングルピース
調整材
20
20
40
額縁
40

S造

8 | 出窓 [1:12]

❶平断面

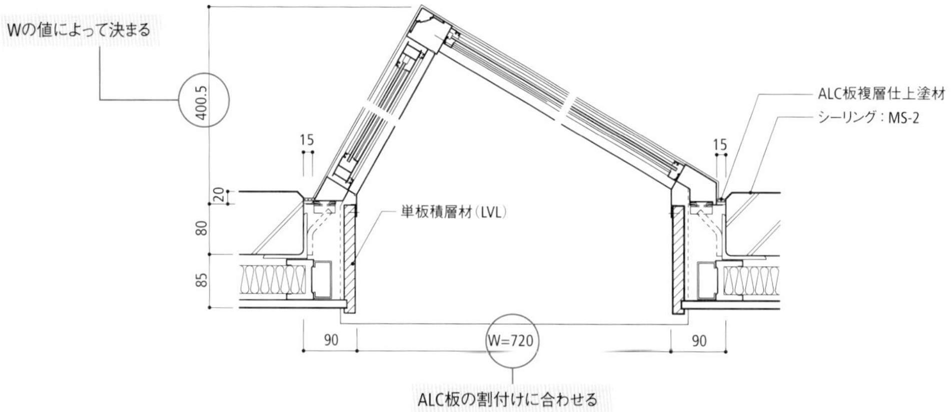

Wの値によって決まる
400.5
ALC板複層仕上塗材
シーリング:MS-2
15
15
20
80
85
単板積層材(LVL)
90
W=720
90
ALC板の割付けに合わせる

RC造

9 | 2重サッシ [1:10]

❶平断面

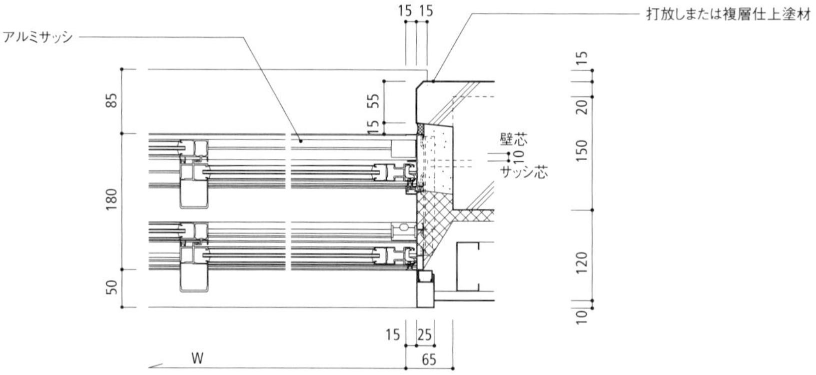

15 15
打放しまたは複層仕上塗材
アルミサッシ
85
55
15
15
20
150
壁芯
10
サッシ芯
180
120
50
10
15
25
W
65

戸の部分が2重になったサッシ。間に空気層ができるので断熱性・遮音性が高くなるが、通常は遮音を目的として用いられることが多い。サッシ枠の見込みが大きく、それが室内側に出てくるため、額縁などとの納まりを考慮する必要がある。

9 アルミサッシ(外付け)[1:10]

❶平断面

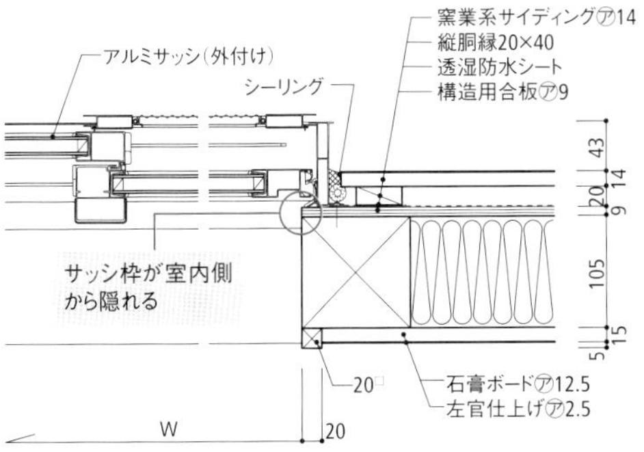
アルミサッシ(外付け)
シーリング
窯業系サイディング㋐14
縦胴縁20×40
透湿防水シート
構造用合板㋐9
43
20
14
9
105
15
5
サッシ枠が室内側
から隠れる
20
石膏ボード㋐12.5
左官仕上げ㋐2.5
W
20

❷立断面

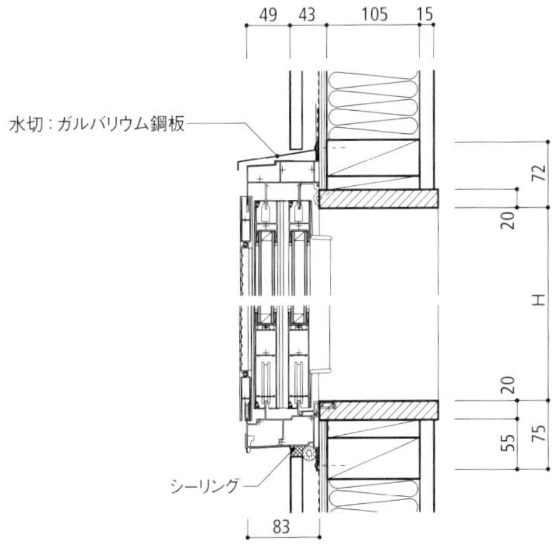
49
43
105
15
水切:ガルバリウム鋼板
72
20
H
20
55
75
シーリング
83

❷立断面

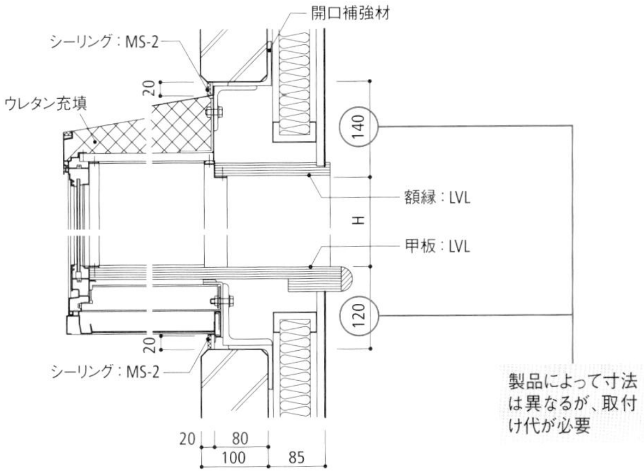
開口補強材
シーリング:MS-2
20
ウレタン充填
140
額縁:LVL
H
甲板:LVL
120
20
シーリング:MS-2
製品によって寸法
は異なるが、取付
け代が必要
20
80
100
85

❷立断面

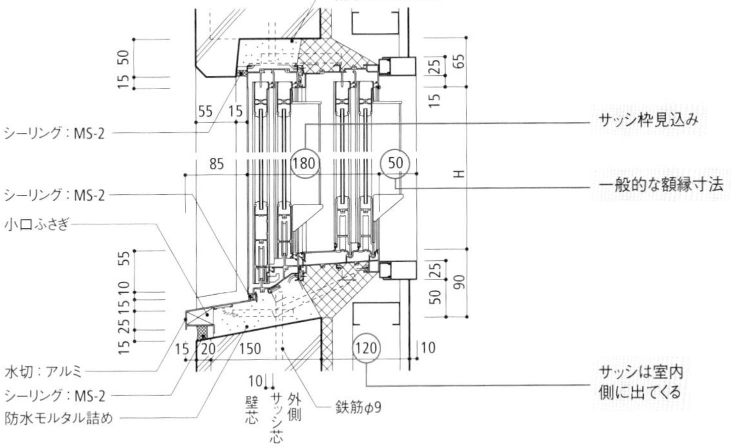
防水モルタル詰め
15
50
25
65
55
15
15
シーリング:MS-2
サッシ枠見込み
85
180
50
H
シーリング:MS-2
一般的な額縁寸法
小口ふさぎ
55
10
15
15
25
15
25
50
90
15
20
150
120
10
水切:アルミ
シーリング:MS-2
防水モルタル詰め
10
壁芯
サッシ芯
外側
鉄筋φ9
サッシは室内
側に出てくる

9 | 掃出し窓（一般サッシ、デッキ）[1:8]

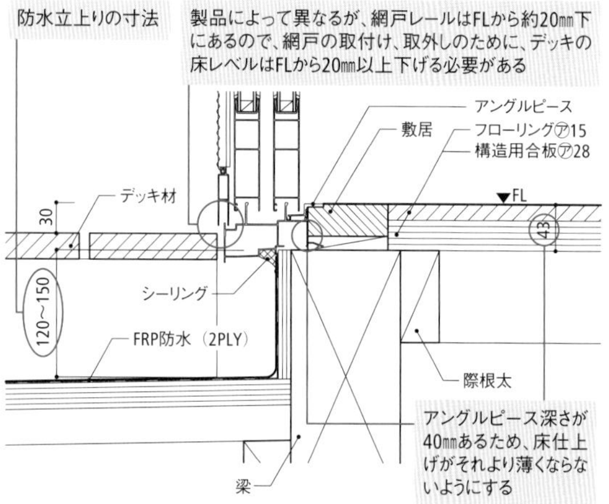
防水立上りの寸法
製品によって異なるが、網戸レールはFLから約20㎜下にあるので、網戸の取付け、取外しのために、デッキの床レベルはFLから20㎜以上下げる必要がある
アングルピース
敷居
フローリング㋐15
構造用合板㋐28
FL
デッキ材
30
43
シーリング
120〜150
FRP防水（2PLY）
際根太
アングルピース深さが40㎜あるため、床仕上げがそれより薄くならないようにする
梁

10 | 掃出し窓（ノンレールサッシ、デッキ）

❶内外がフラットな場合［1:8］

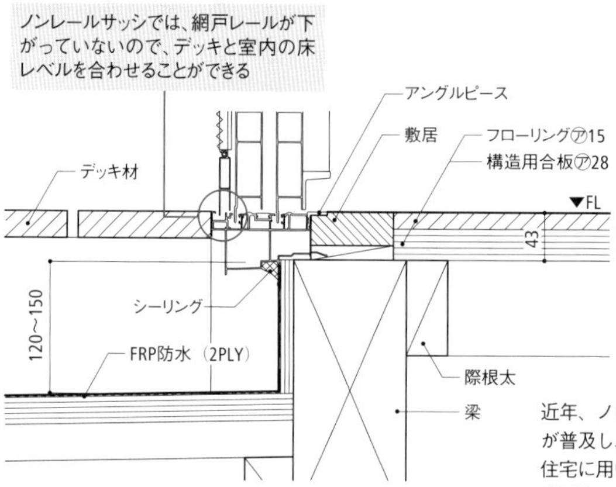
ノンレールサッシでは、網戸レールが下がっていないので、デッキと室内の床レベルを合わせることができる
アングルピース
敷居
フローリング㋐15
構造用合板㋐28
デッキ材
FL
43
シーリング
120〜150
FRP防水（2PLY）
際根太
梁

近年、ノンレールサッシが普及し、バリアフリー住宅に用いやすくなった。意匠的にも室内外をより一体的にできる。

9 | 掃出し窓（ノンレールサッシ、デッキ）[1:8]

❶平断面

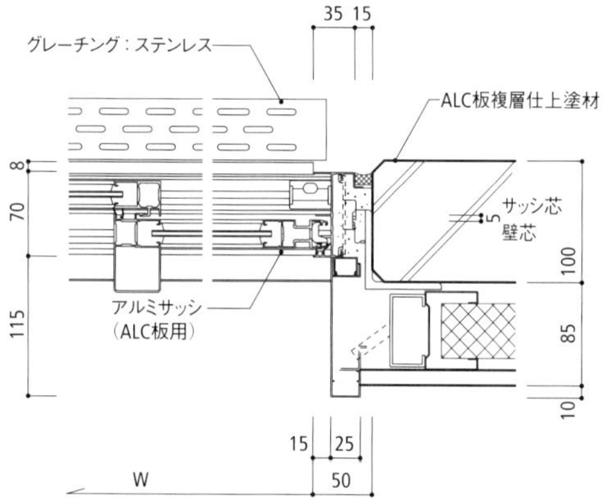
35 15
グレーチング：ステンレス
ALC板複層仕上塗材
8
70
115
5
サッシ芯
壁芯
100
85
10
アルミサッシ
（ALC板用）
15 25
W
50

バリアフリータイプのグレーチング廻りの仕様・納まりは、メーカーにより異なる。

❷立断面

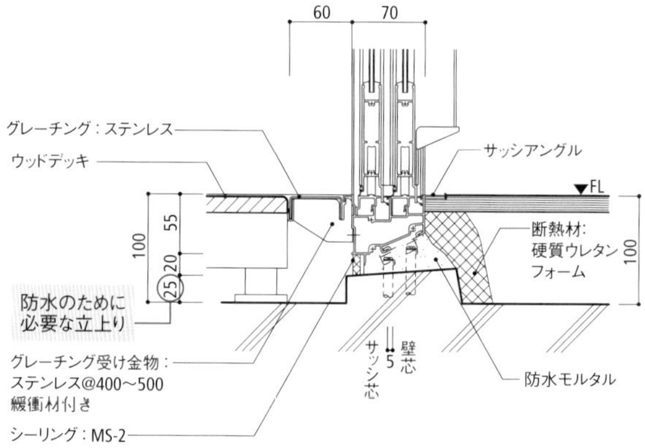
60 70
グレーチング：ステンレス
ウッドデッキ
サッシアングル
FL
100
55
20
25
防水のために必要な立上り
断熱材：硬質ウレタンフォーム
100
サッシ芯
5
壁芯
グレーチング受け金物：ステンレス@400〜500緩衝材付き
防水モルタル
シーリング：MS-2

10 | 掃出し窓（ノンレールサッシ、デッキ）[1:8]

❶平断面

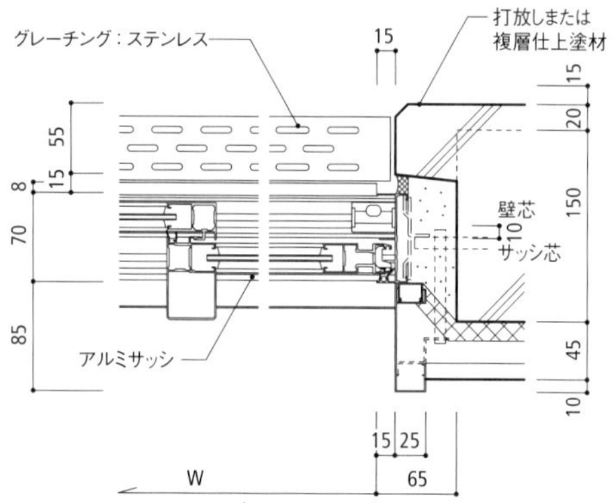
グレーチング：ステンレス
15
打放しまたは複層仕上塗材
55
15
8
70
85
15
20
150
壁芯
10
サッシ芯
45
10
アルミサッシ
15 25
W
65

❷立断面

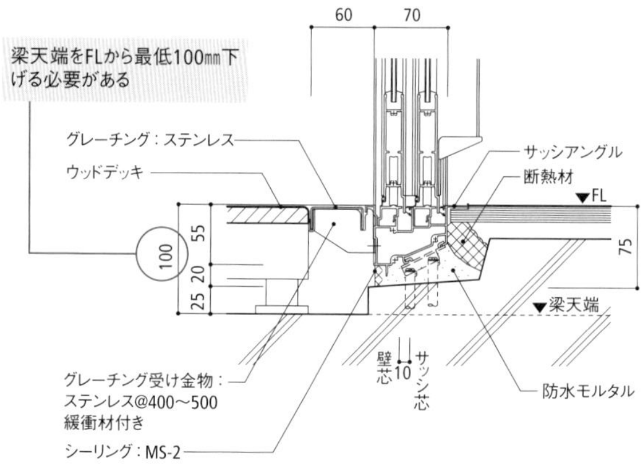
60 70
梁天端をFLから最低100㎜下げる必要がある
グレーチング：ステンレス
ウッドデッキ
サッシアングル
断熱材
FL
100
55
20
25
75
梁天端
壁芯
10
サッシ芯
グレーチング受け金物：ステンレス@400〜500緩衝材付き
防水モルタル
シーリング：MS-2

11 | テラス戸（開き戸）[1:10]

❷バルコニーの床面が高くなる場合［1:20］

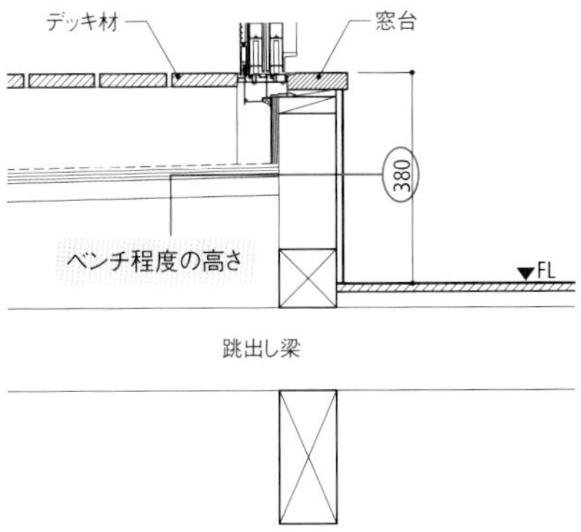

デッキ材
窓台
380
ベンチ程度の高さ
FL
跳出し梁

跳出しのバルコニーでは、バルコニーの床面が室内床面よりも高くないと納まらないことがある。その場合は、開口部の高さをあえてベンチ程度の高さにして対応する方法もある。

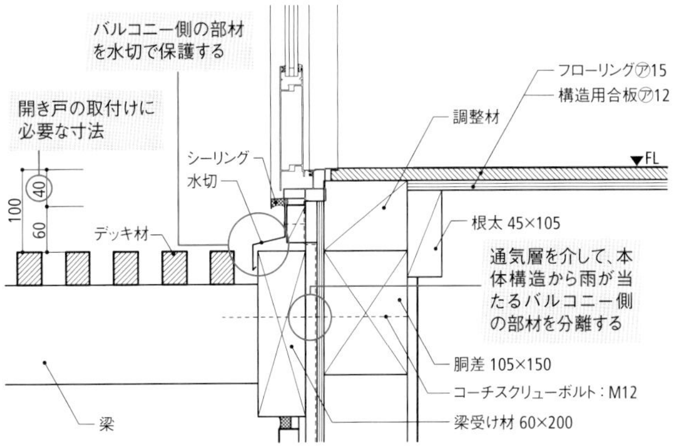

バルコニー側の部材を水切で保護する
開き戸の取付けに必要な寸法
フローリング㋐15
構造用合板㋐12
調整材
シーリング
水切
FL
100
40
60
デッキ材
根太 45×105
通気層を介して、本体構造から雨が当たるバルコニー側の部材を分離する
胴差 105×150
コーチスクリューボルト：M12
梁受け材 60×200
梁

開き戸の機構上、室内外の段差をなくすことはできない。雨がかりのバルコニーを建物本体と分離させることで、建物の耐久性を向上させている。

10 | 掃出し窓（ノンレールサッシ、側溝）[1:8]

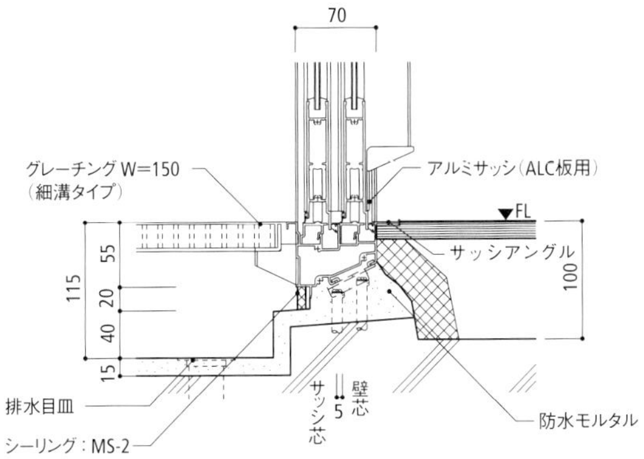

70
グレーチング W=150
（細溝タイプ）
アルミサッシ（ALC板用）
FL
サッシアングル
115
55
20
40
15
100
排水目皿
シーリング：MS-2
サッシ芯
5
壁芯
防水モルタル

11 | 掃出し窓（一般サッシ）[1:8]

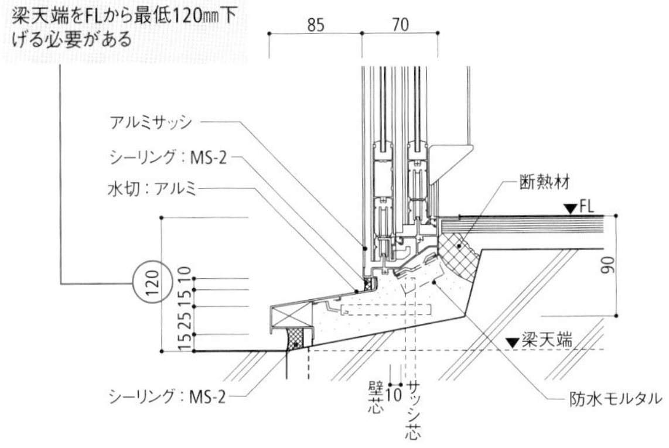

梁天端をFLから最低120㎜下げる必要がある
85
70
アルミサッシ
シーリング：MS-2
水切：アルミ
断熱材
FL
120
10
15
15
25
15
90
梁天端
シーリング：MS-2
壁芯
10
サッシ芯
防水モルタル

11 | 自動ドア [1:8] [S] [Rc]

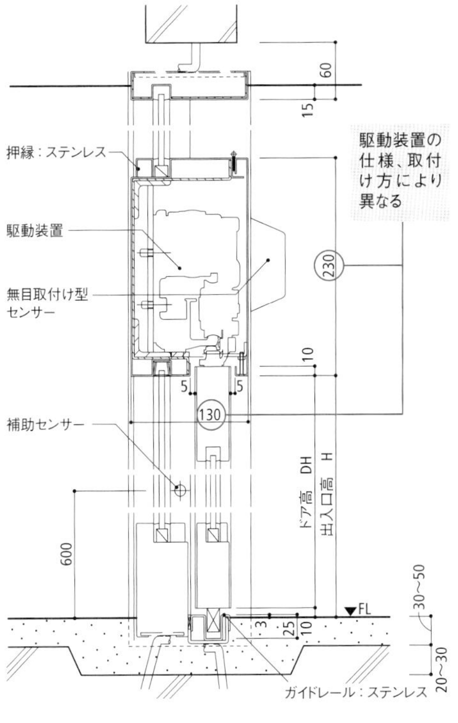

60
15
押縁：ステンレス
駆動装置の仕様、取付け方により異なる
駆動装置
無目取付け型センサー
230
10
5
5
130
補助センサー
ドア高 DH
出入口高 H
600
FL
30〜50
3
25
10
20〜30
ガイドレール：ステンレス

自動ドアは上部に欄間のあるなしで、駆動装置の点検扉の機構が変わる。欄間のついたもののほうが、メンテナンス性は高く一般的である。天井の低い風除室や意匠的な必要がある場合には、駆動装置を天井に埋め込むこともある。

起動スイッチとなるセンサーは、無目あるいは天井に設置する。上の図では無目に取り付けているが、天井に取り付ける場合には、ドアから500㎜程度離れた位置が一般的。天井に埋め込むので、無目に取り付けるより手間がかかる。

12｜アルミ製玄関ドア（開き戸）［1:8］

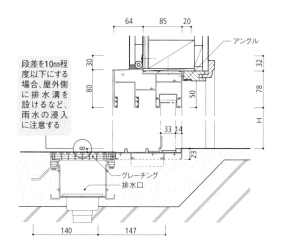

透湿防水シート
防水テープ
シーリング

取付けに必要な
寸法［❶］

▼FL

木造の住宅で一般的に用いられる玄関ドア。

13｜アルミ製玄関ドア（袖付き2枚引き）［1:8］

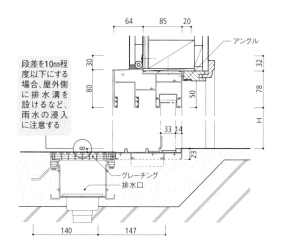

段差を10mm程度以下にする場合、屋外側に排水溝を設けるなど、雨水の浸入に注意する

アングル

グレーチング
排水口

木造の店舗やバリアフリー住宅に用いられることが多い。

12｜スチール製玄関ドア（開き戸）［1:8］

❶平断面

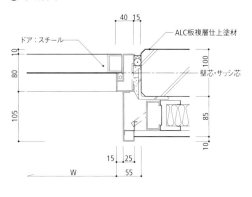

ドア：スチール
ALC板複層仕上塗材
壁芯・サッシ芯

❷立断面

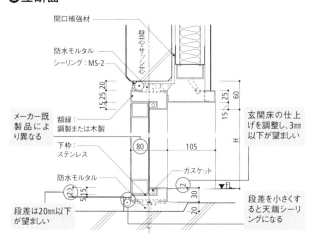

開口補強材
壁芯・サッシ芯
防水モルタル
シーリング：MS-2
額縁：鋼製または木製
メーカー既製品により異なる
下枠：ステンレス
防水モルタル
ガスケット
段差は20mm以下が望ましい
玄関床の仕上げを調整し、3mm以下が望ましい
▼FL
段差を小さくすると天端シーリングになる

集合住宅などで一般的に用いられる。

12｜スチール製玄関ドア（開き戸）［1:8］

❶平断面

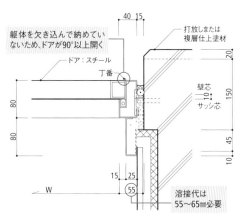

躯体を欠き込んで納めていないためドアが90°以上開く
打放しまたは複層仕上塗材
ドア：スチール
丁番
壁芯
サッシ芯
溶接代は55〜65mm必要

RC造で一般的に用いられるタイプのドア。

❷立断面

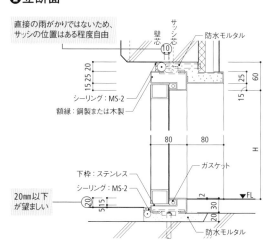

直接の雨がかりではないため、サッシの位置はある程度自由
壁芯
サッシ芯
防水モルタル
シーリング：MS-2
額縁：鋼製または木製
下枠：ステンレス
シーリング：MS-2
20mm以下が望ましい
ガスケット
▼FL
防水モルタル

特記 ❶製品によって異なる

14| 木製玄関ドア（開き戸）［1:8］

❶平断面

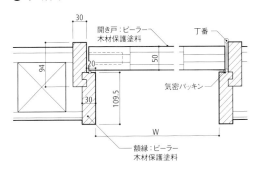

開き戸：ピーラー
木材保護塗料
丁番
気密パッキン
額縁：ピーラー
木材保護塗料

木製建具を外部開口部に用いる場合、軒や庇によって雨をかかりにくくする配慮が必要である。直射日光もなるべく避けたい。木材は金属に比べ熱伝導率が低く、結露しにくいが、木製建具の場合には気密性が大きな問題になるので、それを確保する納まりを心がける。

❷立断面

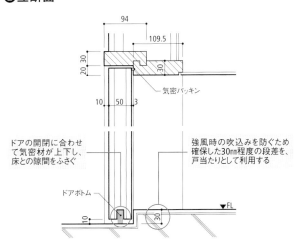

気密パッキン

ドアの開閉に合わせて気密材が上下し、床との隙間をふさぐ

ドアボトム

強風時の吹込みを防ぐため確保した30mm程度の段差を、戸当たりとして利用する

▼FL

13| アルミ製片開き框戸（段差あり、丁番）［1:8］

❶平断面

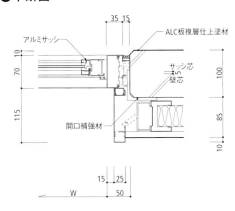

アルミサッシ
ALC板複層仕上塗材
サッシ芯
壁芯
開口補強材

裏口や通用口などで用いられることが多い。

❷立断面

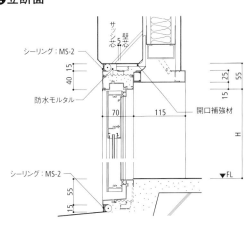

サッシ芯　壁芯
シーリング：MS-2
防水モルタル
開口補強材
シーリング：MS-2
▼FL

13| アルミ製両開き框戸（段差なし、フロアヒンジ）［1:8］

❶平断面

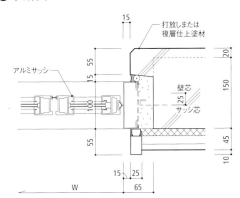

打放しまたは複層仕上塗材
アルミサッシ
壁芯
サッシ芯
開口補強材

内外で段差がないため、雨に直接当たらない風除室やピロティ部分で用いられることが多い。フロアヒンジの寸法はドアの大きさによって異なるが、深さは120〜130mmが一般的。取付けには、それに30mm程度加えた寸法が必要になる。

❷立断面

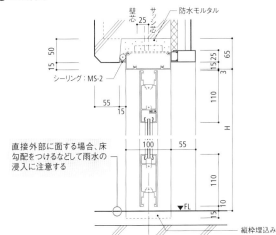

壁芯　サッシ芯
防水モルタル
シーリング：MS-2
直接外部に面する場合、床勾配をつけるなどして雨水の浸入に注意する
▼FL
縦枠埋込み

屋根

さまざまな形状の屋根がある中で、一番のポイントは雨漏りなど水の処理の仕方。防水の仕方や雨仕舞について その納まりをあげる

木造

端部の板金をすっきりさせたい

木造の屋根仕上げは多種多様であるが、最近は耐震性を考慮してできるだけ軽い素材、また意匠的にすっきりしたものという要求から金属板葺きの需要が増えている。金属板葺きの納まりで重要になるのは、端部の板金の処理である。必要な防水性能を確保したうえで、軒先、けらば、棟などをすっきり納める工夫が求められる。

図1は、金属板葺きの軒先における一般的な納まりである。ここでは広小舞、鼻隠しを板金で包んでいるが、鼻隠しは包まず唐草のみとする場合も多い。

S造

勾配屋根と陸屋根に大別される

S造屋根の形式は、金属板、折板などを使用する勾配屋根と陸屋根の2つに大別される。金属板葺きは、小規模な建物であれば木造とほぼ同じ納まりになることが多い。

折板は野地板を必要としないが、断熱性や遮音性に配慮する建物では適切な裏張り材の施工が必要になる。

一方、陸屋根は、S造の特徴でもある躯体の揺れに対処するため、RC造以上に防水工法の選択や品質確保に配慮した設計・施工が求められる。特にパラペットの立上りと外装材との納まりに注意。

RC造

防水層を徹底的に護り抜く

RC造で多い陸屋根は、パラペットの防水層保護が納まり上のポイントになる。かつては立上り部にレンガを積んで防水層を保護していたが、現在ではコストはややかかるものの乾式の防水保護材を設ける工法が確実である。

立上り部をコンクリートやラスモルタルで押さえる方法もあるが、これは、押さえコンクリート自体が防水層を傷つけるおそれがあるため注意したい。

なお、パラペットを打ち継ぐ場合はスラブ面から100mm以上の高さで行うこと。

※各事例の断熱材の厚みは一例を記載

1 | 急勾配（横長尺葺き）

❶軒先・外樋［1:15］

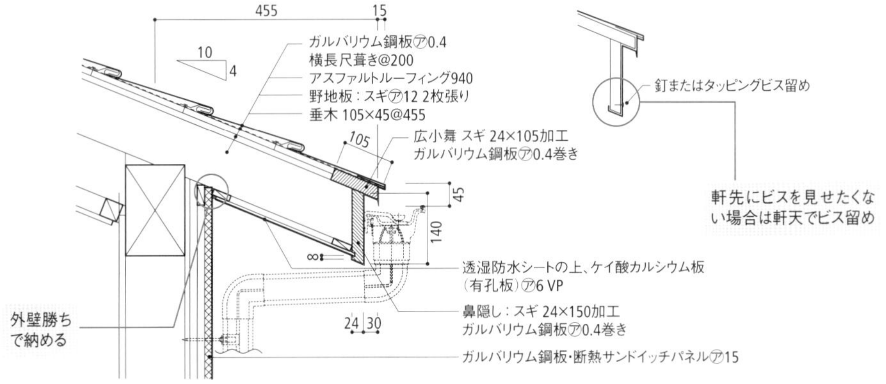
455
15
10
4
ガルバリウム鋼板㋐0.4
横長尺葺き@200
アスファルトルーフィング940
野地板：スギ㋐12 2枚張り
垂木 105×45@455
105
広小舞 スギ 24×105加工
ガルバリウム鋼板㋐0.4巻き
45
140
透湿防水シートの上、ケイ酸カルシウム板
（有孔板）㋐6 VP
鼻隠し：スギ 24×150加工
ガルバリウム鋼板㋐0.4巻き
24
30
ガルバリウム鋼板・断熱サンドイッチパネル㋐15
外壁勝ち
で納める
釘またはタッピングビス留め
軒先にビスを見せたくな
い場合は軒天でビス留め

1 | 立はぜ葺き

❶軒先［1:10］

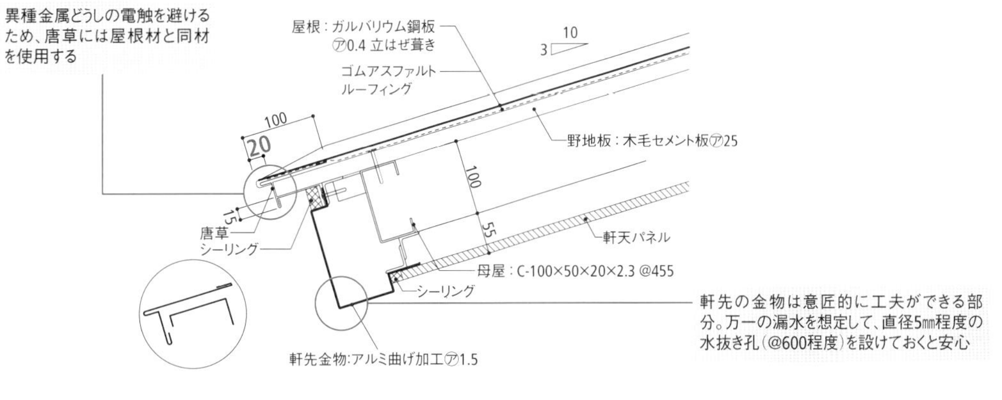
異種金属どうしの電触を避ける
ため、唐草には屋根材と同材
を使用する
屋根：ガルバリウム鋼板
㋐0.4 立はぜ葺き
ゴムアスファルト
ルーフィング
10
3
100
20
野地板：木毛セメント板㋐25
100
15
唐草
シーリング
55
軒天パネル
母屋：C-100×50×20×2.3 @455
シーリング
軒先の金物は意匠的に工夫ができる部
分。万一の漏水を想定して、直径5㎜程度の
水抜き孔（@600程度）を設けておくと安心
軒先金物：アルミ曲げ加工㋐1.5

1 | コンクリート笠木・アゴあり［1:25］

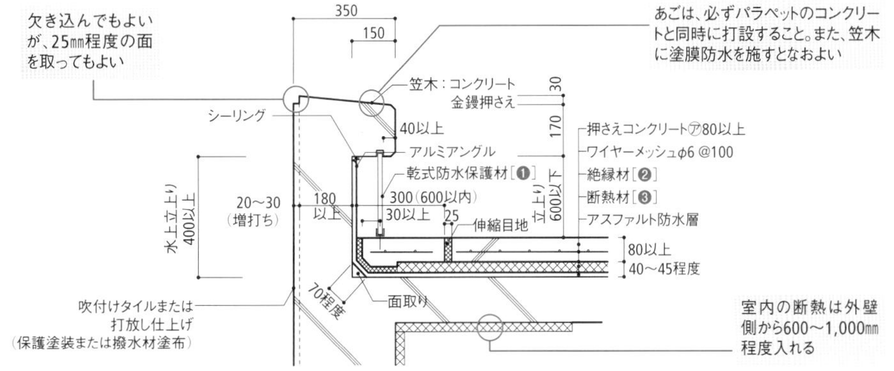
欠き込んでもよい
が、25㎜程度の面
を取ってもよい
350
150
あごは、必ずパラペットのコンクリー
トと同時に打設すること。また、笠木
に塗膜防水を施すとなおよい
笠木：コンクリート
金鏝押さえ
30
シーリング
170
40以上
押さえコンクリート㋐80以上
アルミアングル
ワイヤーメッシュφ6 @100
乾式防水保護材［❶］
絶縁材［❷］
20〜30
（増打ち）
180
以上
300（600以内）
立上り
600以下
断熱材［❸］
30以上
25
伸縮目地
アスファルト防水層
水上立上り
400以上
80以上
40〜45程度
70程度
面取り
吹付けタイルまたは
打放し仕上げ
（保護塗装または撥水材塗布）
室内の断熱は外壁
側から600〜1,000㎜
程度入れる

特記 ❶乾式防水保護材に使用される材料としては、押出し成形セメント板、繊維混入セメント板、アルミ複合板などが一般的　❷絶縁材に使用される材料としては、ガラスメッシュ複合不織布、特殊フィルム、ガラスマット、板状マスチックなどが一般的　❸断熱材に使用される材料としては、硬質イソシアヌレートフォーム（不燃）、硬質ポリスチレンフォーム、硬質ウレタンフォームなどが一般的（防水の仕様による）

（1｜急勾配［横長尺葺き］）

❷けらば［1:10］

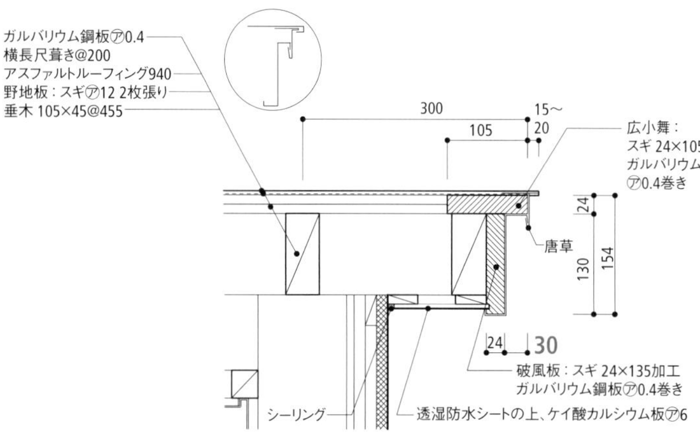
ガルバリウム鋼板㋐0.4
横長尺葺き@200
アスファルトルーフィング940
野地板：スギ㋐12 2枚張り
垂木 105×45@455
300
105
15～
20
広小舞：
スギ 24×105加工
ガルバリウム鋼板
㋐0.4巻き
24
130
154
唐草
24
30
破風板：スギ 24×135加工
ガルバリウム鋼板㋐0.4巻き
シーリング
透湿防水シートの上、ケイ酸カルシウム板㋐6

横葺きは屋根葺き材に段差ができるため、板金をそのまま唐草につなぐ加工が難しい。雨水の浸入に備え、捨て板金を入れてから唐草とつなぎたい。

（1｜立はぜ葺き）

❷軒先［1:10］

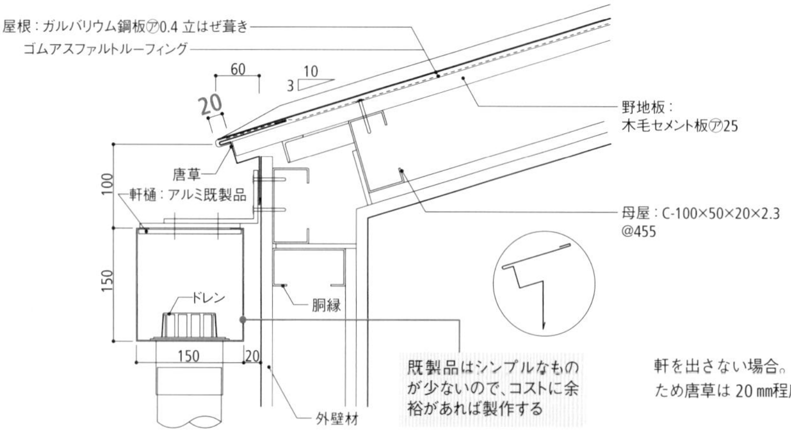
屋根：ガルバリウム鋼板㋐0.4 立はぜ葺き
ゴムアスファルトルーフィング
60
3
10
20
野地板：
木毛セメント板㋐25
100
唐草
軒樋：アルミ既製品
母屋：C-100×50×20×2.3
@455
150
ドレン
胴縁
150
20
外壁材
既製品はシンプルなものが少ないので、コストに余裕があれば製作する

軒を出さない場合。外壁の汚れ防止のため唐草は20㎜程度出す。

2｜アゴ＋水切［1:15］

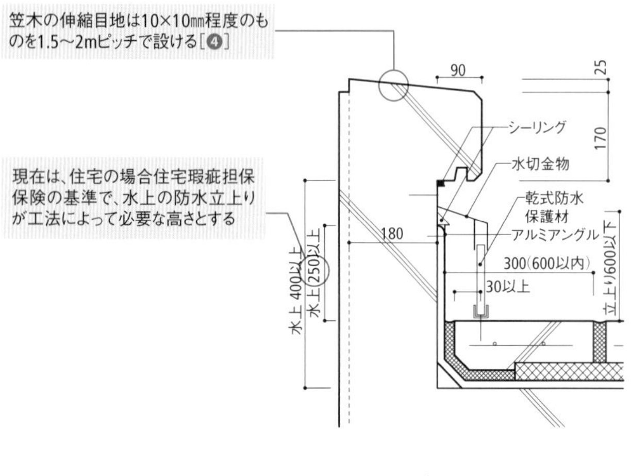
笠木の伸縮目地は10×10㎜程度のものを1.5～2mピッチで設ける［❹］
現在は、住宅の場合住宅瑕疵担保保険の基準で、水上の防水立上りが工法によって必要な高さとする
90
25
170
シーリング
水切金物
乾式防水
保護材
アルミアングル
180
300（600以内）
30以上
水上400以上
水上250以上
立上り600以下

3｜壁面下部の水切［1:15］

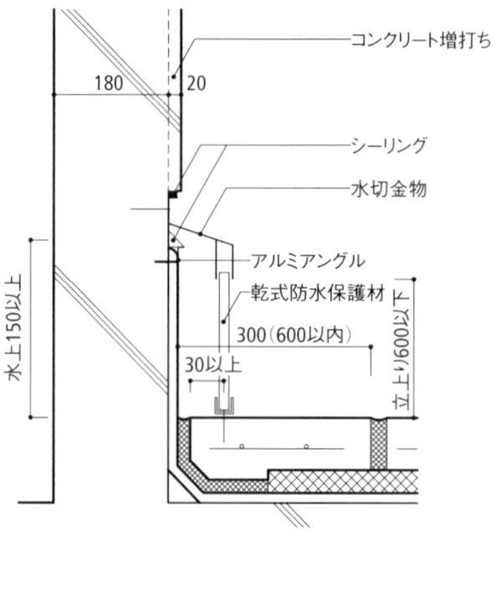
コンクリート増打ち
180
20
シーリング
水切金物
アルミアングル
乾式防水保護材
300（600以内）
30以上
水上150以上
立上り600以下

パラペットの立上りは600㎜以下が望ましいが、やむを得ず高くなる場合は防水層の上に水切を入れたうえで、乾式防水保護材が600㎜以下になるようにする。

[特記] ❹笠木を防水モルタル金鏝仕上げにすると、笠木にクラックが発生しやすく剥離・漏水の原因になるため、できるだけ避けたい。やむを得ず採用する場合は必ず伸縮目地を設けること

❸棟［1:10］

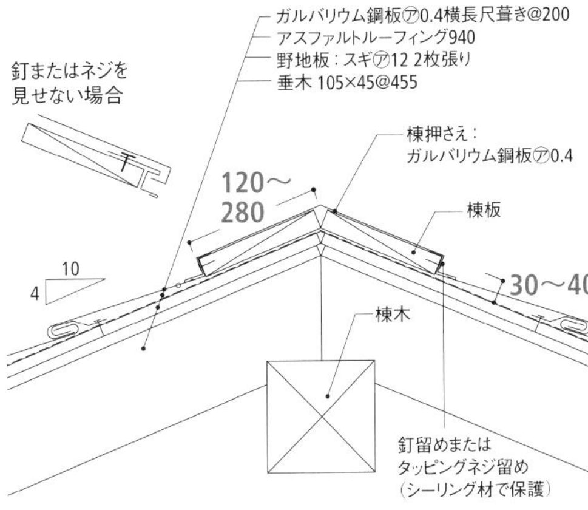
ガルバリウム鋼板㋐0.4横長尺葺き@200
アスファルトルーフィング940
野地板：スギ㋐12 2枚張り
垂木 105×45@455
釘またはネジを
見せない場合
棟押さえ：
ガルバリウム鋼板㋐0.4
120～
280
棟板
10
4
30～40
棟木
釘留めまたは
タッピングネジ留め
（シーリング材で保護）

横葺き材を棟板の上までかぶせたのち、棟押さえの板金をかぶせる。棟押さえは棟板に釘またはネジ留めのうえ、釘頭をシーリングで押さえる。

❸けらば［1:6］

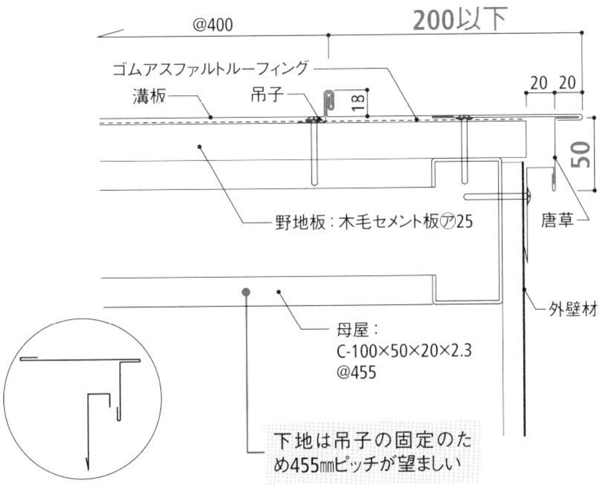
@400
200以下
ゴムアスファルトルーフィング
20 20
溝板
吊子
18
50
野地板：木毛セメント板㋐25
唐草
外壁材
母屋：
C-100×50×20×2.3
@455
下地は吊子の固定のため455㎜ピッチが望ましい

屋根材の割付けにもよるが、端部の金属板は確実に固定するため、幅200㎜以下とする。

4｜金属笠木［1:15］

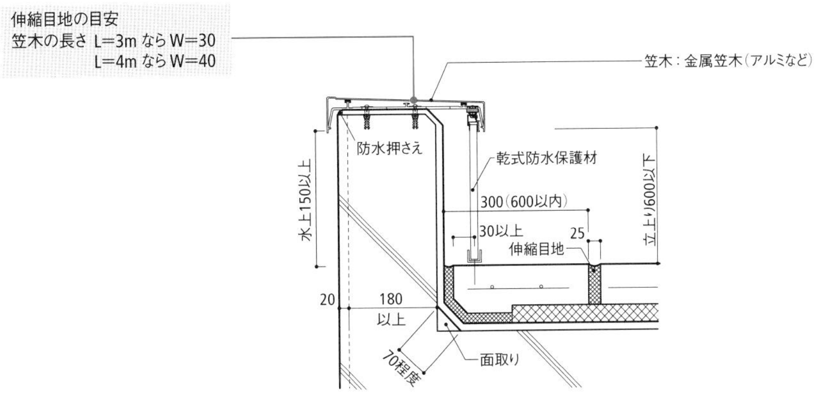
伸縮目地の目安
笠木の長さ L=3m なら W=30
L=4m なら W=40
笠木：金属笠木（アルミなど）
防水押さえ
乾式防水保護材
水上150以上
300（600以内）
30以上
25
伸縮目地
立上り600以下
20
180
以上
70程度
面取り

アゴを設けずに金属笠木を付ければ、立上りの高さを抑えられる。ただし、金属笠木（特にアルミ）は熱収縮が大きいため伸縮目地を必ず入れる。

（1｜急勾配［横長尺葺き］）

❹片流れ妻側［1:10］

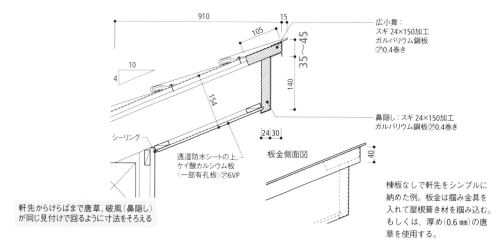

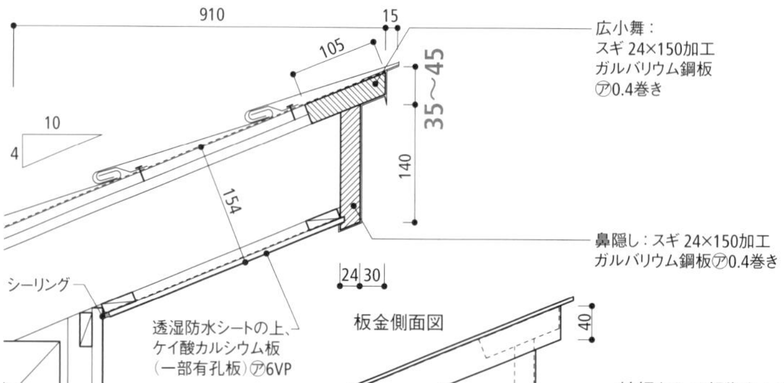
910
15
105
35〜45
140
10
4
154
24
30
シーリング
透湿防水シートの上、
ケイ酸カルシウム板
（一部有孔板）㋐6VP
広小舞：
スギ 24×150加工
ガルバリウム鋼板
㋐0.4巻き
鼻隠し：スギ 24×150加工
ガルバリウム鋼板㋐0.4巻き

板金側面図

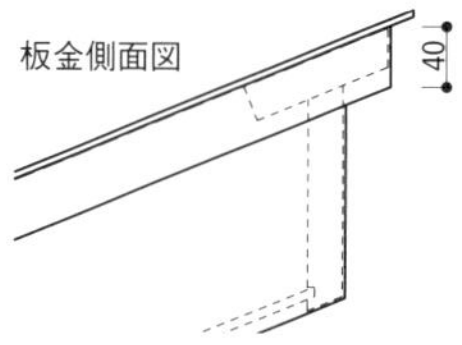
40

軒先からけらばまで唐草、破風（鼻隠し）が同じ見付けで回るように寸法をそろえる

棟板なしで軒先をシンプルに納めた例。板金は掴み金具を入れて屋根葺き材を掴み込む。もしくは、厚め（0.6㎜）の唐草を使用する。

（1｜立はぜ葺き）

❹棟［1:10］

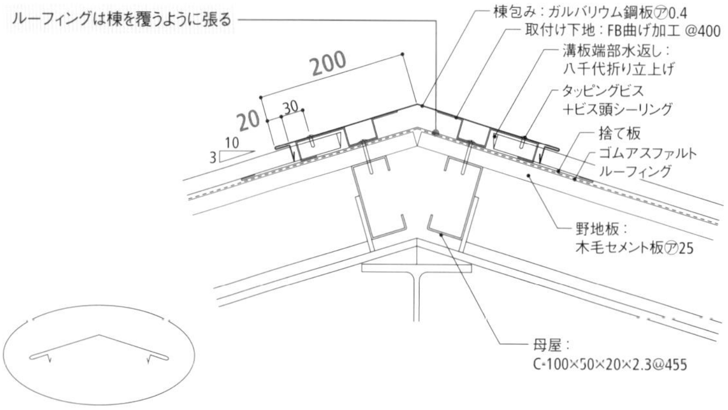
ルーフィングは棟を覆うように張る
200
20
30
10
3
棟包み：ガルバリウム鋼板㋐0.4
取付け下地：FB曲げ加工 @400
溝板端部水返し：
八千代折り立上げ
タッピングビス
+ビス頭シーリング
捨て板
ゴムアスファルト
ルーフィング
野地板：
木毛セメント板㋐25
母屋：
C-100×50×20×2.3@455

木造同様、棟板で棟を押さえてもよいが、比較的大規模な建物ではフラットバーなどを使用することもある。

5｜ドレン廻り

❶横引き［1:15］

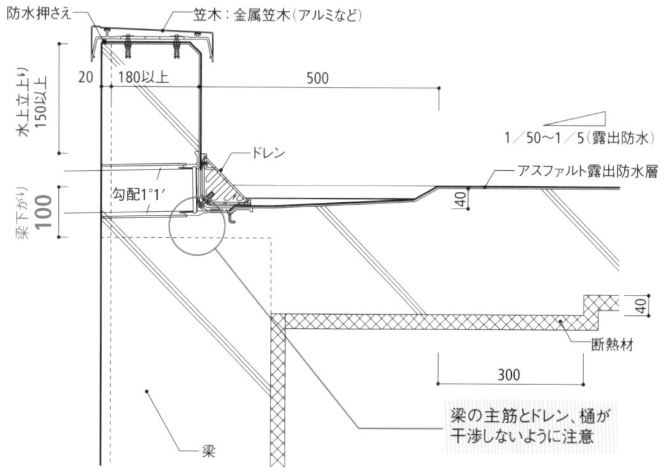
防水押さえ
笠木：金属笠木（アルミなど）
20
180以上
500
水上立上り
150以上
ドレン
1／50〜1／5（露出防水）
アスファルト露出防水層
勾配1°1′
梁下がり
100
40
40
断熱材
300
梁の主筋とドレン、樋が
干渉しないように注意
梁

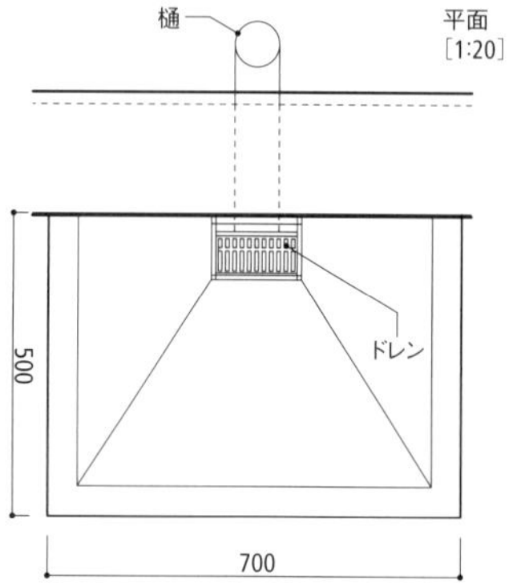
樋
平面
［1:20］
ドレン
500
700

ドレンはコンクリート打込み型、排水管の接続はねじ込み式を標準としたい。横引きの場合、梁の主筋がドレンにぶつからないよう、あらかじめ位置を確認・調整しておく必要がある。スラブ厚は建物個々の仕様によるが、スラブ段差は80㎜を超えると梁配筋が必要になる。

2 | 緩勾配(瓦棒葺き)

❶軒先・内樋・鼻隠しなし[1:15]

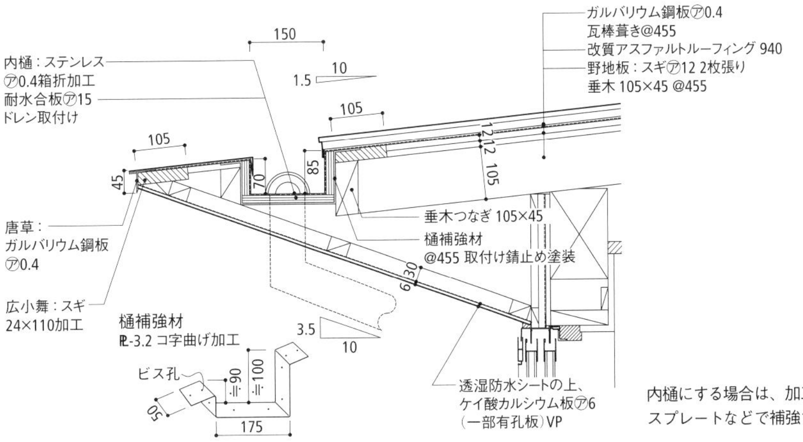
ガルバリウム鋼板㋐0.4
瓦棒葺き@455
改質アスファルトルーフィング 940
野地板:スギ㋐12 2枚張り
垂木 105×45 @455
内樋:ステンレス
㋐0.4箱折加工
耐水合板㋐15
ドレン取付け
唐草:
ガルバリウム鋼板
㋐0.4
広小舞:スギ
24×110加工
樋補強材
PL-3.2 コ字曲げ加工
ビス孔
垂木つなぎ 105×45
樋補強材
@455 取付け錆止め塗装
透湿防水シートの上、
ケイ酸カルシウム板㋐6
(一部有孔板)VP

内樋にする場合は、加工したステンレスプレートなどで補強する必要がある。

❺壁面取合い[1:8]

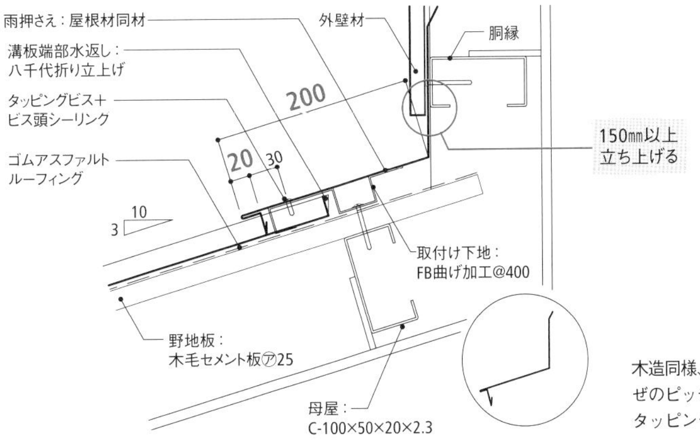
雨押さえ:屋根材同材
溝板端部水返し:
八千代折り立上げ
タッピングビス+
ビス頭シーリンク
ゴムアスファルト
ルーフィング
外壁材
胴縁
150㎜以上
立ち上げる
取付け下地:
FB曲げ加工@400
野地板:
木毛セメント板㋐25
母屋:
C-100×50×20×2.3

木造同様、雨押さえ板を入れてもよいが、はぜのピッチで取り付けた下地に雨押さえをタッピングビスで固定することもある。

❷縦引き[1:20]

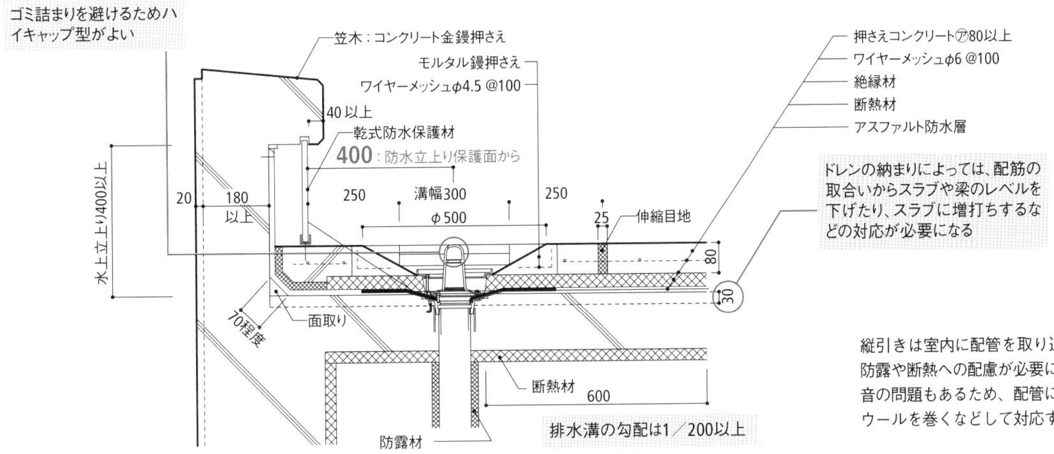
ゴミ詰まりを避けるためハイキャップ型がよい
笠木:コンクリート金鏝押さえ
モルタル鏝押さえ
ワイヤーメッシュφ4.5 @100
40以上
乾式防水保護材
400:防水立上り保護面から
水上立上り400以上
溝幅300
φ500
伸縮目地
面取り
70程度
断熱材
防露材
押さえコンクリート㋐80以上
ワイヤーメッシュφ6 @100
絶縁材
断熱材
アスファルト防水層
ドレンの納まりによっては、配筋の取合いからスラブや梁のレベルを下げたり、スラブに増打ちするなどの対応が必要になる
排水溝の勾配は1/200以上

縦引きは室内に配管を取り込むことになるため、防露や断熱への配慮が必要になる。特に居室では音の問題もあるため、配管に遮音シートやグラスウールを巻くなどして対応する。

(2 | 緩勾配[瓦棒葺き])

❷けらば・破風板なし[1:15]

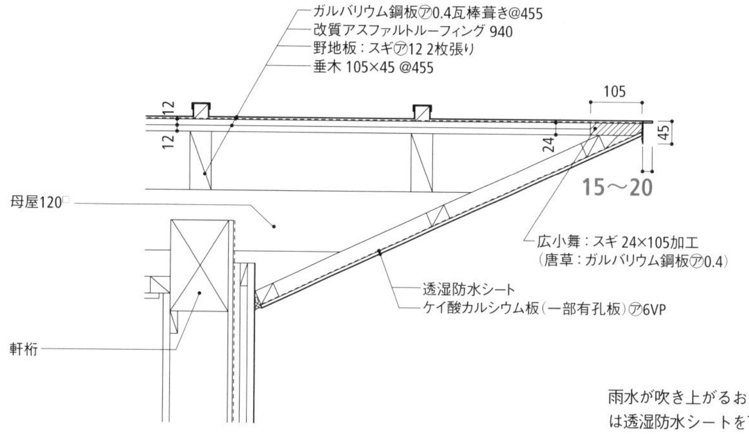
ガルバリウム鋼板㋐0.4瓦棒葺き@455
改質アスファルトルーフィング 940
野地板：スギ㋐12 2枚張り
垂木 105×45 @455
105
12
12
24
45
15～20
母屋120□
広小舞：スギ 24×105加工
(唐草：ガルバリウム鋼板㋐0.4)
透湿防水シート
ケイ酸カルシウム板(一部有孔板)㋐6VP
軒桁

雨水が吹き上がるおそれがあるため、軒天には透湿防水シートを下張りする必要がある。

(1 | 立はぜ葺き)

❻谷(小規模なもの)[1:10]

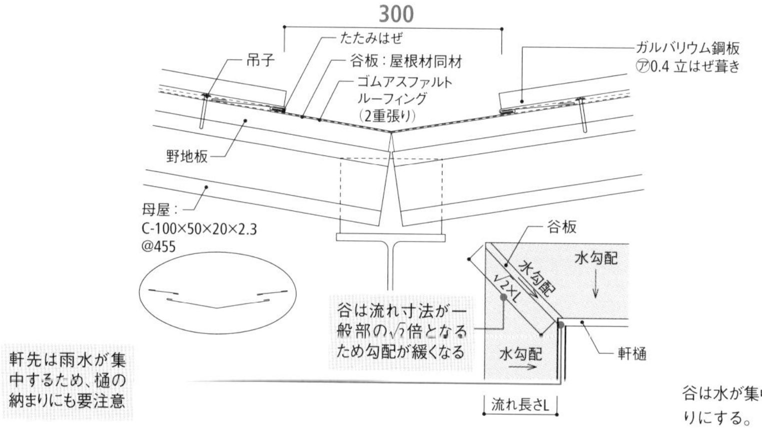
300
たたみはぜ
吊子
谷板：屋根材同材
ゴムアスファルト
ルーフィング
(2重張り)
ガルバリウム鋼板
㋐0.4 立はぜ葺き
野地板
母屋：
C-100×50×20×2.3
@455
谷板
水勾配
水勾配
√2×L
谷は流れ寸法が一般部の√2倍となるため勾配が緩くなる
水勾配
軒樋
軒先は雨水が集中するため、樋の納まりにも要注意
流れ長さL

谷は水が集中するのでルーフィングは2重張りにする。

6 | 外壁面と笠木

❶タイル[1:20]

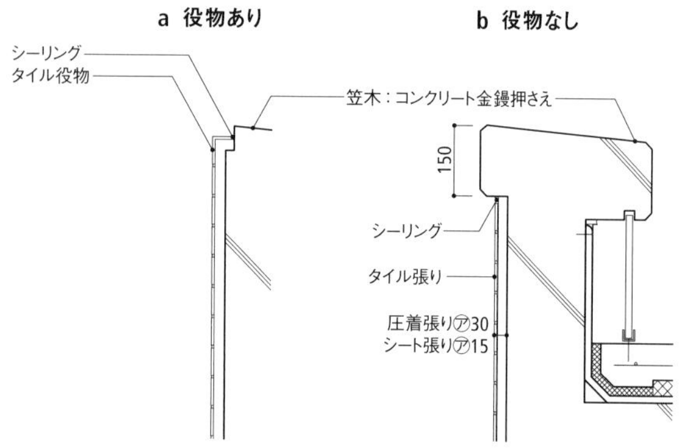
a 役物あり
b 役物なし
シーリング
タイル役物
笠木：コンクリート金鏝押さえ
150
シーリング
タイル張り
圧着張り㋐30
シート張り㋐15

笠木までタイルを載せてもよいが、できれば段差を設けた笠木にタイル役物を納めシーリング目地を取りたい(a)。笠木をタイル面より外側に出すとタイル端部のシーリングを横から打てるため、防水上はこちらのほうがより望ましい(b)。

❷アルミパネル[1:20]

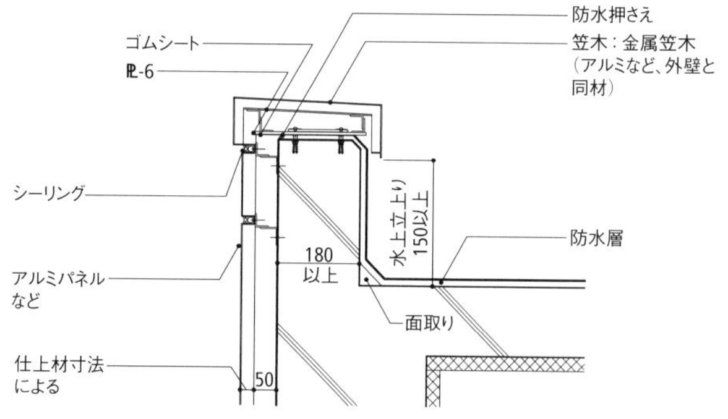
防水押さえ
ゴムシート
笠木：金属笠木
(アルミなど、外壁と同材)
PL-6
シーリング
水上立上り150以上
180以上
防水層
アルミパネルなど
面取り
仕上材寸法による
50

外壁に金属パネルを張るときは、同材で笠木まで製作すればパラペット廻りの一体感が増す。図のような納まりの場合、外壁と笠木はシーリング納めになる。

❸棟[1:10]

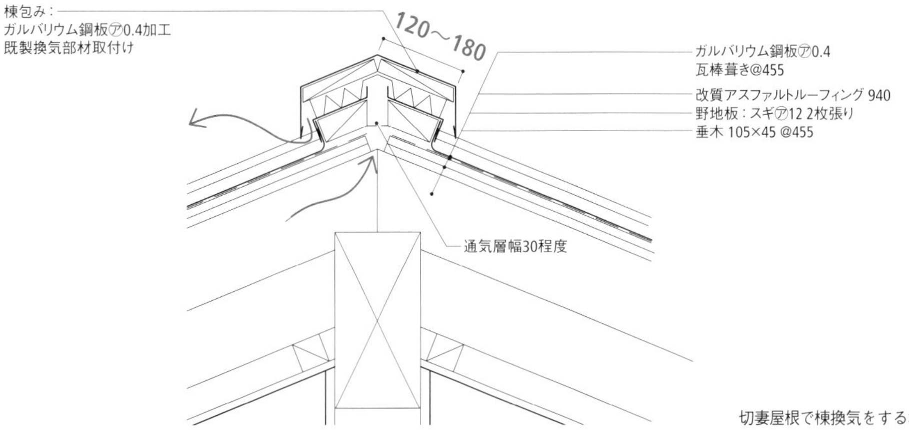

棟包み：
ガルバリウム鋼板㋐0.4加工
既製換気部材取付け
120～180
ガルバリウム鋼板㋐0.4
瓦棒葺き@455
改質アスファルトルーフィング 940
野地板：スギ㋐12 2枚張り
垂木 105×45 @455
通気層幅30程度

切妻屋根で棟換気をする場合の納まり。

❼谷(断熱材利用)[1:10]

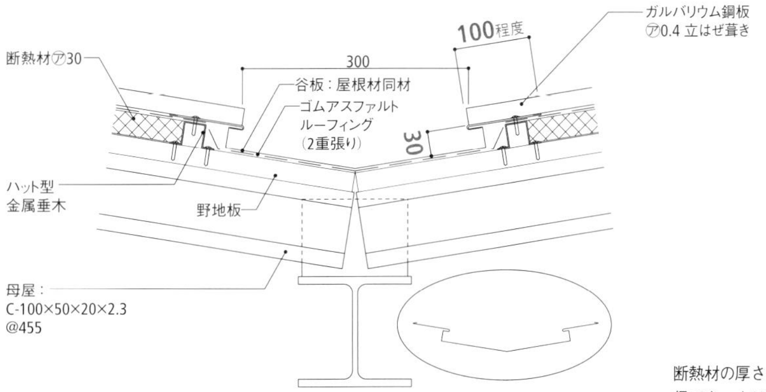

断熱材㋐30
300
100程度
ガルバリウム鋼板
㋐0.4 立はぜ葺き
谷板：屋根材同材
ゴムアスファルト
ルーフィング
(2重張り)
30
ハット型
金属垂木
野地板
母屋：
C-100×50×20×2.3
@455

断熱材の厚さだけ谷の溝の深さを確保でき、より確実な雨仕舞となる。

❸石[1:20]

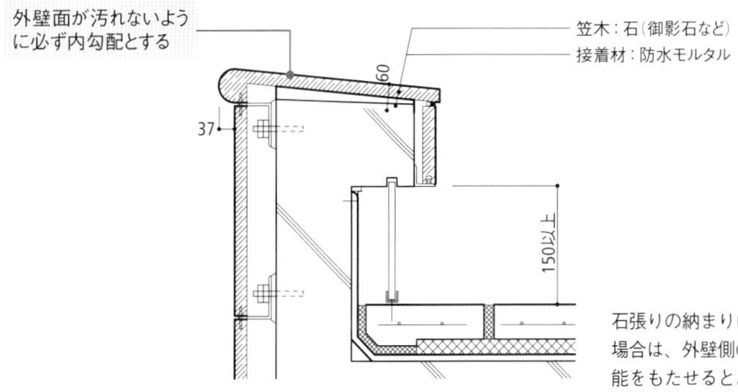

外壁面が汚れないように必ず内勾配とする
笠木：石(御影石など)
接着材：防水モルタル
60
37
150以上

石張りの納まりは多様だが、笠木まで石とする場合は、外壁側の笠木を出して水切としての機能をもたせるとよい。

(2| 緩勾配[瓦棒葺き])

❹壁面取合い・巻き返し[1:10]

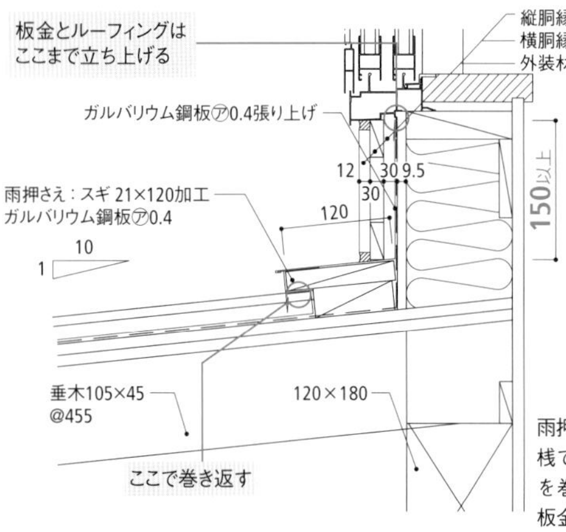

板金とルーフィングは
ここまで立ち上げる
縦胴縁
横胴縁
外装材㋐12
ガルバリウム鋼板㋐0.4張り上げ
12
30
9.5
30
雨押さえ：スギ 21×120加工
ガルバリウム鋼板㋐0.4
120
150以上
10
1
垂木105×45
@455
120×180
ここで巻き返す

雨押さえの下の受け桟で瓦棒葺きの板金を巻き返す納まり。板金の立上りは150mm以上必要。

❺壁面取合い・折り返し(立はぜ葺き)[1:10]

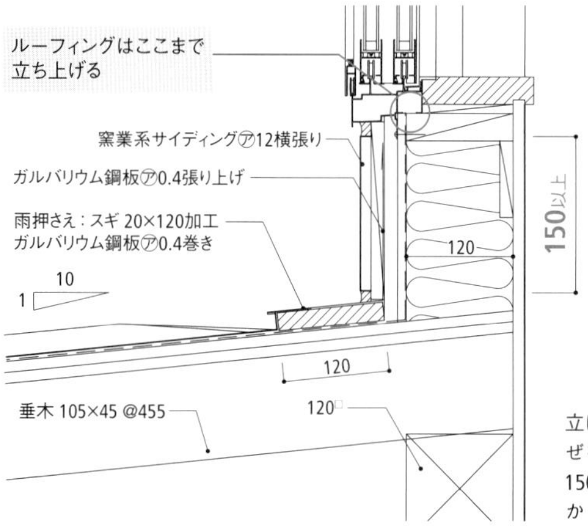

ルーフィングはここまで
立ち上げる
窯業系サイディング㋐12横張り
ガルバリウム鋼板㋐0.4張り上げ
雨押さえ：スギ 20×120加工
ガルバリウム鋼板㋐0.4巻き
150以上
120
10
1
120
垂木 105×45 @455
120

立はぜ葺きでは、はぜを雨押さえの手前150〜200㎜の位置から倒し、雨押さえで再び立ち上げる。

2| 折板

❶軒先[1:12]

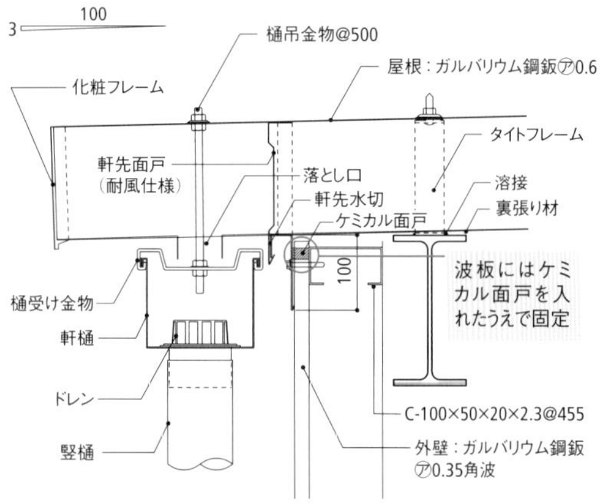

3
100
樋吊金物@500
化粧フレーム
屋根：ガルバリウム鋼鈑㋐0.6
タイトフレーム
軒先面戸
(耐風仕様)
落とし口
軒先水切
ケミカル面戸
溶接
裏張り材
100
波板にはケミカル面戸を入れたうえで固定
樋受け金物
軒樋
ドレン
竪樋
C-100×50×20×2.3@455
外壁：ガルバリウム鋼鈑
㋐0.35角波

オーバーフローを考慮して、軒樋は外壁天端より下に取り付ける。

❷軒樋(内樋)[1:12]

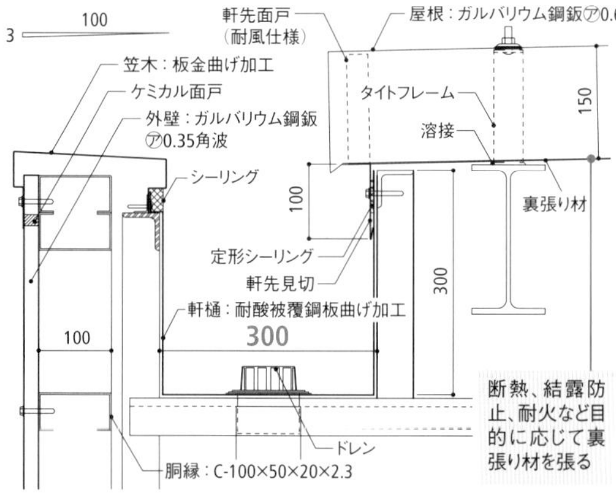

3
100
軒先面戸
(耐風仕様)
屋根：ガルバリウム鋼鈑㋐0.6
笠木：板金曲げ加工
ケミカル面戸
タイトフレーム
外壁：ガルバリウム鋼鈑
㋐0.35角波
溶接
150
シーリング
100
裏張り材
定形シーリング
軒先見切
300
軒樋：耐酸被覆鋼板曲げ加工
300
100
断熱、結露防止、耐火など目的に応じて裏張り材を張る
ドレン
胴縁：C-100×50×20×2.3

パラペットを回して内樋とする場合。落葉などの清掃のため、十分な広さを確保する。

7| 斜壁面と笠木

❶アスファルトシングル[1:25]

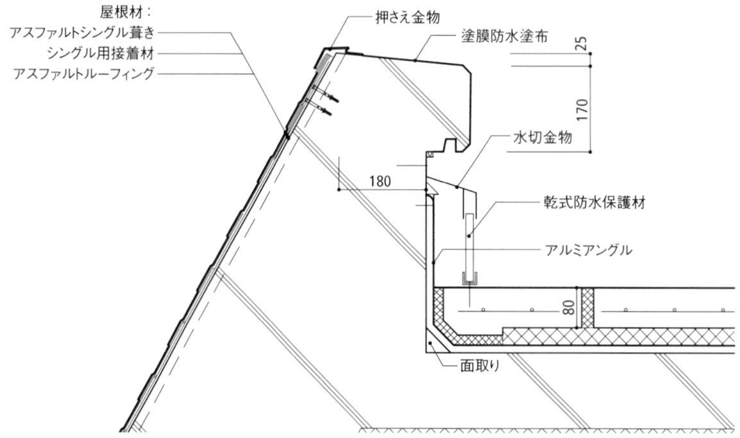

屋根材：
アスファルトシングル葺き
シングル用接着材
アスファルトルーフィング
押さえ金物
塗膜防水塗布
25
170
水切金物
180
乾式防水保護材
アルミアングル
80
面取り

3 | 登り梁

❶軒先・下[1:15]

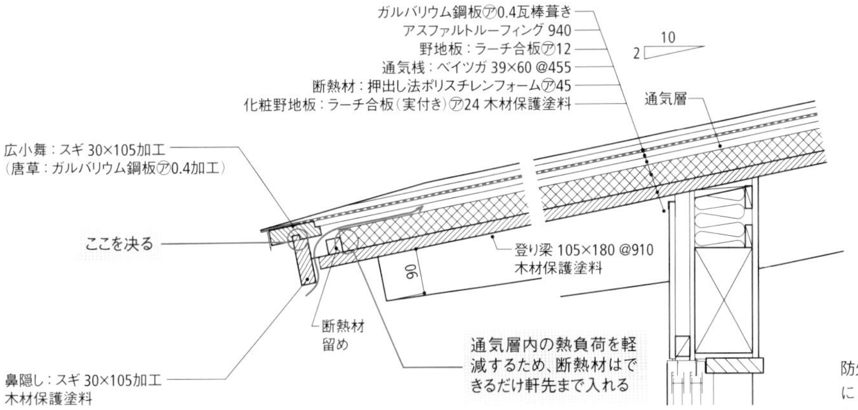

ガルバリウム鋼板㋐0.4瓦棒葺き
アスファルトルーフィング 940
野地板：ラーチ合板㋐12
通気桟：ベイツガ 39×60 @455
断熱材：押出し法ポリスチレンフォーム㋐45
化粧野地板：ラーチ合板（実付き）㋐24 木材保護塗料
10
2
通気層
広小舞：スギ 30×105加工
（唐草：ガルバリウム鋼板㋐0.4加工）
ここを決る
登り梁 105×180 @910
木材保護塗料
90
断熱材
留め
通気層内の熱負荷を軽
減するため、断熱材はで
きるだけ軒先まで入れる
鼻隠し：スギ 30×105加工
木材保護塗料

防火・準防火地域外などで軒裏を露しにした納まり。唐草を鼻隠しにまで巻かない場合は、木やせに配慮して鼻隠しと広小舞を決って納める。

❸軒先・上[1:10]

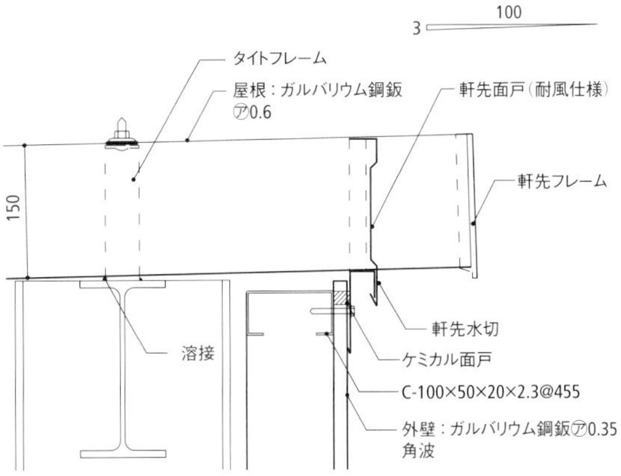

3
100
タイトフレーム
屋根：ガルバリウム鋼鈑
㋐0.6
軒先面戸（耐風仕様）
軒先フレーム
150
溶接
軒先水切
ケミカル面戸
C-100×50×20×2.3@455
外壁：ガルバリウム鋼鈑㋐0.35
角波

軒先面戸は耐風仕様とする。軒先面戸と外壁の間には水切を付け、止水を完全に行う。

❷金属板[1:25]

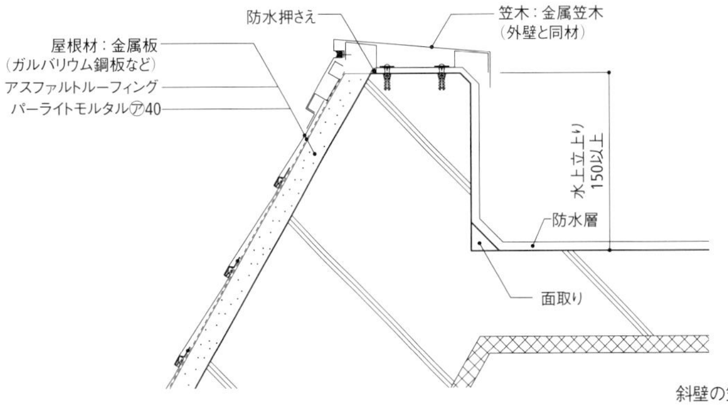

防水押さえ
笠木：金属笠木
（外壁と同材）
屋根材：金属板
（ガルバリウム鋼板など）
アスファルトルーフィング
パーライトモルタル㋐40
水上立上り
150以上
防水層
面取り

斜壁の笠木はコンクリート笠木でも金属笠木でもよいが、いずれも内勾配を設けて斜壁上部の汚れを防止する。壁を板金で仕上げる場合は、下地にパーライトモルタルや耐火野地板など板金の下地が必要になる。

(3｜登り梁)

❷軒先・上[1:6]

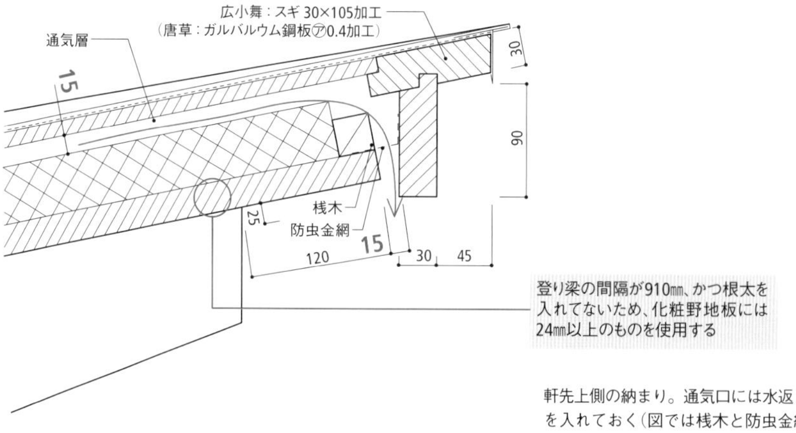
広小舞：スギ 30×105加工
(唐草：ガルバルウム鋼板㋐0.4加工)
通気層
15
30
90
25
桟木
防虫金網
15
120
30
45
登り梁の間隔が910㎜、かつ根太を入れてないため、化粧野地板には24㎜以上のものを使用する

軒先上側の納まり。通気口には水返しを入れておく(図では桟木と防虫金網が水返しの役割を果たしている)。

(2｜折板)

❹けらば[1:12]

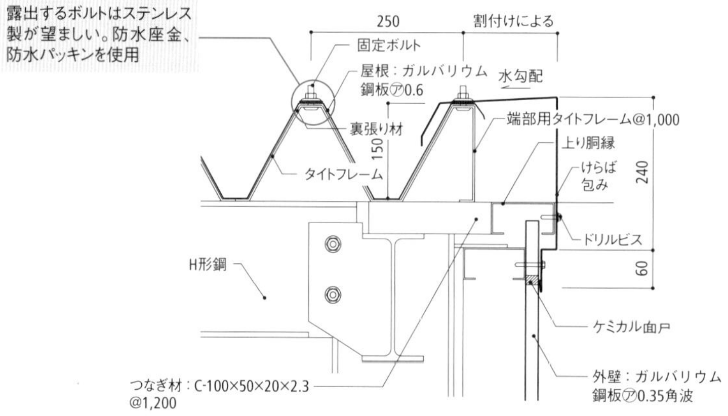
露出するボルトはステンレス製が望ましい。防水座金、防水パッキンを使用
250
割付けによる
固定ボルト
屋根：ガルバリウム鋼板㋐0.6
水勾配
裏張り材
150
端部用タイトフレーム@1,000
上り胴縁
けらば包み
240
タイトフレーム
ドリルビス
60
H形鋼
ケミカル面戸
つなぎ材：C-100×50×20×2.3 @1,200
外壁：ガルバリウム鋼板㋐0.35角波

けらば包み相互の継手は 60 ㎜以上の重ね代をとる。定形シーリング材を挟み込みリベット留めとする。

8｜屋根面の仕上げ

❶張り物[1:15]

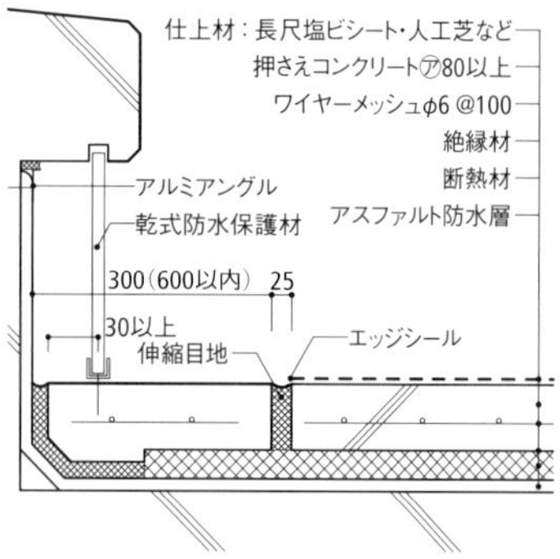
仕上材：長尺塩ビシート・人工芝など
押さえコンクリート㋐80以上
ワイヤーメッシュφ6 @100
絶縁材
断熱材
アスファルト防水層
アルミアングル
乾式防水保護材
300(600以内)
25
30以上
伸縮目地
エッジシール

屋根面に塩ビシートや人工芝などを張る場合は、立上り前の伸縮目地までとする。押さえコンクリートの伸縮目地は避けて張りたいが、人工芝など使用上一体である必要があるものは目地にかぶせて張ってもよい。

❷タイル[1:15]

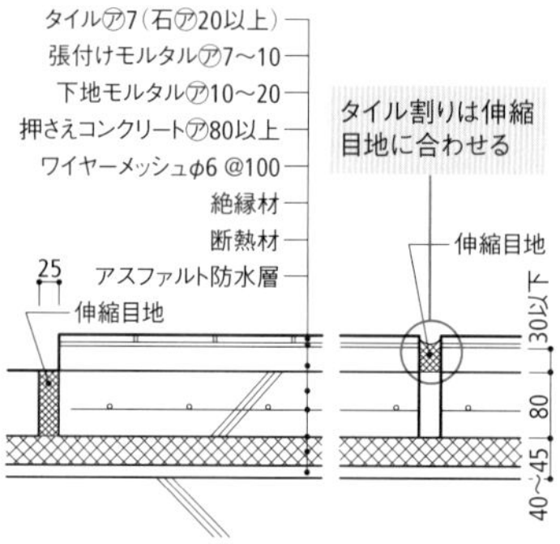
タイル㋐7(石㋐20以上)
張付けモルタル㋐7～10
下地モルタル㋐10～20
押さえコンクリート㋐80以上
ワイヤーメッシュφ6 @100
絶縁材
断熱材
25
アスファルト防水層
伸縮目地
タイル割りは伸縮目地に合わせる
伸縮目地
30以下
80
40～45

タイル張りもその範囲は立上り前の伸縮目地までとする。押さえコンクリートの伸縮目地とタイル目地は必ず合わせること。

❸けらば［1:10］

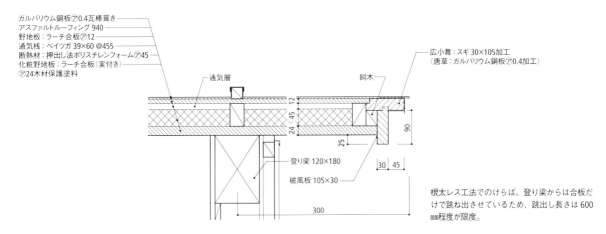

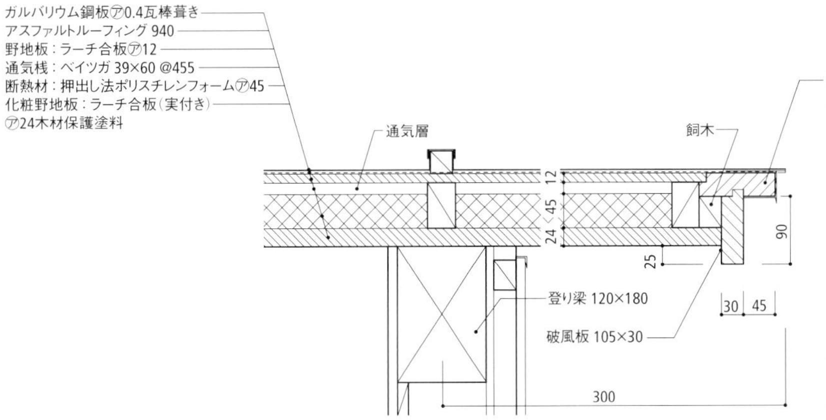
ガルバリウム鋼板㋐0.4瓦棒葺き
アスファルトルーフィング 940
野地板：ラーチ合板㋐12
通気桟：ベイツガ 39×60 @455
断熱材：押出し法ポリスチレンフォーム㋐45
化粧野地板：ラーチ合板（実付き）
㋐24木材保護塗料
通気層
飼木
広小舞：スギ 30×105加工
（唐草：ガルバリウム鋼板㋐0.4加工）
12
45
24
25
90
登り梁 120×180
破風板 105×30
30
45
300

根太レス工法でのけらば。登り梁からは合板だけで跳ね出させているため、跳出し長さは600㎜程度が限度。

❺棟［1:10］

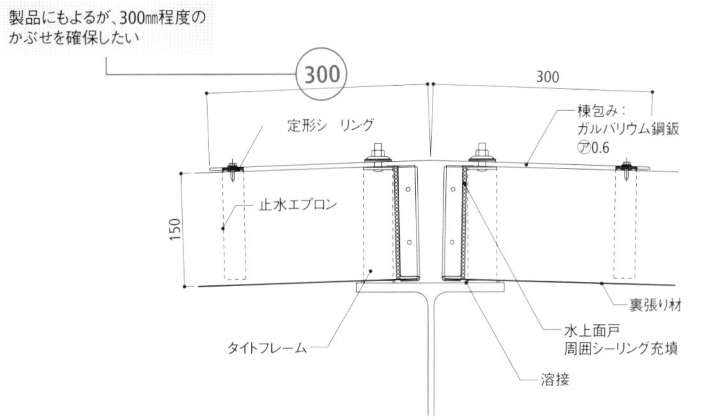
製品にもよるが、300㎜程度の
かぶせを確保したい
300
300
定形シ　リング
棟包み：
ガルバリウム鋼鈑
㋐0.6
止水エプロン
150
裏張り材
タイトフレーム
水上面戸
周囲シーリング充填
溶接

屋根の流れ寸法が50mを超える場合は、熱延びを考慮して折板相互のクリアランスを取り棟包み板を設ける。50m以下の場合は、曲げ加工可能な折板を使用して棟をつくることもできるが、その場合は鉄骨の高さ調整が必要になる。

❸ウッドデッキ［1:15］

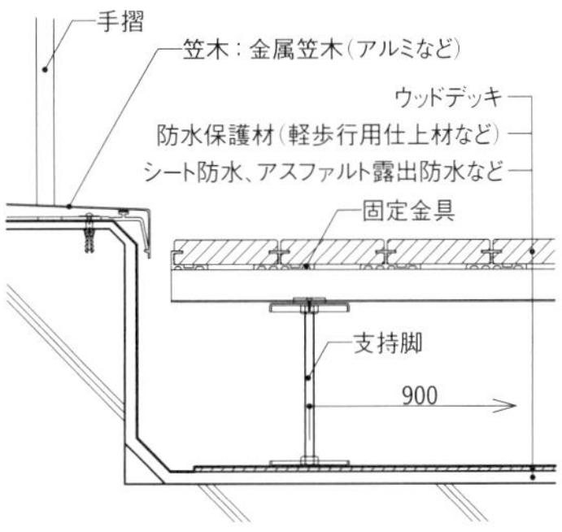
手摺
笠木：金属笠木（アルミなど）
ウッドデッキ
防水保護材（軽歩行用仕上材など）
シート防水、アスファルト露出防水など
固定金具
支持脚
900

軽歩行用のシート防水にデッキを載せた例。押さえコンクリートが不要なため、仕上げ面までの高さを抑えられ、バリアフリー仕様とする際に向く。断熱上も効果がある。

❹屋上緑化（庭園タイプ）［1:25］

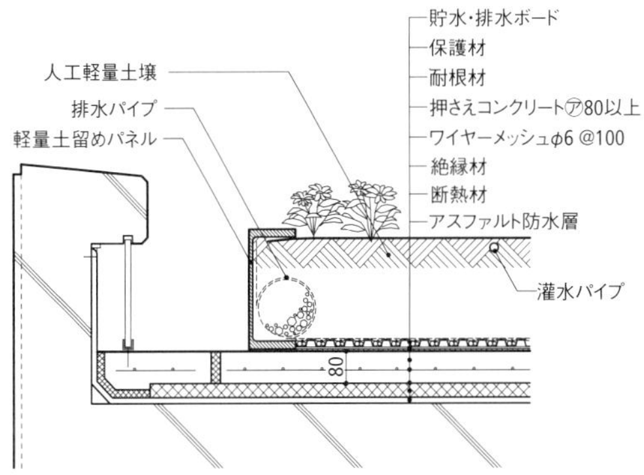
貯水・排水ボード
保護材
耐根材
押さえコンクリート㋐80以上
ワイヤーメッシュφ6 @100
絶縁材
断熱材
アスファルト防水層
人工軽量土壌
排水パイプ
軽量土留めパネル
灌水パイプ
80

植物の根は押さえコンクリートを突き破って防水層にまで伸びるため、植栽と押さえコンクリートの間には耐根材を設置する。耐荷重やメンテナンスなども関係するので、植栽の内容、使用目的などを決めて、防水メーカーと打ち合わせのうえ納まりを決めるのが望ましい［❶］。

[特記] ❶屋上緑化システム（田島ルーフィング）

4｜瓦葺き

❶軒先［1:15］

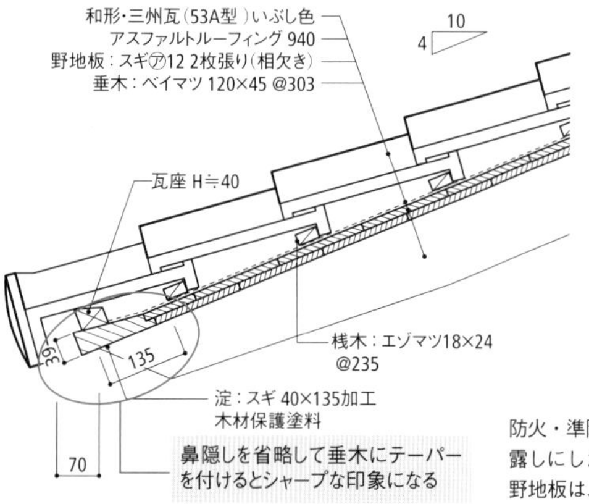

和形・三州瓦（53A型）いぶし色
アスファルトルーフィング 940
野地板：スギ㋐12 2枚張り（相欠き）
垂木：ベイマツ 120×45 @303
10
4
瓦座 H≒40
桟木：エゾマツ18×24
@235
39
135
淀：スギ 40×135加工
木材保護塗料
70
鼻隠しを省略して垂木にテーパーを付けるとシャープな印象になる

防火・準防火地域外などで軒裏を露しにした納まり。下から見える野地板は、2重・千鳥張りとして木やせによる隙間が見えないようにしておく。

❷けらば［1:10］

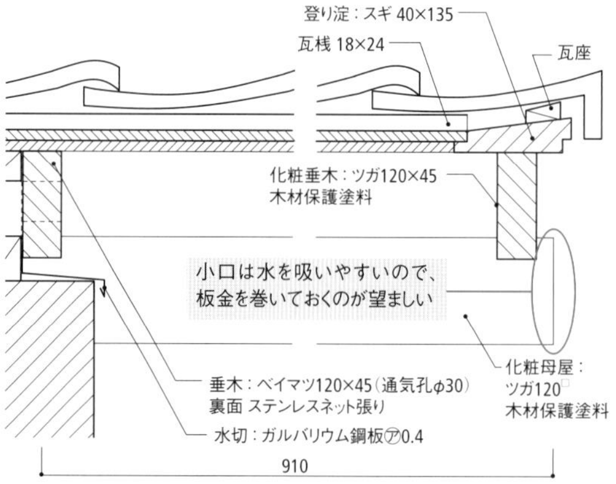

登り淀：スギ 40×135
瓦桟 18×24
瓦座
化粧垂木：ツガ120×45
木材保護塗料
小口は水を吸いやすいので、板金を巻いておくのが望ましい
垂木：ベイマツ120×45（通気孔φ30）
裏面 ステンレスネット張り
化粧母屋：
ツガ120
木材保護塗料
水切：ガルバリウム鋼板㋐0.4
910

けらばには破風板を付けることが多いが、垂木と母屋をそのまま露しにしてもよい。

3｜陸屋根

❶RCパラペット・デッキコン［1:20］

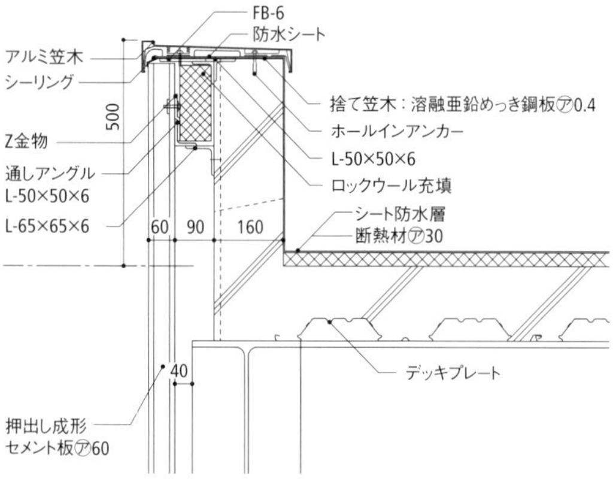

FB-6
防水シート
アルミ笠木
シーリング
500
捨て笠木：溶融亜鉛めっき鋼板㋐0.4
ホールインアンカー
Z金物
L-50×50×6
通しアングル
L-50×50×6
ロックウール充填
シート防水層
L-65×65×6
60
90
160
断熱材㋐30
40
デッキプレート
押出し成形
セメント板㋐60

アゴなしのパラペットの場合、防水層はコンクリートの天端まで回す。笠木固定用のホールインアンカーが防水層を貫通する部分には定形シーリング材を挟み込む。

❷鉄骨パラペット・デッキのみ［1:20］

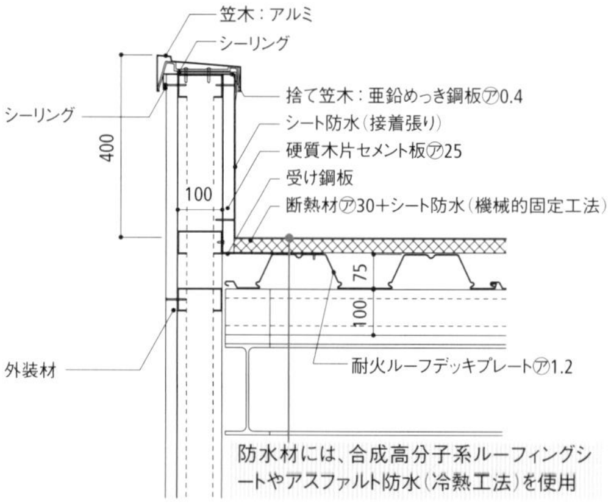

笠木：アルミ
シーリング
シーリング
捨て笠木：亜鉛めっき鋼板㋐0.4
400
シート防水（接着張り）
硬質木片セメント板㋐25
受け鋼板
100
断熱材㋐30＋シート防水（機械的固定工法）
75
100
外装材
耐火ルーフデッキプレート㋐1.2
防水材には、合成高分子系ルーフィングシートやアスファルト防水（冷熱工法）を使用

コンクリートを使用しない乾式工法。軽量であり、工期短縮も可能。工場や事務所ビルなどの比較的大きな建物や、折板屋根の改修工法として利用される。

9｜シート防水による改修［1:25］

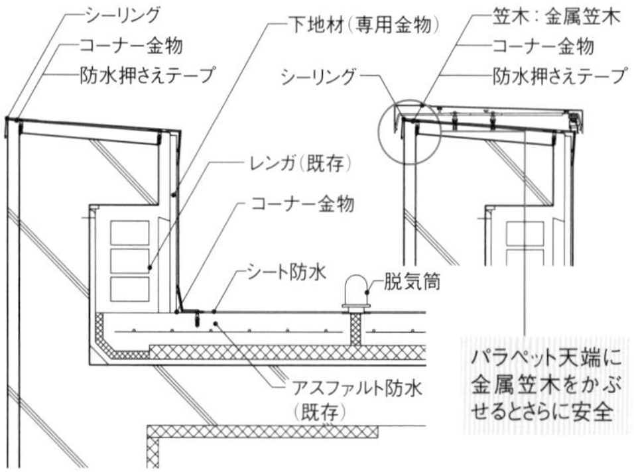

シーリング
コーナー金物
防水押さえテープ
下地材（専用金物）
笠木：金属笠木
コーナー金物
シーリング
防水押さえテープ
レンガ（既存）
コーナー金物
シート防水
脱気筒
アスファルト防水
（既存）
パラペット天端に金属笠木をかぶせるとさらに安全

経年劣化などにより既存の防水層から漏水が生じた場合、レンガ積みなどで防水層を保護していたものは補修工事に費用がかかる。補修費を抑えたい場合はシート防水でカバーする工法が有効。弱点となりやすい立上りのコーナーは金物で押さえる。

10｜バルコニー

❶基本［1:25］

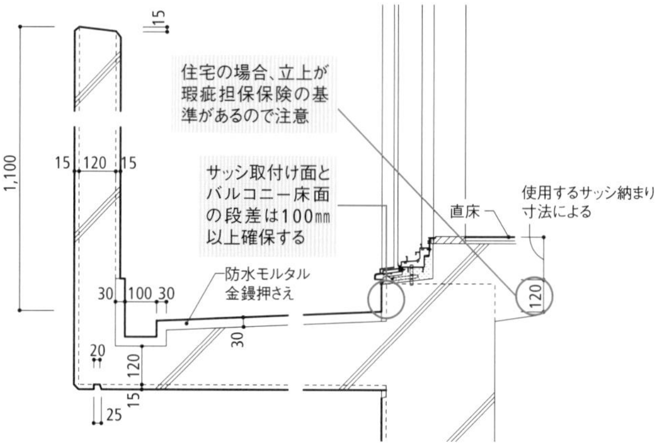

15
住宅の場合、立上が瑕疵担保保険の基準があるので注意
1,100
15
120
15
サッシ取付け面とバルコニー床面の段差は100㎜以上確保する
使用するサッシ納まり寸法による
直床
防水モルタル
金鏝押さえ
30
100
30
120
30
20
120
15
25

内部床を直床で仕上げる場合のバルコニーの納まり。バルコニーの梁を下げ、サッシの取付け代も下げる。

❸棟［1:15］

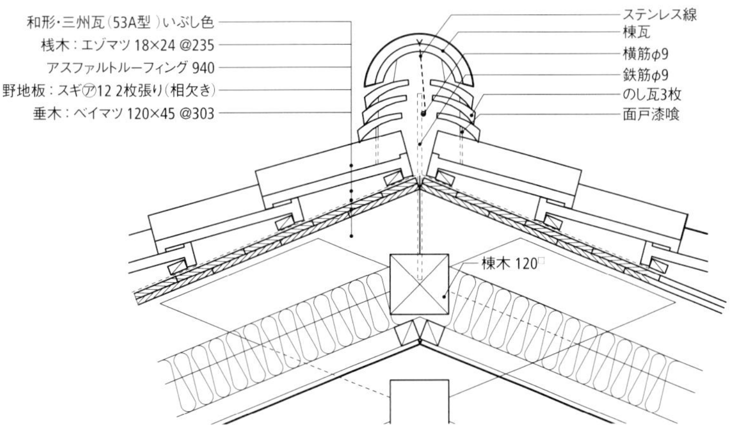
和形・三州瓦（53A型）いぶし色
桟木：エゾマツ 18×24 @235
アスファルトルーフィング 940
野地板：スギ㋐12 2枚張り（相欠き）
垂木：ベイマツ 120×45 @303
ステンレス線
棟瓦
横筋φ9
鉄筋φ9
のし瓦3枚
面戸漆喰
棟木 120□

棟瓦にのし瓦を3枚使用した例。のし瓦の枚数は意匠性を考慮して決める。

4｜バルコニー

❶防水あり［1:20］

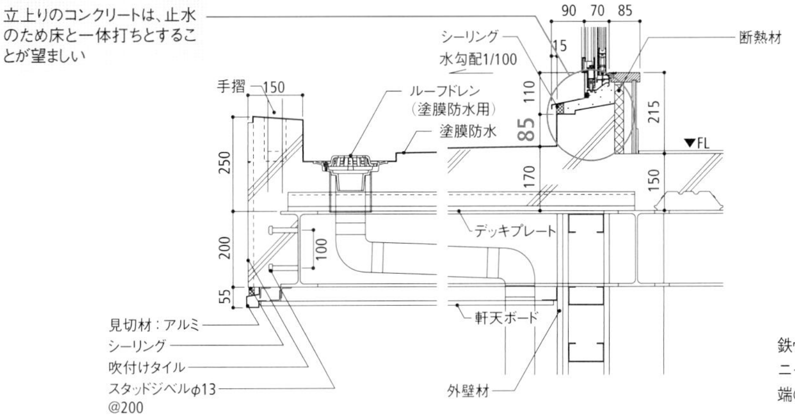
立上りのコンクリートは、止水のため床と一体打ちとすることが望ましい
90
70
85
シーリング
15
水勾配1/100
断熱材
手摺
150
ルーフドレン（塗膜防水用）
塗膜防水
110
85
215
▼FL
250
170
150
デッキプレート
200
100
55
見切材：アルミ
シーリング
吹付けタイル
スタッドジベルφ13 @200
軒天ボード
外壁材

鉄骨バルコニーの基本的な納まり。バルコニー側のデッキのレベルを下げ、サッシ下端のレベルを調整することも可能。

❷中継ドレン［1:25］

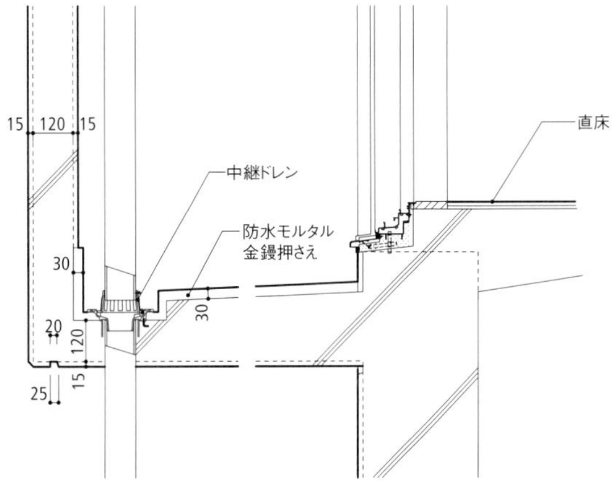
15
120
15
直床
中継ドレン
防水モルタル
金鏝押さえ
30
30
20
120
15
25

中継ドレンは、バルコニーの先端部に設ける。ドレン廻りは雨水が飛散しやすいので、床に長尺ビニルを張るなどして防滑、美観維持に配慮したい。

木造

(4 | 瓦葺き)

❹壁面との取合い[1:8]

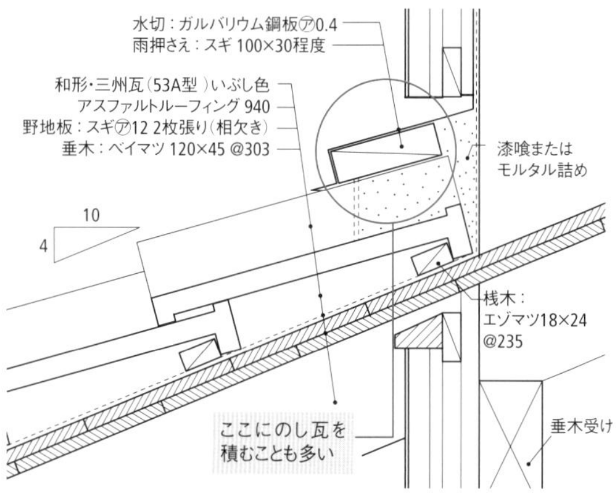

水切：ガルバリウム鋼板㋐0.4
雨押さえ：スギ 100×30程度
和形・三州瓦(53A型)いぶし色
アスファルトルーフィング 940
野地板：スギ㋐12 2枚張り(相欠き)
垂木：ベイマツ 120×45 @303
漆喰または
モルタル詰め
10
4
桟木：
エゾマツ18×24
@235
垂木受け
ここにのし瓦を
積むことも多い

瓦葺きでは壁面との取合い部にのし瓦を使うことが多いが、図のように板金による雨押さえのみとしてもよい。

5 | 庇[1:10]

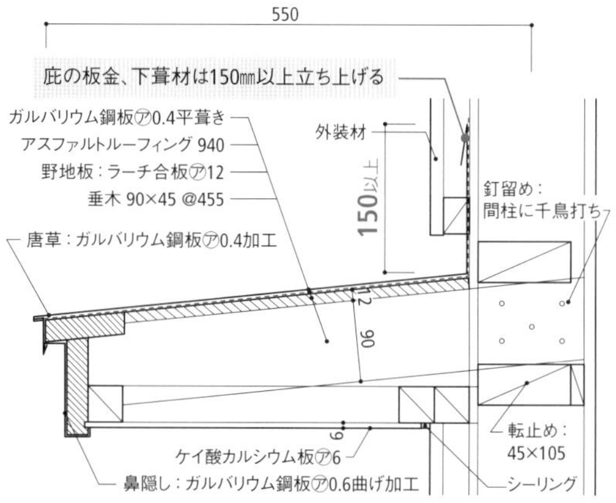

550
庇の板金、下葺材は150㎜以上立ち上げる
ガルバリウム鋼板㋐0.4平葺き
アスファルトルーフィング 940
野地板：ラーチ合板㋐12
垂木 90×45 @455
外装材
150以上
釘留め：
間柱に千鳥打ち
唐草：ガルバリウム鋼板㋐0.4加工
12
90
6
ケイ酸カルシウム板㋐6
鼻隠し：ガルバリウム鋼板㋐0.6曲げ加工
転止め：
45×105
シーリング

防火・準防火地域外などの庇の納まり。跳出しが910㎜以上になる場合は、梁をそのまま持ち出すようにする。

S造

(4 | バルコニー)

❷防水なし[1:20]

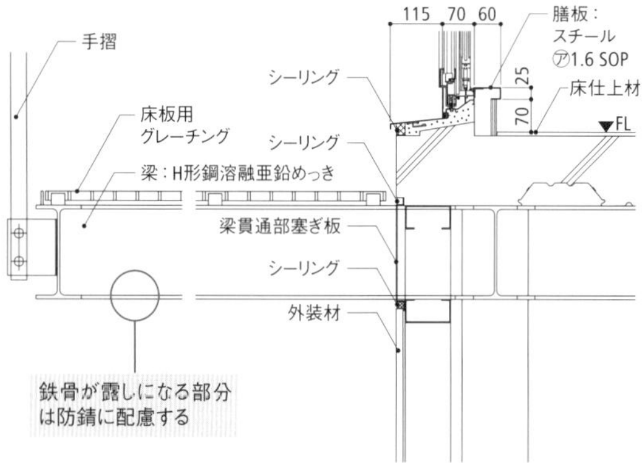

115 70 60
膳板：
スチール
㋐1.6 SOP
手摺
シーリング
25
床仕上材
70
FL
床板用
グレーチング
シーリング
梁：H形鋼溶融亜鉛めっき
梁貫通部塞ぎ板
シーリング
外装材
鉄骨が露しになる部分
は防錆に配慮する

バルコニーの床をグレーチングにすると、下階の庇としての役目は果たせないが、床排水は不要になる。

屋根工法と勾配の目安

屋根工法	最低勾配	流れ寸法(m)以下
ステンレスシート防水	1／100	50
乾式断熱シート防水	2／100	—
折板葺き	3／100	50
立はぜ葺き	5／100	10
心木なし瓦棒葺き	5／100	40
心木あり瓦棒葺き	10／100	10
横葺き	30／100	20
一文字葺き	30／100	10
瓦葺き	40／100	20

注　上記数値は、納まり、施工地域、各メーカーの規格により異なるので個別に確認のこと

RC造

(10 | バルコニー)

❸呼び樋[1:25]

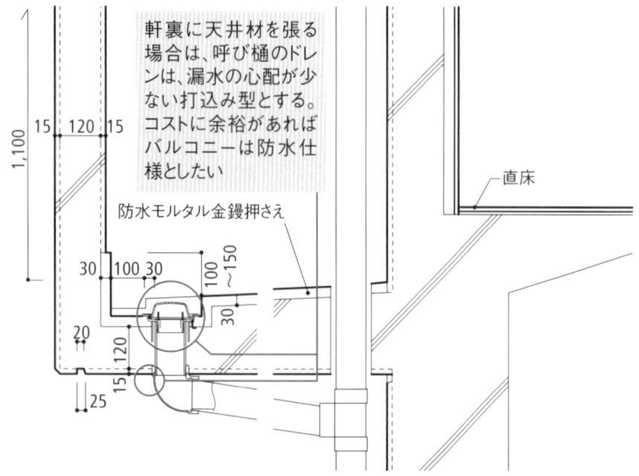

軒裏に天井材を張る
場合は、呼び樋のドレ
ンは、漏水の心配が少
ない打込み型とする。
コストに余裕があれば
バルコニーは防水仕
様としたい
1,100
15 120 15
直床
防水モルタル金鏝押さえ
30 100 30
100
~150
30
20
120
15
25

呼び樋のドレンは打込み型、縦樋は熱による収縮を考慮して差込み式とする。バルコニーの軒裏は透水性のある塗料[❶]で塗装。

屋根面積と樋(ルーフドレン)の本数目安[❷]

①75㎜径の場合

面積(㎡)	本数
50	1
100	2
200	3
300	4
500	7
750	10
1,000	13

②100㎜径の場合

面積(㎡)	本数
50	1
100	1
200	2
300	3
500	4
750	6
1,000	8

〈算出条件〉降雨量：180㎜／h、屋根勾配：1／100、排水高さ（雨水の溜まる限度）：100㎜

[特記]
❶アクリルエマルションリシン、コンクリート保護塗材(フッソ樹脂系)など
❷屋根面積やバルコニー面積が小さいものには、オーバーフロー管の設置が必要

6 | バルコニー

❶防水あり[1:15]

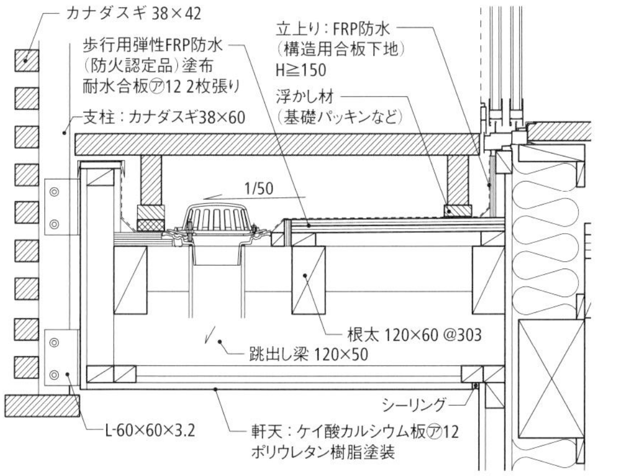

カナダスギ 38×42
歩行用弾性FRP防水
（防火認定品）塗布
耐水合板㋐12 2枚張り
支柱：カナダスギ38×60
立上り：FRP防水
（構造用合板下地）
H≧150
浮かし材
（基礎パッキンなど）
1/50
根太 120×60 @303
跳出し梁 120×50
シーリング
L-60×60×3.2
軒天：ケイ酸カルシウム板㋐12
ポリウレタン樹脂塗装

手摺は水の溜まりやすい笠木天端を避け、立上り側面に支柱をボルト留めする。

❷防水なし[1:15]

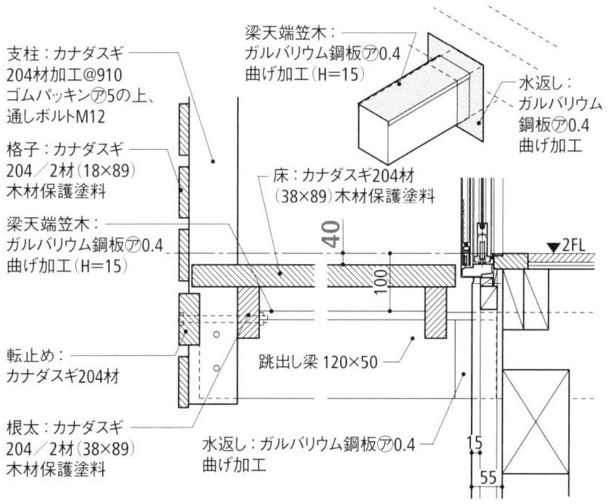

支柱：カナダスギ
204材加工@910
ゴムパッキン㋐5の上、
通しボルトM12
格子：カナダスギ
204／2材（18×89）
木材保護塗料
梁天端笠木：
ガルバリウム鋼板㋐0.4
曲げ加工（H=15）
転止め：
カナダスギ204材
根太：カナダスギ
204／2材（38×89）
木材保護塗料
梁天端笠木：
ガルバリウム鋼板㋐0.4
曲げ加工（H=15）
水返し：
ガルバリウム
鋼板㋐0.4
曲げ加工
床：カナダスギ204材
（38×89）木材保護塗料
40
100
2FL
跳出し梁 120×50
水返し：ガルバリウム鋼板㋐0.4
曲げ加工
15
55

防水をしない場合は、跳出し梁の根元に水返しを設ける。バルコニーの床はサッシの網戸が外れるように 40㎜程度下げる。

5 | 金属葺きの種類[上段1:20／下段1:25]

心木なし瓦棒葺き

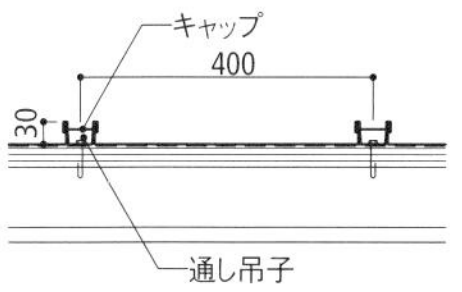

キャップ
400
30
通し吊子

立はぜ葺き

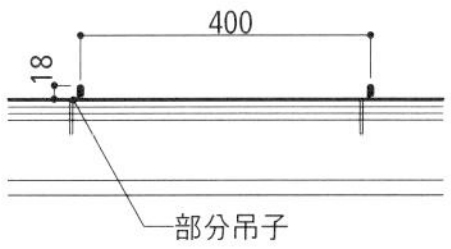

400
18
部分吊子

ステンレスシート防水

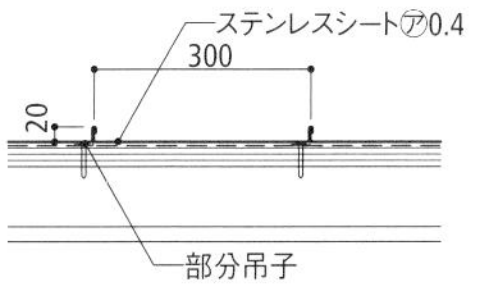

ステンレスシート㋐0.4
300
20
部分吊子

横葺き

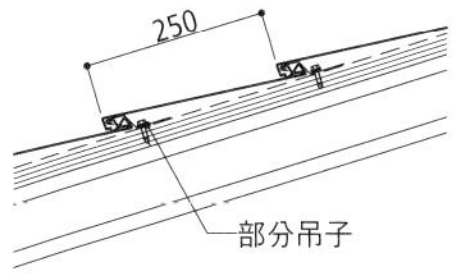

250
部分吊子

折板重ねタイプ

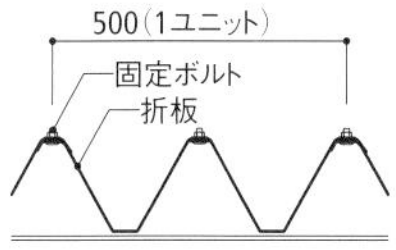

500（1ユニット）
固定ボルト
折板

折板はぜタイプ

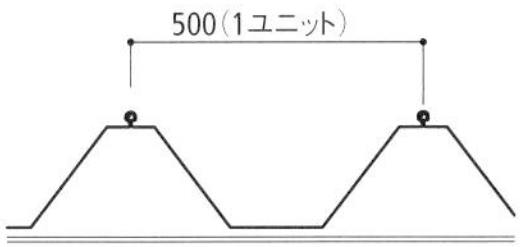

500（1ユニット）

2重折板はぜタイプ断熱工法

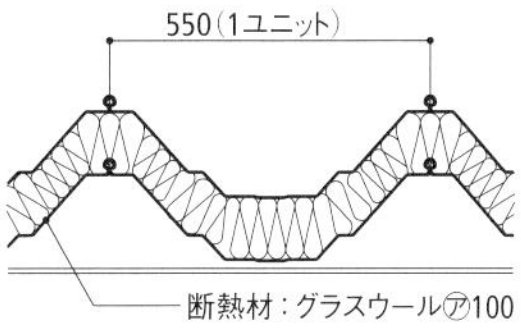

550（1ユニット）
断熱材：グラスウール㋐100

乾式断熱シート防水

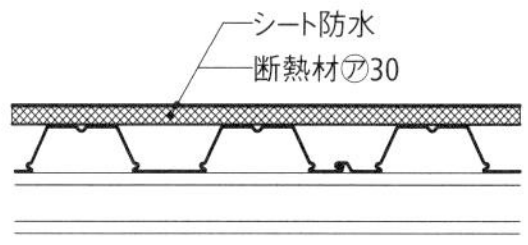

シート防水
断熱材㋐30

11 | 加熱型改良アスファルト塗膜防水工法[1:10]

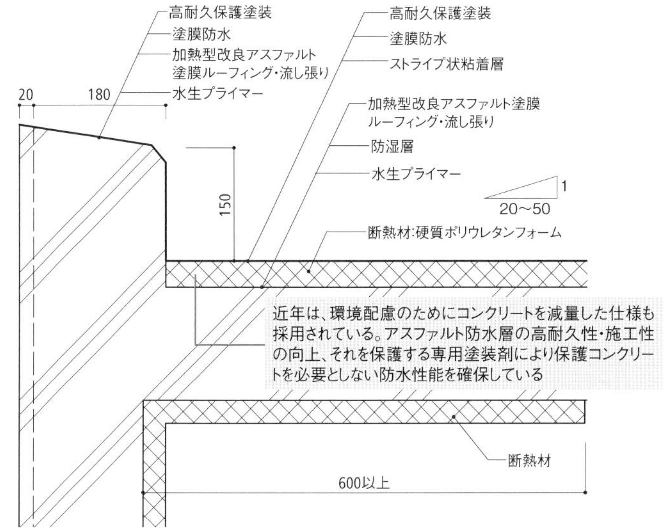

高耐久保護塗装
塗膜防水
加熱型改良アスファルト
塗膜ルーフィング・流し張り
水生プライマー
20
180
150
高耐久保護塗装
塗膜防水
ストライプ状粘着層
加熱型改良アスファルト塗膜
ルーフィング・流し張り
防湿層
水生プライマー
1
20〜50
断熱材：硬質ポリウレタンフォーム
断熱材
600以上

近年は、環境配慮のためにコンクリートを減量した仕様も採用されている。アスファルト防水層の高耐久性・施工性の向上、それを保護する専用塗装剤により保護コンクリートを必要としない防水性能を確保している

COLUMN

太陽光パネルの基礎[1:15]

太陽光パネルは、荷重や耐風圧の条件とメンテナンス性を考慮して高さを設定することが重要。コンクリート基礎で設置する場合もあるが、ここでは鉄骨基礎を用いた場合の納まりを紹介する。設置する太陽光パネルのメーカーと十分な打ち合わせが必要。

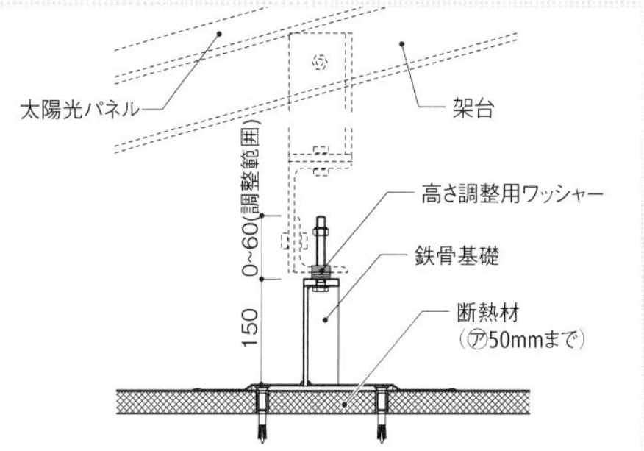

太陽光パネル
架台
0〜60（調整範囲）
高さ調整用ワッシャー
鉄骨基礎
150
断熱材
（㋐50mmまで）

床

床の仕上げ方によって、その下地形状は多種多様なセレクトができるが、ここでは、もっとも納まりのよい施工方法を紹介する

木造

木造の1階は根太床を基本としたい

最近は根太レス工法が一般的になりつつある。特に2階で床剛性を高く取りたい場合には便利。1階でも根太レス工法が増えてきているが、床レベルの変化が多い場合は、根太があったほうがレベルの調整がしやすい。束には腐朽の心配がなくレベル調整もしやすい鋼製束を使用、その上に大引き、根太、構造用合板で下地をつくり、各種仕上げ材を張って行く[❶]。

フローリングは、下地合板を張る場合でも床荷重をスムーズ伝えるため、根太と直交方向に張るとよい。

S造

床下地は施工性のよい置き床が主流

デッキプレートにコンクリートを打設して剛性を確保する「合成スラブ」が、S造の床の主流である。その上に床下地を構成していくが、一般には鋼製や樹脂製の床束にパーティクルボードなどを載せる「置き床工法」が多い。不陸調整がしやすく床の精度を出しやすいことや、床下の配線・配管が容易なため、幅広い用途で使用されている。束材は高さを自由に調整できるものや防振性のあるものなど、さまざまな製品がある。なお、パーティクルボードより上層の仕上げまでの工程は、木造と同じである。

RC造

根太床なら材料費のコストダウンが可能

RC造の床も、合成スラブを用いたS造と考え方は同じである。一般に置き床工法が多く採用されているが、材料費のコストダウンを図りたい場合などは「根太床工法」を採用することもある。木造の根太床と同じ下地構成だが、根太は接着剤やアンカーボルトによりコンクリートスラブに直接固定することになる(最近はアンカーボルトによる固定は、施工手間がかかるためあまり採用されない)。ただし、置き床に比べて手間がかかるため、材料費と手間のどちらを取るかが全体のコスト調整に大きく影響する。

特記 ❶根太は省略されることもある

W S Rc 掲載された構造以外でも同じ納まりになるものには、このマークが付いています

※各事例の断熱材の厚みは一例を記載

1｜根太床／フローリング（1階）

❶根太間断熱［1:15］

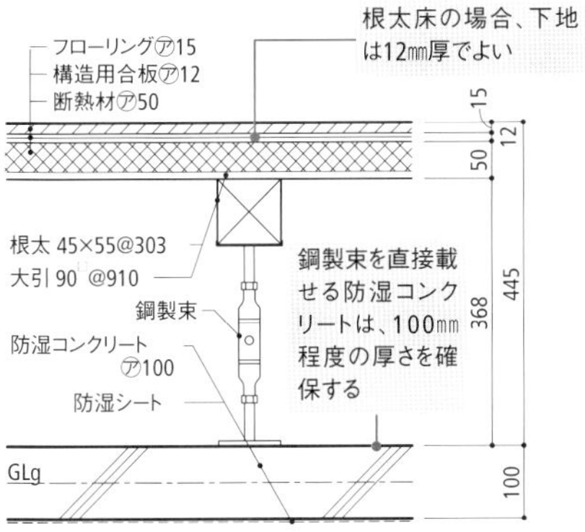
フローリング㋐15
構造用合板㋐12
断熱材㋐50
根太床の場合、下地は12㎜厚でよい
15
12
50
445
368
100
根太 45×55@303
大引 90□@910
鋼製束
防湿コンクリート㋐100
防湿シート
GLg
鋼製束を直接載せる防湿コンクリートは、100㎜程度の厚さを確保する

❷基礎断熱［1:20］

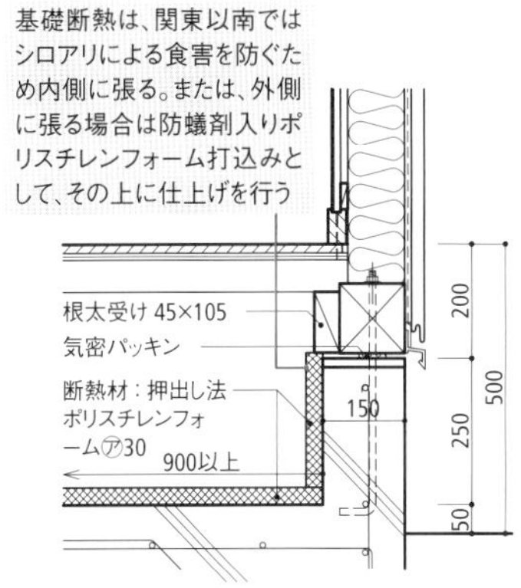
基礎断熱は、関東以南ではシロアリによる食害を防ぐため内側に張る。または、外側に張る場合は防蟻剤入りポリスチレンフォーム打込みとして、その上に仕上げを行う
根太受け 45×105
気密パッキン
断熱材：押出し法ポリスチレンフォーム㋐30
900以上
150
200
250
50
500

1｜置き床／フローリング［1:15］[S] [Rc]

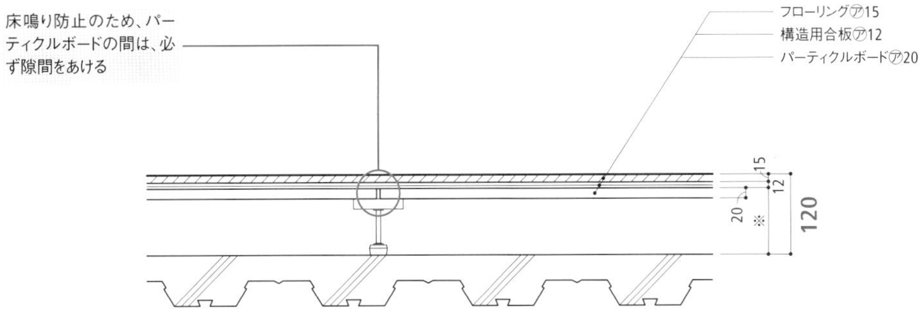
床鳴り防止のため、パーティクルボードの間は、必ず隙間をあける
フローリング㋐15
構造用合板㋐12
パーティクルボード㋐20
15
12
20
※
120

※高さ寸法33～600㎜程度

1｜根太床／フローリング［1:15］[S] [Rc]

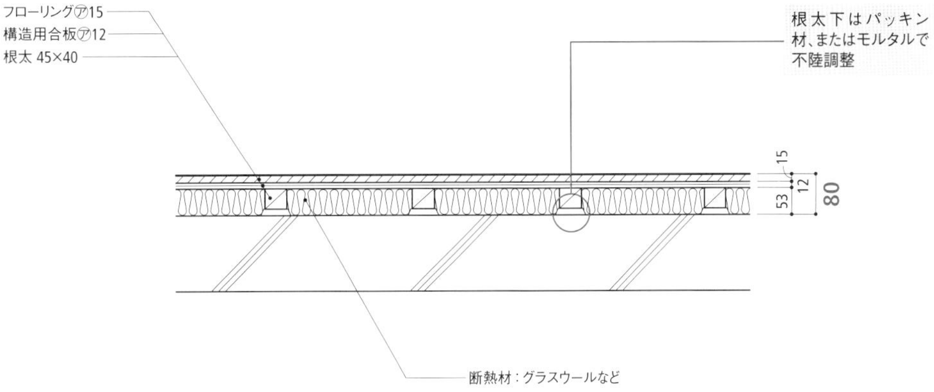
フローリング㋐15
構造用合板㋐12
根太 45×40
根太下はパッキン材、またはモルタルで不陸調整
15
12
53
80
断熱材：グラスウールなど

木造

2｜根太レス／フローリング（2階）［1:10］

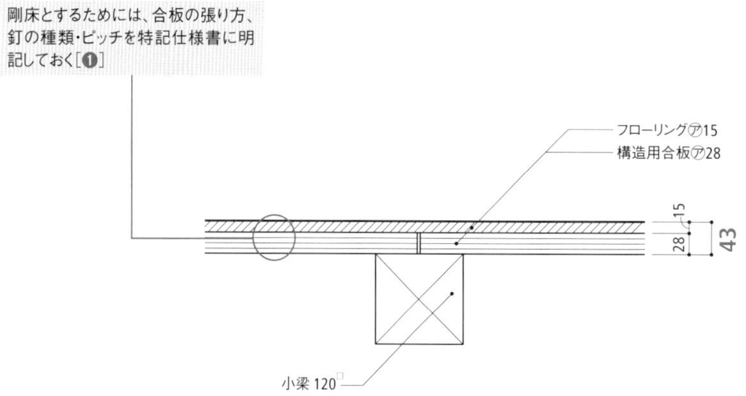

剛床とするためには、合板の張り方、釘の種類・ピッチを特記仕様書に明記しておく[❶]
フローリング㋐15
構造用合板㋐28
15
28
43
小梁 120□

2 階床は床剛性を確保する必要から、最近では 28 ㎜の構造用合板を根太レスで張る工法が一般的である。

S造

2｜直床／フローリング［1:10］[S] [Rc]

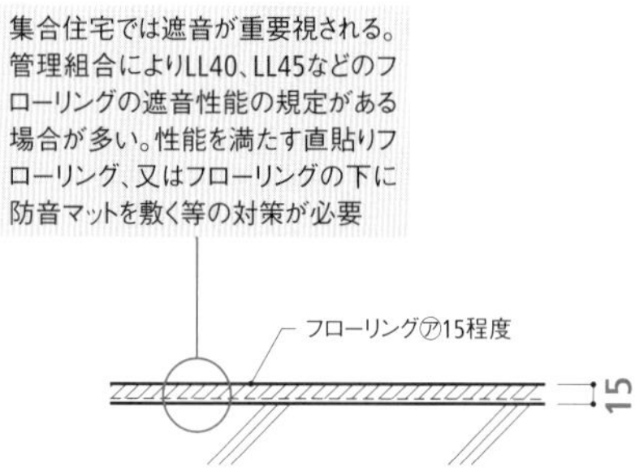

集合住宅では遮音が重要視される。管理組合によりLL40、LL45などのフローリングの遮音性能の規定がある場合が多い。性能を満たす直貼りフローリング、又はフローリングの下に防音マットを敷く等の対策が必要
フローリング㋐15程度
15

S 造、RC 造ではコンクリートスラブに直接仕上材を張る「直床工法」の採用が可能。FL までの高さは抑えられるが、床の不陸が目立ちやすいため、コストはかかっても、モルタルかセルフレベリング材による不陸調整を行いたい。

3｜床暖房（温水パネル）＋フローリング［1:10］[W] [S] [Rc]

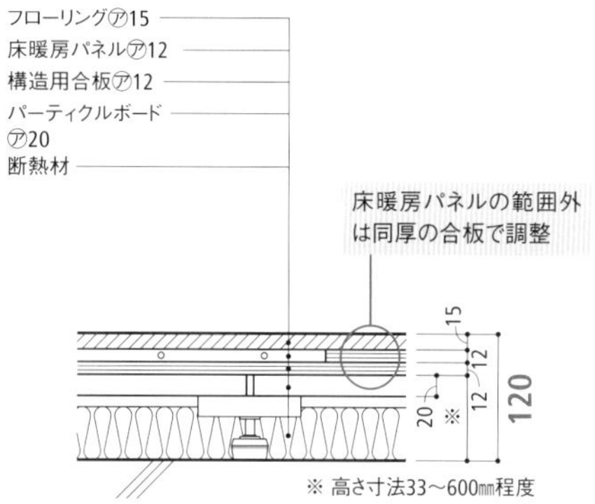

フローリング㋐15
床暖房パネル㋐12
構造用合板㋐12
パーティクルボード㋐20
断熱材
床暖房パネルの範囲外は同厚の合板で調整
15
12
12
20
※
120
※ 高さ寸法33～600㎜程度

床暖房を入れる場合は、床暖房のパネル厚＋下地合板の厚さ分だけ床高が上がる。一般には、12 ㎜厚の温水パネルタイプのものが使用されるが、発熱フィルムタイプのものであれば、厚さは 1 ㎜以下になるので段差の調整は必要ない。

RC造

2｜土間（モルタル）［1:15］[W] [S] [Rc]

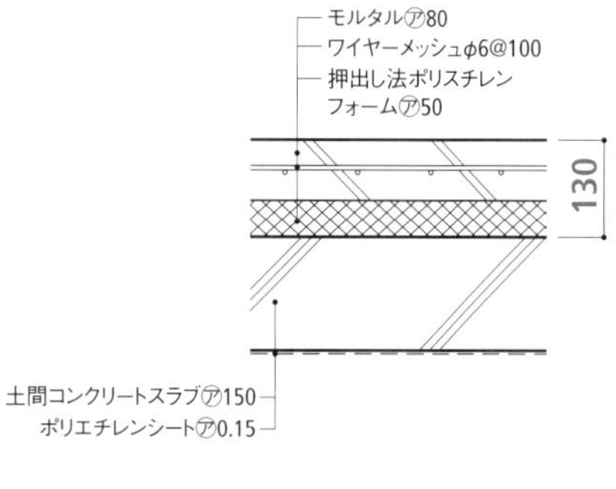

モルタル㋐80
ワイヤーメッシュφ6@100
押出し法ポリスチレンフォーム㋐50
130
土間コンクリートスラブ㋐150
ポリエチレンシート㋐0.15

断熱材をスラブ上に入れる場合は、モルタルのクラックを防止するため、ワイヤーメッシュを入れる。かぶり厚を確保するため、床高は若干高くなる。

3｜土間（洗い出し）［1:15］[W] [S] [Rc]

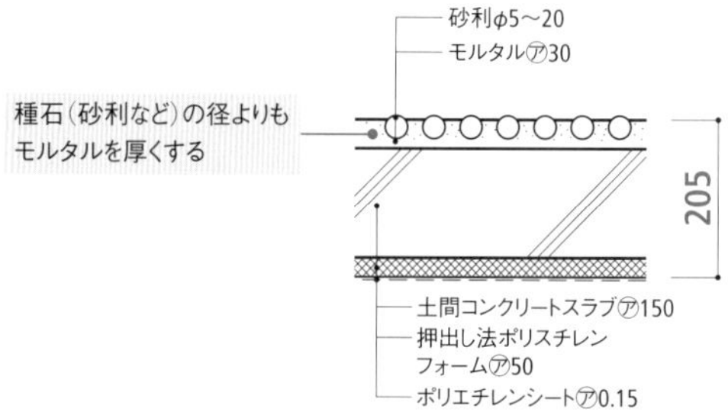

砂利φ5～20
モルタル㋐30
種石（砂利など）の径よりもモルタルを厚くする
205
土間コンクリートスラブ㋐150
押出し法ポリスチレンフォーム㋐50
ポリエチレンシート㋐0.15

洗い出しの意匠性を左右するのは以下の 3 つ。砂利の①粒度（大小が混在している程度）、②量、③色である。現場との事前の打ち合わせが重要になる。

[特記] ❶合板は梁や胴差に直接張る。合板の長手方向を梁と直交させ、かつ千鳥張りとする。釘は N75 または CN75 を 150 ㎜ピッチで打つ

3 | シート系 [1:10] W S Rc

下地として12mm厚の針葉樹合板の上に
5.5mm厚のラワン合板を張ることもある。3mm
厚程度のラワン合板は、リノリウムの接着
剤の影響でたわむため使用しない

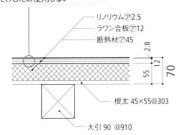

リノリウムⓉ2.5
ラワン合板Ⓣ12
断熱材Ⓣ45

2.8
12
55
70

根太 45×55@303

大引 90 @910

リノリウム、塩ビなどシート系の仕上材を張る場合
は、下地合板の不陸が仕上材表面に現れるおそれが
あるため、針葉樹合板ではなく、ラワン合板を使用
したほうがよい。

4 | タイル [1:10] W S Rc

下地が木質系の場合は、多少の動き
（たわみ）にも追従できるよう弾性系の
樹脂目地材を使用する

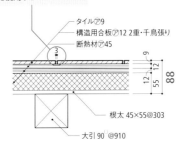

タイルⓉ9
構造用合板Ⓣ12 2重・千鳥張り
断熱材Ⓣ45

9
12
12
55
88

根太 45×55@303

大引 90 @910

タイルは合板のたわみが原因で割れるおそれがある。
そのため、下地合板は2重・千鳥張りを基本とする。
タイルは、下地が木の場合は、接着剤による圧着張
りとする。

4 | 床暖房（発熱フィルム）＋ フローリング [1:10] W S Rc

発熱体が1mm厚以下であるた
め、下地合板にタッカーまたは
接着剤で留める

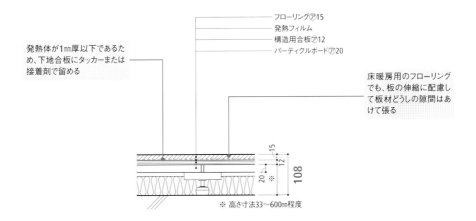

フローリングⓉ15
発熱フィルム
構造用合板Ⓣ12
パーティクルボードⓉ20

床暖房用のフローリング
でも、板の伸縮に配慮し
て板材どうしの隙間はあ
けて張る

15
12
20 ※
108

※ 高さ寸法33〜600mm程度

4 | 土間（タイル） [1:15] W S Rc

タイルⓉ9
モルタルⓉ20

30

タイル厚による

一般に「タイル下は約20mm」と覚えて
おくとよい。

5 | 土間（本石） [1:15] W S Rc

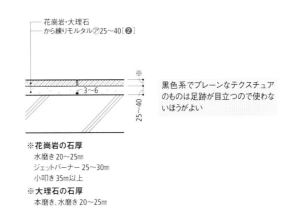

花崗岩・大理石
から練りモルタルⓉ25〜40 [❷]

※
3〜6
25〜40

黒色系でプレーンなテクスチュア
のものは足跡が目立つので使わな
いほうがよい

※花崗岩の石厚
水磨き 20〜25mm
ジェットバーナー 25〜30mm
小叩き 35mm以上

※大理石の石厚
本磨き、水磨き 20〜25mm

石厚にかかわらず、から練りモルタル
は25〜40mm程度が目安 [❸]。

特記
❷セメントと細骨材（砂）を水を加えずに混ぜたもの。その上に石などを敷き、目地から水分を浸透させて固める
❸本石は表側だけ磨くと反りが出やすいため裏側も軽く磨いておく。また、から練りモルタルに水を浸透させるための目地がそのまま目地幅（3〜6mm）になる

5｜畳とフローリングのレベル調整［1:10］

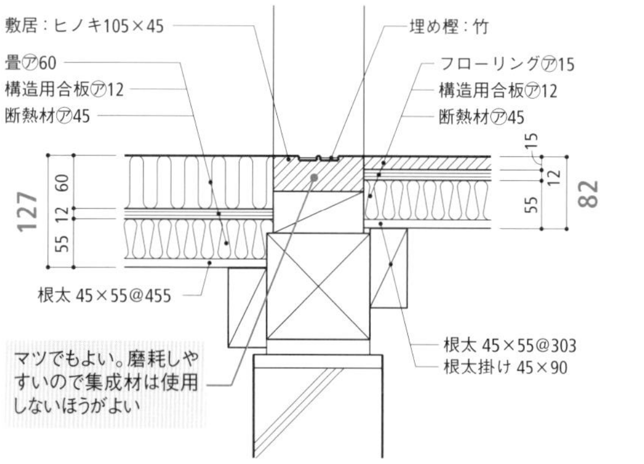

敷居：ヒノキ105×45
埋め樫：竹
畳㋐60
構造用合板㋐12
断熱材㋐45
フローリング㋐15
構造用合板㋐12
断熱材㋐45
127
60
12
55
15
12
55
82
根太 45×55@455
マツでもよい。磨耗しやすいので集成材は使用しないほうがよい
根太 45×55@303
根太掛け 45×90

厚さの異なる仕上材のレベルをそろえるためには、下地の高さ調整で対応する。仕上材どうしの見切は、建具があれば敷居やフラッターレールで、建具がなければ堅木やフラットバーを入れるのが一般的。［→建具83頁・上段図9］

6｜畳と板畳との取合い［1:10］

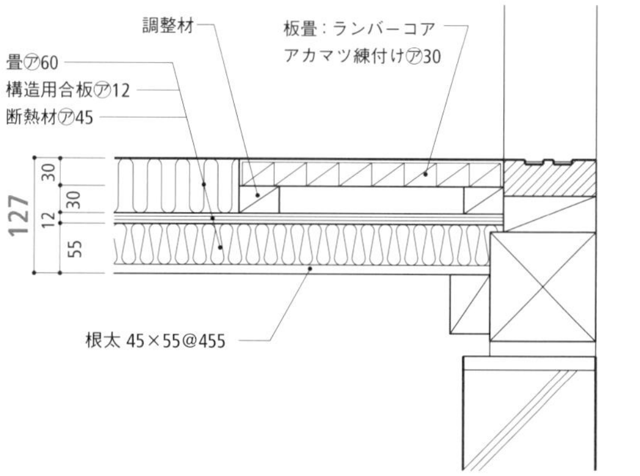

調整材
板畳：ランバーコア
アカマツ練付け㋐30
畳㋐60
構造用合板㋐12
断熱材㋐45
127
30
30
12
55
根太 45×55@455

畳と板畳が取り合う部分は、下地合板の上に適当な調整材（根太と同材）を入れてレベルをそろえる。

5｜タイル＋フローリング［1:10］[S] [RC]

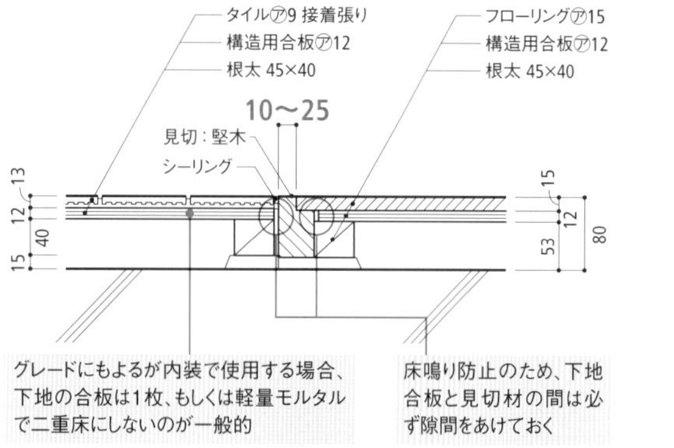

タイル㋐9 接着張り
構造用合板㋐12
根太 45×40
フローリング㋐15
構造用合板㋐12
根太 45×40
10〜25
見切：堅木
シーリング
13
12
40
15
15
12
53
80
グレードにもよるが内装で使用する場合、下地の合板は1枚、もしくは軽量モルタルで二重床にしないのが一般的
床鳴り防止のため、下地合板と見切材の間は必ず隙間をあけておく

仕上材が異なっても厚さがそれほど変わらなければ、根太下のモルタルでレベルを調整する。コストに余裕があればモルタルで調整したいが、厳しい場合はパッキン材などを適当な厚さにして接着剤で留める。

6｜畳＋フローリング［1:10］[S] [RC]

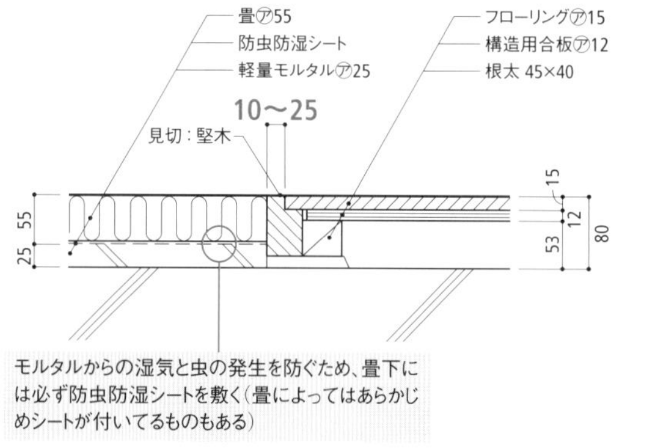

畳㋐55
防虫防湿シート
軽量モルタル㋐25
フローリング㋐15
構造用合板㋐12
根太 45×40
10〜25
見切：堅木
55
25
15
12
53
80
モルタルからの湿気と虫の発生を防ぐため、畳下には必ず防虫防湿シートを敷く（畳によってはあらかじめシートが付いてるものもある）

異種の仕上材を敷居などで見切らない場合は、堅木などを見切材として入れる。畳のように厚さがあるものなどは、下地に軽量モルタルを入れて高さを調整する。

COLUMN

代表的な畳は3種類

①本畳（稲藁畳）

畳表にイ草、芯材に圧縮した藁を使用したもの。60㎜厚が基本

②化学畳

畳表にイ草、芯材に押出し法ポリスチレンフォームなどを使用したもの。芯材のバリエーションは豊富で、押出し法ポリスチレンフォームの上層に藁を入れて本畳に近い感触を出したもの、上層に薄い補強材、畳表下にはクッション材を入れて軽量化したもの、木材チップを固めた「畳ボード」と呼ばれるものと押出し法ポリスチレンフォームを積層したものなどがある。基本厚さは55㎜。

③薄畳（畳ボード）

畳表はイ草、芯材は畳ボードのみで、13〜15㎜厚が基本［❶］。フローリングなどと床高を簡易にそろえるときなどに使用される。

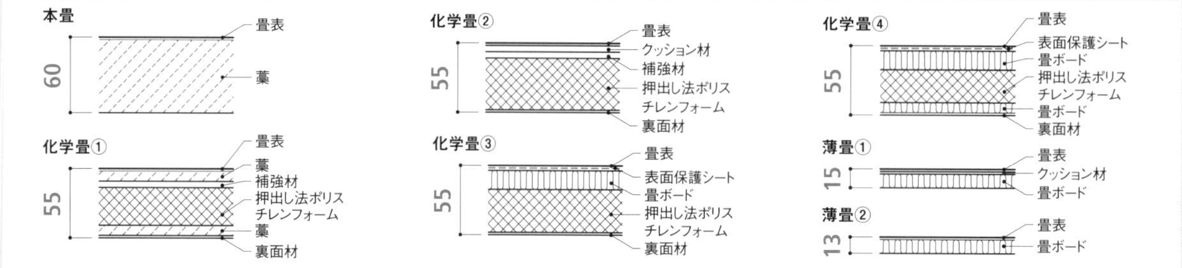

本畳
60
畳表
藁
化学畳①
55
畳表
藁
補強材
押出し法ポリスチレンフォーム
藁
裏面材
化学畳②
55
畳表
クッション材
補強材
押出し法ポリスチレンフォーム
裏面材
化学畳③
55
畳表
表面保護シート
畳ボード
押出し法ポリスチレンフォーム
裏面材
化学畳④
55
畳表
表面保護シート
畳ボード
押出し法ポリスチレンフォーム
畳ボード
裏面材
薄畳①
15
畳表
クッション材
畳ボード
薄畳②
13
畳表
畳ボード

特記 ❶その他、特殊な畳として弾力耐久柔道畳がある。畳表に耐磨耗性抗菌畳表、芯材に弾性フォーム、発泡ゴム、荷重分散板などを積層する。厚さ60㎜

7｜根太レス／畳+フローリング(2階)[1:15]

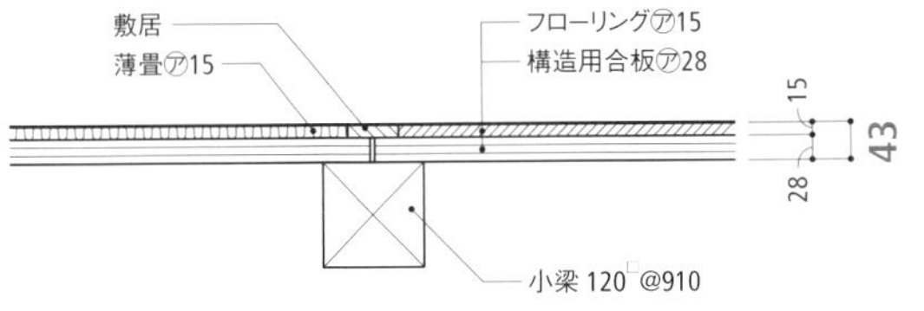
敷居
薄畳㋐15
フローリング㋐15
構造用合板㋐28
15
43
28
小梁 120□@910

8｜根太床／フローリング(2階)[1:15]

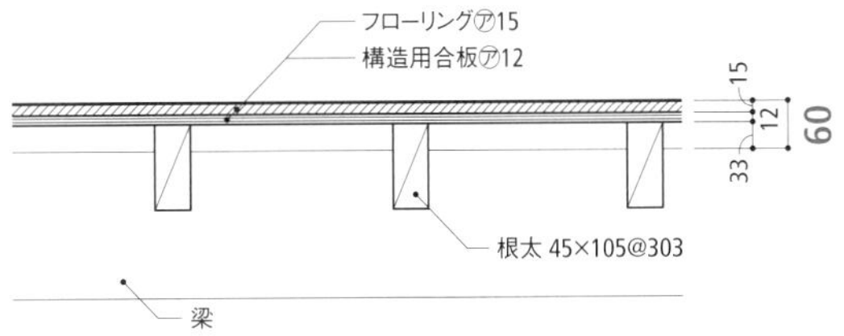
フローリング㋐15
構造用合板㋐12
15
12
60
33
根太 45×105@303
梁

9｜音に配慮した床(2階)[1:15]

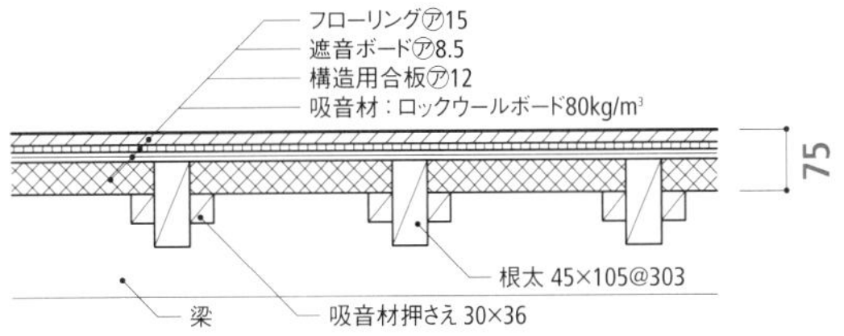
フローリング㋐15
遮音ボード㋐8.5
構造用合板㋐12
吸音材：ロックウールボード80kg/m³
75
根太 45×105@303
梁
吸音材押さえ 30×36

根太レスでも、フローリングと同じ厚さの薄畳を使用することでレベルをそろえられる(図7)

根太レスは各室の床レベルが同一であることを基本としているため、部屋の用途などから床下地材での調整範囲を超える段差が必要になる場合は、根太を入れたほうが対応しやすい(図8)

木造で床下への遮音を完璧にするのは難しいが、軽量衝撃音を軽減する程度であれば、遮音材と吸音材を使い、右図のような仕様にするのが一般的(図9、❷)。

7｜フラットバー見切[1:10] [S] [RC]

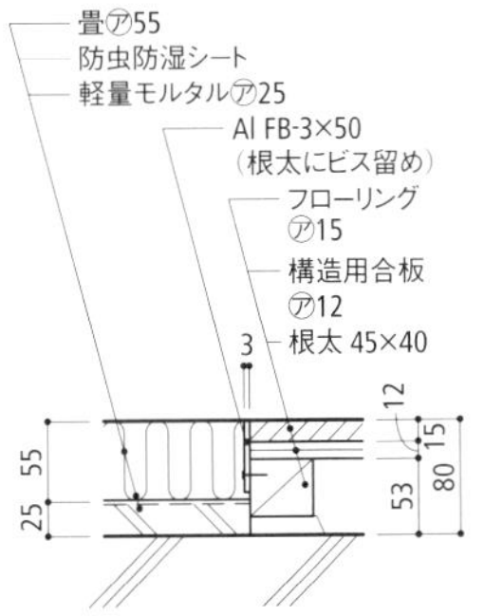
畳㋐55
防虫防湿シート
軽量モルタル㋐25
Al FB-3×50
(根太にビス留め)
フローリング
㋐15
構造用合板
㋐12
3
根太 45×40
12
15
80
53
55
25

8｜見切なし[1:10] [S] [RC]

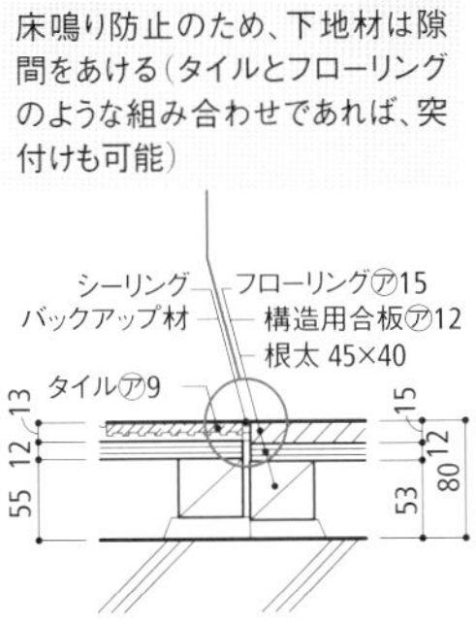
床鳴り防止のため、下地材は隙間をあける(タイルとフローリングのような組み合わせであれば、突付けも可能)
シーリング
バックアップ材
フローリング㋐15
構造用合板㋐12
根太 45×40
タイル㋐9
13
12
55
15
12
80
53

異種仕上げで見切材を入れなくてもよいのは、経年変化により一方の仕上材の小口が見えてくるおそれの少ない仕上材を採用するときだけである。たとえば、畳やカーペットなどは使用するうちにレベルが下がってくるため、もう一方の材の小口が露わになりやすい。特に板材は、張り方向によっては爪先が引っ掛かりやすくなるので要注意である。

代表的なフローリングの特徴

ムクフローリング(単層フローリング)	ムク材だけでつくられたフローリング。施工の際は湿度による寸法変化に気をつけたい。冬季の乾燥時期に隙間をあけずに張ると、梅雨時に膨張してむくりが起こることがある。床暖房推奨品とされているものでも、夏季に施工し冬季に床暖房を使用すると、乾燥により材間が透くことがあるので注意が必要
積層フローリング	表面と裏面に3～4mmの表面材、真ん中に合板または表面材と同じ材料を方向を変えて張り合わせたフローリング。表面材が厚いためムク材に近い素材感となり、自然塗料などの塗装も可能。塗装済みの製品と、無塗装の製品があり、ものによっては縦方向にフィンガージョイントのあるものもある
合板フローリング(複合1種フローリング)	合板の上に単板と呼ばれる薄い表面材を張ったもの。単板の厚さは一般に0.6mm前後。厚突きと呼ばれるもので0.8～1.5mm程度。表面の薄い単板を保護する目的で硬質な保護塗料を塗っているため、総じて木の質感は弱い。サイズは1尺×6尺(通称、一六フロア)が一般的。張り手間が省ける分だけ施工単価も安くなる。フローリング自体の伸縮が小さいため施工も容易

畳の寸法

通　称	寸法呼称	幅×長さ(mm)	解　説
京　間	六三間(本間)	955×1,910	京都を中心とした関西、中国・九州地方、秋田、青森で使用される
安芸間	六一間	925×1,850	瀬戸内海地域、山陰を中心に使用される
中京間	三六間	910×1,820	中京地域、東北・北陸・沖縄の一部で使用される
関東間(江戸間)	五八間	880×1,760	関東を中心に使用される
団地間	五六間	850×1,700	全国的

注　畳の寸法は原則として部屋の実測による

仕上材別の根太間隔の目安

(単位：mm)

仕上材	下地の厚さ	根太間隔
ビニルシート、ビニルタイル、ゴムタイル、カーペット	12	303
	12+5.5	360
	15	360
フローリング(15mm厚以下)	下地なし	303
	12	360
フローリング(15mm厚以上)	下地なし	303
タイル、石	12+12	303
畳	12	455

基本的には畳かそれ以外かで考える。畳=455、それ以外=303と覚えておけばよいだろう。ピアノなど重量物を置く場合は、根太間隔はこの1／2にする

[特記] ❷質量の大きい石膏ボードを何枚も重ねれば木造でも重量衝撃音を軽減することは可能だが、コンクリートで床スラブをつくるRC造ほどの効果は見込めない。費用対効果を考えれば、木造では軽量衝撃音を軽減する程度の対応が現実的である

木造

10 | スギ3層パネル+転ばし根太(2階)[1:15]

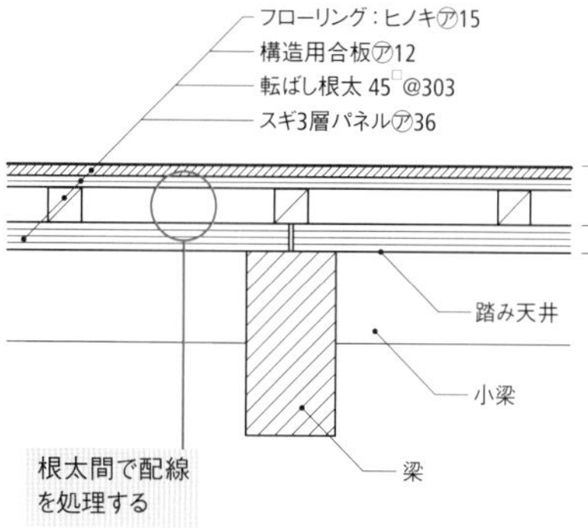

フローリング:ヒノキ㋐15
構造用合板㋐12
転ばし根太 45□@303
スギ3層パネル㋐36
108
36
踏み天井
小梁
梁
根太間で配線
を処理する

スギ3層パネルは、床と天井の仕上げを1枚で兼ねる代表例。天井懐が必要ないため、天井高を稼ぎたい場合などは重宝する。ただし、配線などが露出するため、見せたくない場合は上図のように転ばし根太+床仕上げとして根太の高さ内で処理するとよい。

11 | 1階RC造+2階木造[1:15]

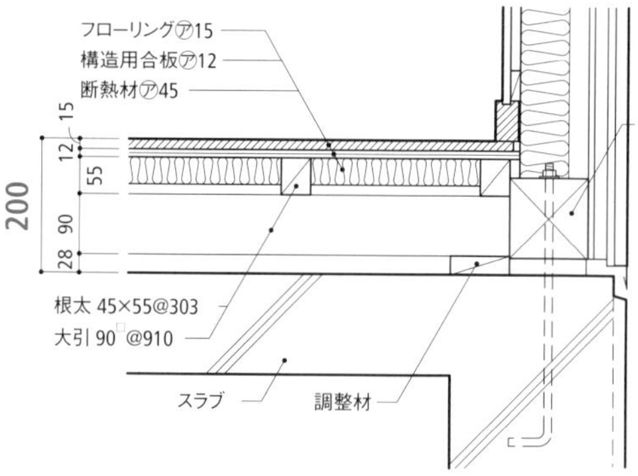

フローリング㋐15
構造用合板㋐12
断熱材㋐45
土台
15
12
55
90
28
200
根太 45×55@303
大引 90□@910
スラブ
調整材

RC造の上に木造を載せる場合、2階床下を転ばし根太とすればスラブ上端から床仕上げまで60〜70㎜でも納まる。しかし、2階の配管をスラブ下に通さなくてはならなくなるため、スラブ上で配管を処理したい場合は、床仕上げ面まで最低200㎜程度確保する必要がある[❶]。最近ではRC造の床と同様の置床を使うことも多い。

S造

9 | 玄関(段差なし)[1:15]

[S] [RC]

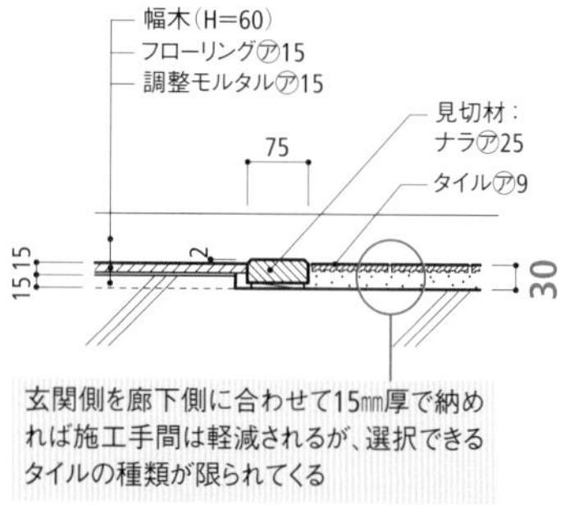

幅木(H=60)
フローリング㋐15
調整モルタル㋐15
見切材:
ナラ㋐25
75
タイル㋐9
15
15
2
30
玄関側を廊下側に合わせて15㎜厚で納め
れば施工手間は軽減されるが、選択できる
タイルの種類が限られてくる

S造、RC造で玄関の段差をなくしたい場合、廊下側のレベル調整が難しくなる。タイル張りの玄関側を仕上げ込みで30㎜厚とすると、廊下側のフローリング(15㎜厚)下はモルタルかセルフレベリング材で調整することになる。しかし、15㎜程度の高さ調整は手間がかかるうえ施工が難しい。

10 | 玄関(段差小)[1:15]

[S] [RC]

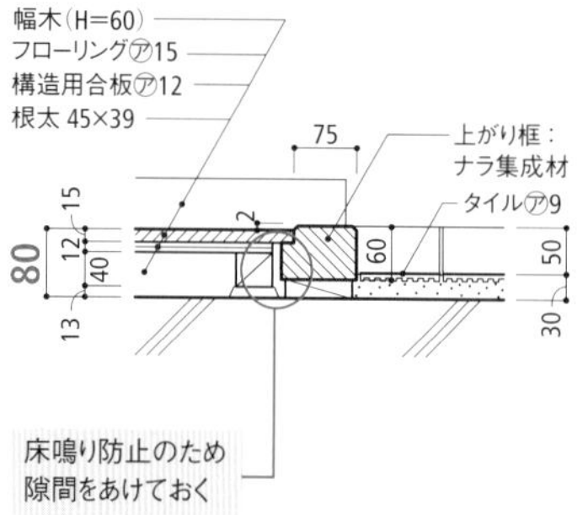

幅木(H=60)
フローリング㋐15
構造用合板㋐12
根太 45×39
75
上がり框:
ナラ集成材
タイル㋐9
15
12
40
13
80
2
60
50
30
床鳴り防止のため
隙間をあけておく

S造、RC造における一般的な玄関の納まり。S造の場合は根太でレベルを調整するが、RC造の場合は、スラブで段差をつけることが多い。その場合、コンクリート内の鉄筋を曲げられる最小寸法から、段差は最小でも80㎜程度となる。

11 | 玄関(段差大)[1:15]

[S] [RC]

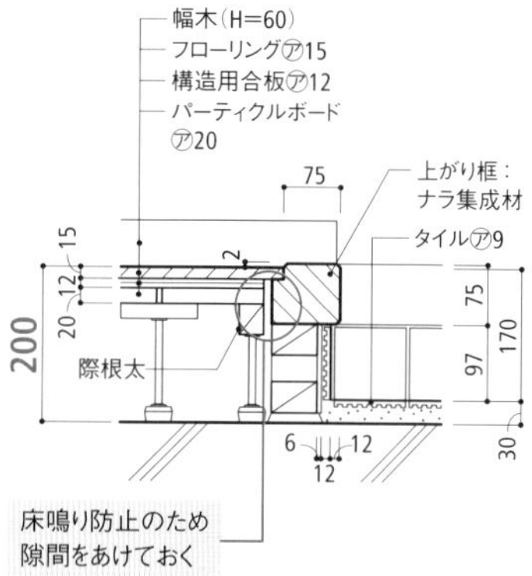

幅木(H=60)
フローリング㋐15
構造用合板㋐12
パーティクルボード
㋐20
75
上がり框:
ナラ集成材
タイル㋐9
15
12
20
200
2
75
97
170
際根太
6
12
12
30
床鳴り防止のため
隙間をあけておく

段差が大きい場合は、上がり框下の根太で高さを調整する。タイルのサイズとも絡んでくるので、意匠上の注意が必要。

RC造

6 | 集水枡(または排水溝)[1:10]

❶一般歩行用

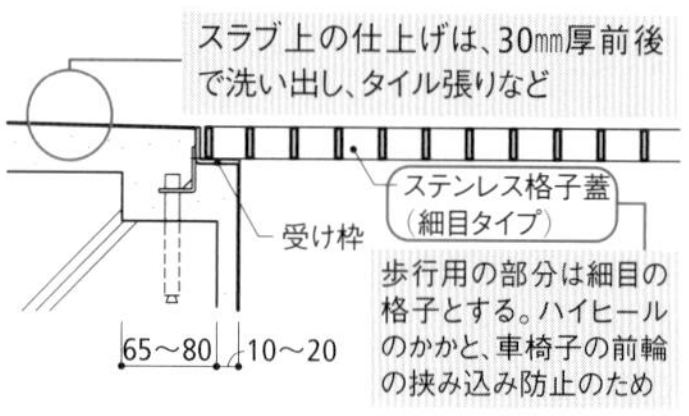

スラブ上の仕上げは、30㎜厚前後
で洗い出し、タイル張りなど
ステンレス格子蓋
(細目タイプ)
受け枠
歩行用の部分は細目の
格子とする。ハイヒール
のかかと、車椅子の前輪
の挟み込み防止のため
65〜80
10〜20

❷駐車場など

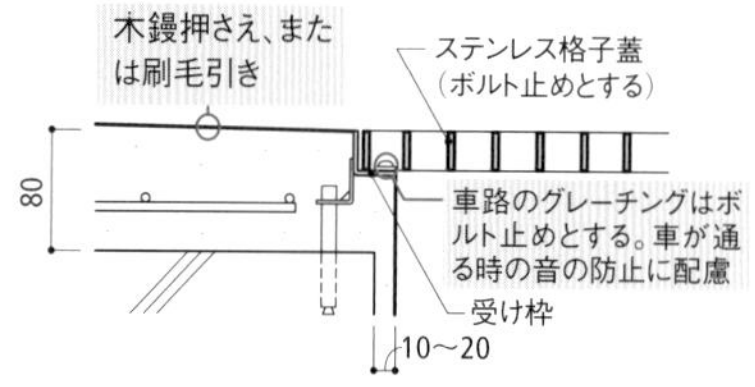

木鏝押さえ、また
は刷毛引き
ステンレス格子蓋
(ボルト止めとする)
80
車路のグレーチングはボ
ルト止めとする。車が通
る時の音の防止に配慮
受け枠
10〜20

❸直押さえ

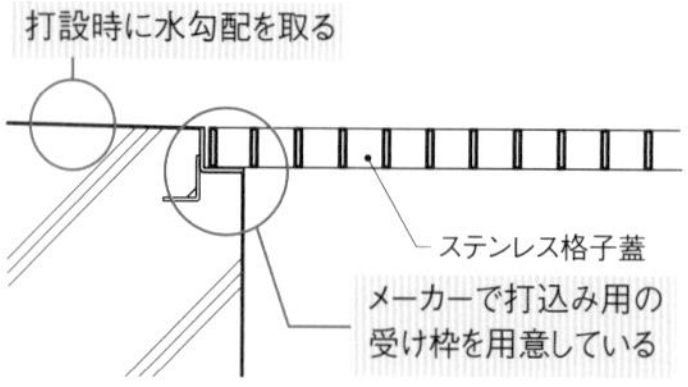

打設時に水勾配を取る
ステンレス格子蓋
メーカーで打込み用の
受け枠を用意している

駐車場内や外廻りの収納などに設ける集水枡(または排水溝)の納まり。ステンレス製の格子蓋を用途に合わせて受け枠とともに設置する。

①②は、スラブ上にモルタルなどで仕上げを施す場合で、②はクラック予防のためのワイヤーメッシュ(φ6 100×100)を敷き込む。③は打込み用の受け枠を用いて、直に押さえて仕上げる場合。コストは抑えられるが水勾配を取る必要があるため施工は難しい。

7 | 室内床下収納、設備ピットなど[1:10]

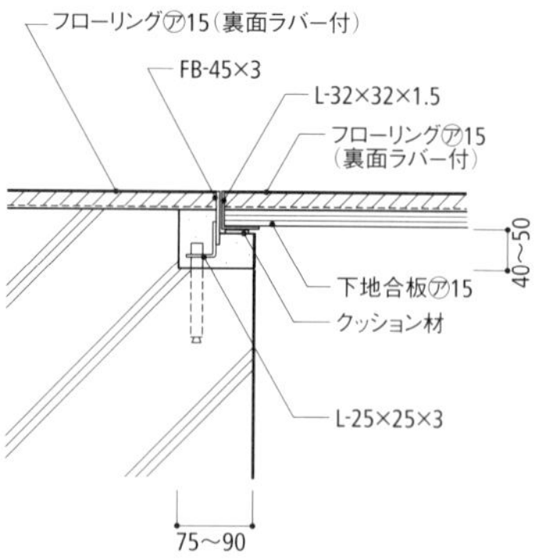

フローリング㋐15(裏面ラバー付)
FB-45×3
L-32×32×1.5
フローリング㋐15
(裏面ラバー付)
40〜50
下地合板㋐15
クッション材
L-25×25×3
75〜90

フラットバーとアングルで床ハッチや受け枠をすっきり見せる納まり。一般には既製品を使用することが多い。

[特記] ❶2階にユニットバスを設置する場合、ユニットバスの出入口と床面をゾロで納めるためにはスラブ面から床仕上げ面まで200㎜はほしい(ユニットバスメーカーの多くは、200㎜程度を必要な高さとしているため)。なお、最近は設備配管のしやすさから置き床にすることも多い

12│玄関（段差小）[1:15]

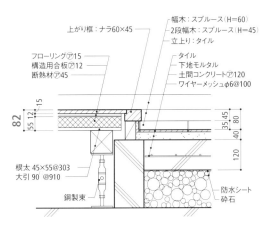

上がり框：ナラ60×45
フローリングⓉ15
構造用合板Ⓣ12
断熱材Ⓣ45

幅木：スプルース（H＝60）
2段幅木：スプルース（H＝45）
立上り：タイル

タイル
下地モルタル
土間コンクリートⓉ120
ワイヤーメッシュφ6@100

根太 45×55@303
大引 90 @910

鋼製束

防水シート
砕石

玄関の上がり框は、バリアフリーの観点から80～100mmで納めることを1つの目安としたい（旧公庫の基準では180mm以下）。

13│玄関（段差大）[1:15]

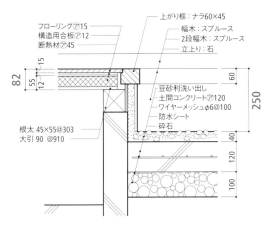

フローリングⓉ15
構造用合板Ⓣ12
断熱材Ⓣ45

上がり框：ナラ60×45
幅木：スプルース
2段幅木：スプルース
立上り：石

豆砂利洗い出し
土間コンクリートⓉ120
ワイヤーメッシュφ6@100
防水シート
砕石

根太 45×55@303
大引 90 @910

上がり框に座って靴を履くなどの機能をもたせるなら、段差は250mm程度取りたい。その際は、式台や靴脱ぎ石などで段差を調整する必要がある。

COLUMN

構造別 床下の配管スペース

❶木造上階の場合[1:20]

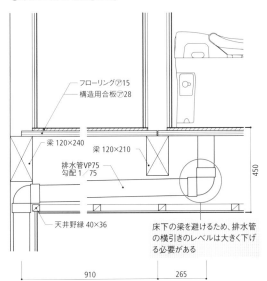

フローリングⓉ15
構造用合板Ⓣ28

梁 120×240
梁 120×210

排水管VP75
勾配1／75

天井野縁 40×36

床下の梁を避けるため、排水管の横引きのレベルは大きく下げる必要がある

910　265

450

❷RC造の場合[1:20]

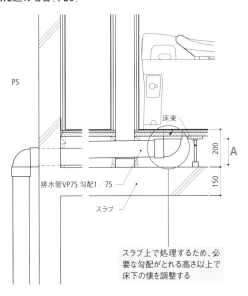

PS

床束

排水管VP75 勾配1／75

スラブ

200 A
150

スラブ上で処理するため、必要な勾配がとれる高さ以上で床下の懐を調整する

配管のサイズ目安

種　類		外径(mm)	備　考
一般配管	VP100	114	トイレ排水
	VP75	89	トイレ排水
	VP65	78	小径の集合管など
	VP50	60	キッチン、浴室排水
	VP40	48	洗面、手洗い
	VP20	26	給水(主)
	VP13	18	給水(枝)
耐火二層管	VP100	129	トイレ排水
	VP75	104	トイレ排水
	VP65	91	小径の集合管など
	VP50	75	キッチン、浴室排水
	VP40	40	洗面、手洗い

床下転がし配管（排水管）の必要懐寸法目安（A寸法）

種類(呼称)		竪管までの距離			
	外径(mm)	0.5m	1m	2m	3m
VP75	89	120mm	130mm	140mm	150mm
VP50	60	90mm	100mm	110mm	120mm

上表の竪管までの距離に応じた必要懐寸法とは、ここでは図❷のA寸法をいう。エルボ差込口の高さは含まないが、その高さは配管外径の1／2と覚えておくと目安になる。したがって、VP75の場合、竪管までの距離が1mであれば175mm（＝130mm＋89／2mm）が、床面から配管下端までの寸法となる。なお、VP管の外径寸法は呼称の1.2倍と覚えておくとよい。

内壁

内装工事の中でも、たくさんの工種がからんでくるのが内壁の仕上げ方。これらの複雑な取合いをどのように納めたらよいか解説する

それでも、下地には胴縁を入れたい

木造

　最近はプレカット加工された構造材の普及で、柱・間柱の寸法誤差が少なくなった。また、3×8版の石膏ボードが市場に広く出回ったこともあり、木造の内壁は胴縁を入れず、柱に直接石膏ボードを張る工法が主流となりつつある。

　しかし、各部材の収縮などによる変形に対応するという意味では、クッション材としての胴縁を設けるほうが望ましい。特に、左官仕上げ、面積の広い壁、吹抜けにつながる壁などでは、胴縁を入れておかないと、仕上材のひび割れが懸念される。

LGS下地＋ビス留めが基本

S造

　S造の内壁は、LGSによって下地を構成するのが一般的。天井の下地にもLGSが多用されるため、職種を統一する意味でも都合がよい。木下地に比べて精度が高く工期が短いというメリットもある。

　ただし、木下地のように釘打ちができないため、下地のボード類はすべてビス留めとなる。したがって、仕上材を隠し釘や接着剤で施工する場合には、あらかじめ捨張りの下地が必要となる。

　なお、S造では間仕切壁を耐火構造とするケースが少なくない。その要点も押さえておきたい。

GL工法が主流。直張りなら不陸調整が必要

RC造

　RC造の内壁下地は、LGS、木、CB、RC壁と多岐にわたる。

　LGS、木下地の場合はS造と同じ納まりだが、RC壁（躯体）をそのまま下地にできるのはRC造ならではの特徴であろう。なかでも「GL工法」は、石膏系接着剤（GLボンド）によって、躯体に下地ボードを直接張り付けられ、施工性もよいことから広く普及している。

　一方、タイルなどは直接躯体に張り付けることが多い。躯体の不陸が仕上げ面に大きく影響するので、モルタルなどで入念な下地調整が必要となる。

W S Rc 掲載された構造以外でも同じ納まりになるものには、このマークが付いています

※各事例の断熱材の厚みは一例を記載

1│クロス[1:8]

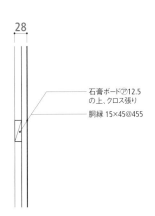

28

石膏ボードア12.5
の上、クロス張り
胴縁 15×45@455

2│タイル[1:8]

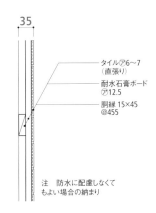

35

タイルア6〜7
（直張り）
耐水石膏ボード
ア12.5
胴縁 15×45
@455

注　防水に配慮しなくて
もよい場合の納まり

3│左官[1:8]

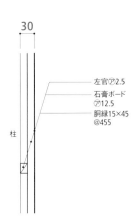

30

左官ア2.5
石膏ボード
ア12.5
胴縁15×45
@455

柱

▶

1│LGS下地／クロス[1:8]

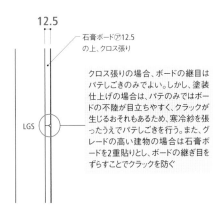

12.5

石膏ボードア12.5
の上、クロス張り

クロス張りの場合、ボードの継目は
パテしごきのみでよい。しかし、塗装
仕上げの場合は、パテのみではボー
ドの不陸が目立ちやすく、クラックが
生じるおそれもあるため、寒冷紗を張
ったうえでパテしごきを行う。また、グ
レードの高い建物の場合は石膏ボー
ドを2重貼りとし、ボードの継ぎ目を
ずらすことでクラックを防ぐ

LGS

コーナの処理

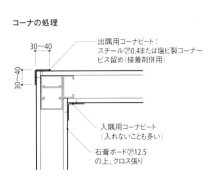

30〜40

30〜40

出隅用コーナビート：
スチールア0.4または塩ビ製コーナー
ビス留め（接着剤併用）

入隅用コーナビート
（入れないことも多い）

石膏ボードア12.5
の上、クロス張り

▶

1│GL工法／クロス[1:8]

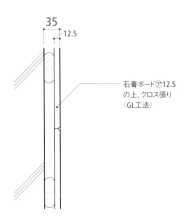

35
12.5

石膏ボードア12.5
の上、クロス張り
（GL工法）

2│木下地／クロス[1:8]

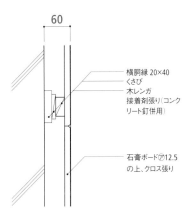

60

横胴縁 20×40
くさび
木レンガ
接着剤張り（コンク
リート釘併用）

石膏ボードア12.5
の上、クロス張り

▶

木造

4 | スギ板+左官 [1:8]

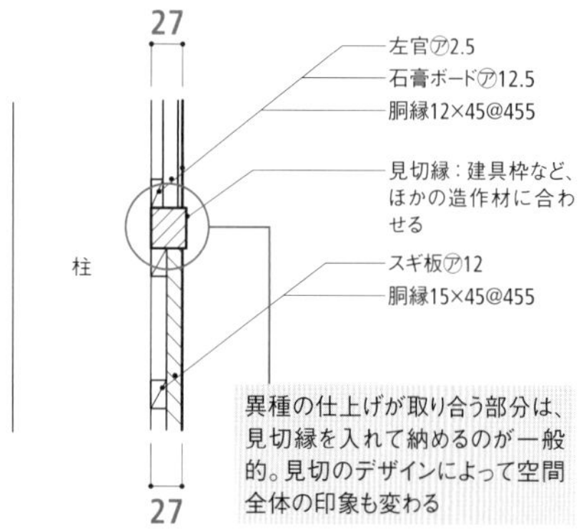

27
左官㋐2.5
石膏ボード㋐12.5
胴縁12×45@455
見切縁：建具枠など、ほかの造作材に合わせる
柱
スギ板㋐12
胴縁15×45@455
異種の仕上げが取り合う部分は、見切縁を入れて納めるのが一般的。見切のデザインによって空間全体の印象も変わる
27

壁面を板張りにする場合、横張りであれば間柱を下地として使えるが、縦張りであれば横胴縁を入れなければならない。

5 | 合板+左官 [1:8]

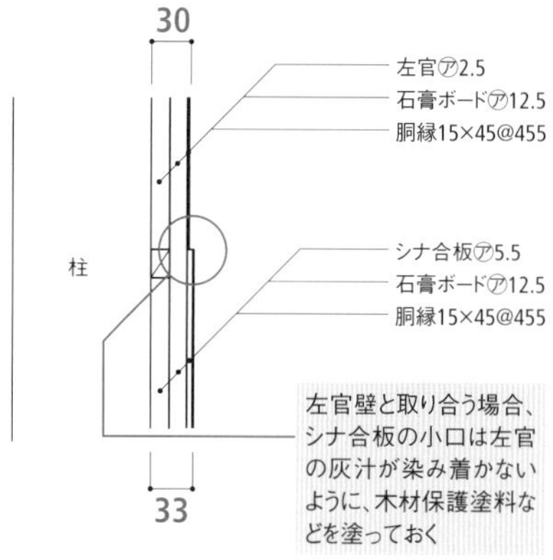

30
左官㋐2.5
石膏ボード㋐12.5
胴縁15×45@455
柱
シナ合板㋐5.5
石膏ボード㋐12.5
胴縁15×45@455
左官壁と取り合う場合、シナ合板の小口は左官の灰汁が染み着かないように、木材保護塗料などを塗っておく
33

合板と左官が取り合う場合は、見切なしの納まりも可能。

S造

2 | 塗装、薄塗り左官 [1:8]

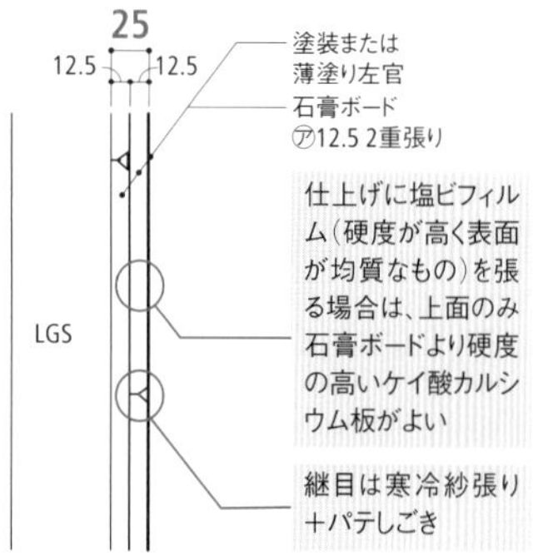

25
12.5
12.5
塗装または薄塗り左官
石膏ボード㋐12.5 2重張り
LGS
仕上げに塩ビフィルム（硬度が高く表面が均質なもの）を張る場合は、上面のみ石膏ボードより硬度の高いケイ酸カルシウム板がよい
継目は寒冷紗張り+パテしごき

塗装、左官など下地に精度が求められる場合は、石膏ボードを2重張りにする。不陸の出やすい継目の位置を上下でずらすことでボードが平滑になり、ひび割れも発生しにくい。

3 | 断熱・遮音仕様 [1:8]

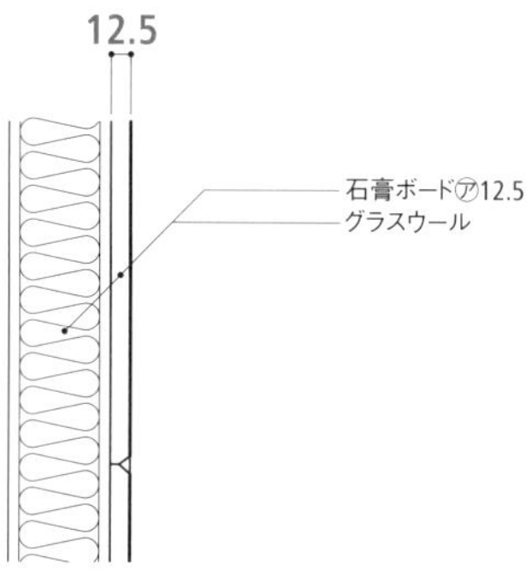

12.5
石膏ボード㋐12.5
グラスウール

断熱材を入れる場合は、木造の充填断熱と同じくLGS間にグラスウールなどを充填する。特にトイレ廻りの間仕切壁は遮音用としてグラスウールなどを壁内部に充填する。遮音性の高い壁が必要な場合は、認定の遮音壁を用いる。

RC造

3 | 塗装、薄塗り左官 [1:8]

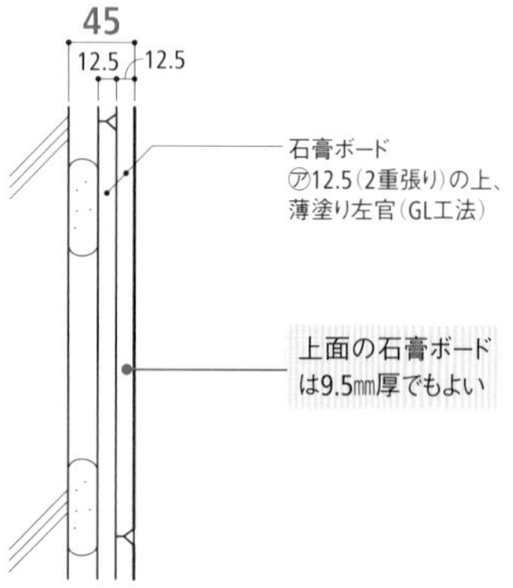

45
12.5
12.5
石膏ボード㋐12.5（2重張り）の上、薄塗り左官（GL工法）
上面の石膏ボードは9.5㎜厚でもよい

GL工法でもLGS下地と同じように塗装や薄塗り左官仕上げでは、石膏ボード2重張りが原則。石膏ボードどうしは接着張り。

4 | 断熱・遮音仕様 [1:8]

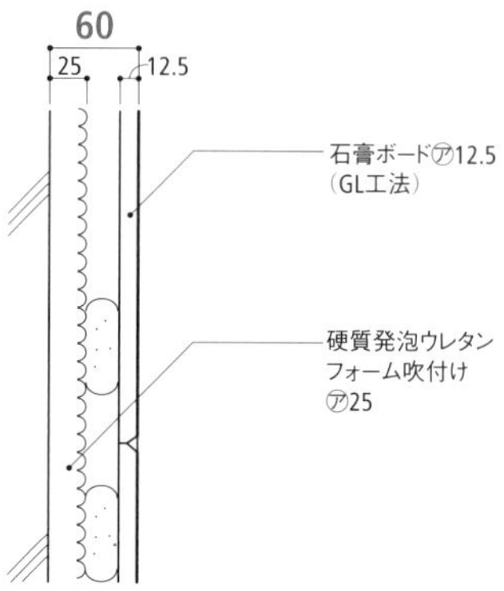

60
25
12.5
石膏ボード㋐12.5（GL工法）
硬質発泡ウレタンフォーム吹付け㋐25

内断熱の場合は、躯体に硬質発泡ウレタンフォームを吹き付けたうえで石膏ボードを張る。

6 | 合板［1:8］

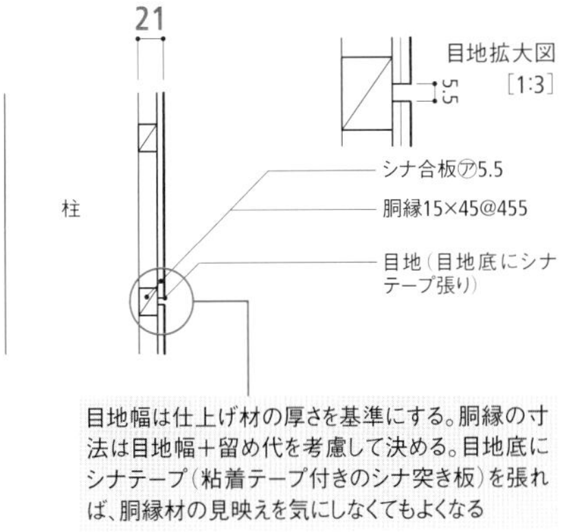
21
目地拡大図
［1:3］
5.5
柱
シナ合板㋐5.5
胴縁15×45@455
目地（目地底にシナテープ張り）
目地幅は仕上げ材の厚さを基準にする。胴縁の寸法は目地幅＋留め代を考慮して決める。目地底にシナテープ（粘着テープ付きのシナ突き板）を張れば、胴縁材の見映えを気にしなくてもよくなる

シナ合板で仕上げる場合は、突付けより目透しにしたほうがきれいに納まる。

7 | 出隅（塗装）［1:8］

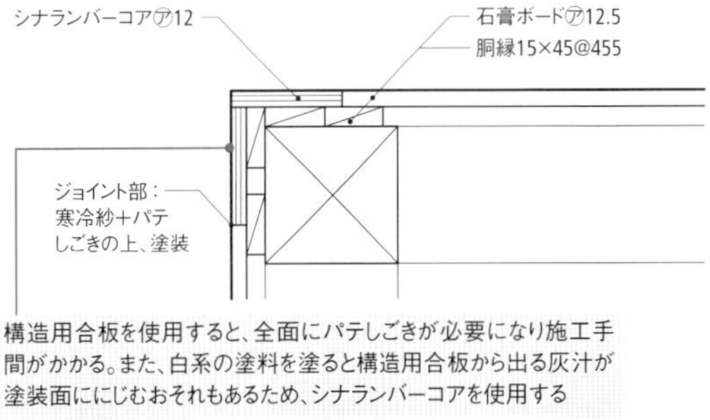
シナランバーコア㋐12
石膏ボード㋐12.5
胴縁15×45@455
ジョイント部：
寒冷紗＋パテ
しごきの上、塗装
構造用合板を使用すると、全面にパテしごきが必要になり施工手間がかかる。また、白系の塗料を塗ると構造用合板から出る灰汁が塗装面ににじむおそれもあるため、シナランバーコアを使用する

出隅は、塗装仕上げならシナランバーコアで補強するのが基本。ボードとのジョイント部は寒冷紗＋パテしごきで平滑な面をつくって仕上げる（図7）。左官仕上げは特に出隅が傷付きやすいため補強が必要。既製のコーナービートを入れてもよいが、枠廻りに合わせた材料でデザインするとすっきりする。色味が気になる場合は、パテしごきのうえ壁の色に合わせた塗装を施すとよい（62頁図8）。

4 | 左官［1:8］

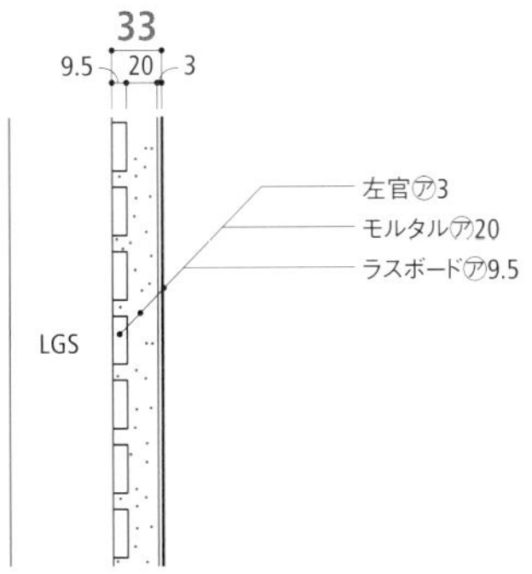
33
9.5
20
3
左官㋐3
モルタル㋐20
ラスボード㋐9.5
LGS

薄塗り左官材なら塗装と同じように石膏ボードに直接塗ってもよいが、通常の左官はラスボード＋モルタルで下地をつくってから仕上げる。

5 | 合板［1:8］

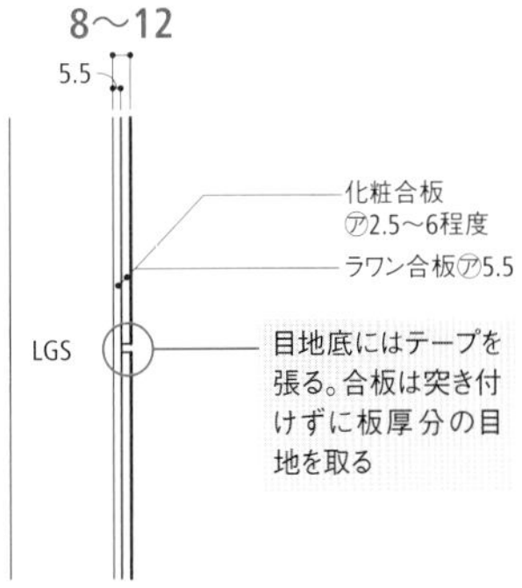
8〜12
5.5
化粧合板
㋐2.5〜6程度
ラワン合板㋐5.5
LGS
目地底にはテープを張る。合板は突き付けずに板厚分の目地を取る

ラワン合板をビス留めしたのち化粧合板を接着。化粧合板は接着剤が乾燥するまで打込みピンで仮留めする。

5 | 左官［1:8］

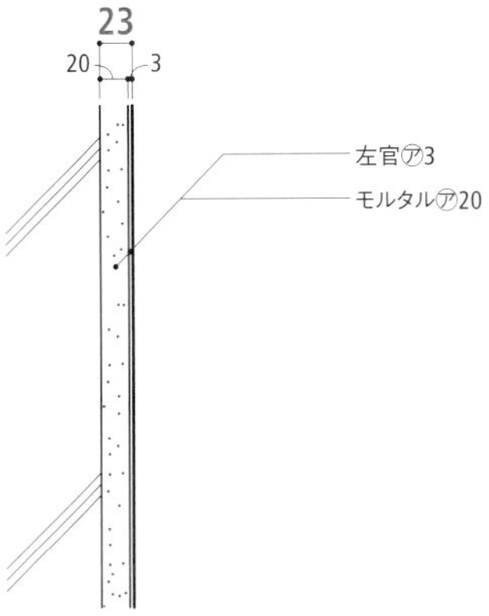
23
20
3
左官㋐3
モルタル㋐20

モルタルによる躯体の不陸調整が必要。

6 | 合板［1:8］

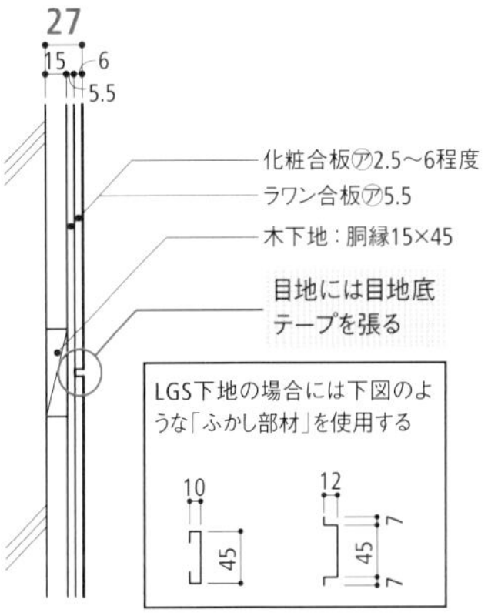
27
15
6
5.5
化粧合板㋐2.5〜6程度
ラワン合板㋐5.5
木下地：胴縁15×45
目地には目地底テープを張る
LGS下地の場合には下図のような「ふかし部材」を使用する
10
45
12
7
45
7

躯体に直張りすると不陸が目立つので、木かLGSで下地をつくる。

木造

8| 出隅(左官)[1:8]

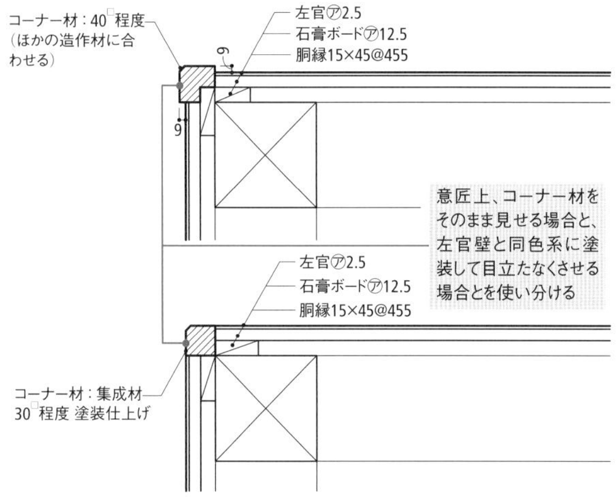

コーナー材：40□程度
(ほかの造作材に合わせる)
左官㋐2.5
石膏ボード㋐12.5
胴縁15×45@455
9
9
意匠上、コーナー材をそのまま見せる場合と、左官壁と同色系に塗装して目立たなくさせる場合とを使い分ける
左官㋐2.5
石膏ボード㋐12.5
胴縁15×45@455
コーナー材：集成材30□程度 塗装仕上げ

9| 入隅(左官・突付け)[1:8]

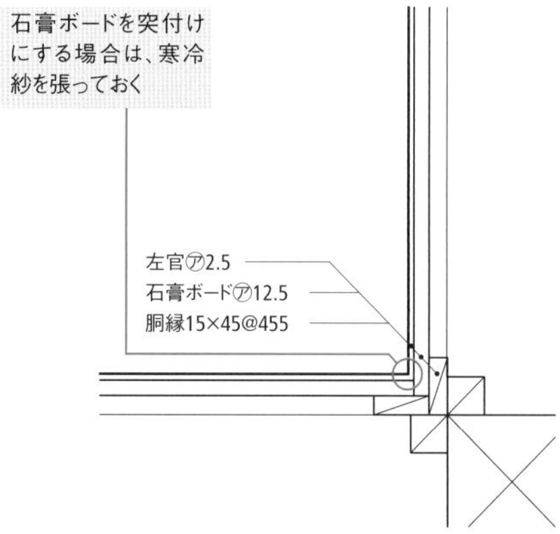

石膏ボードを突付けにする場合は、寒冷紗を張っておく
左官㋐2.5
石膏ボード㋐12.5
胴縁15×45@455

左官壁の入隅部は塗り回すことが多い。ただし、入隅部にはクラックが生じやすいため、寒冷紗を張って下地を補強しておく必要がある。

S造

6| タイル[1:8]

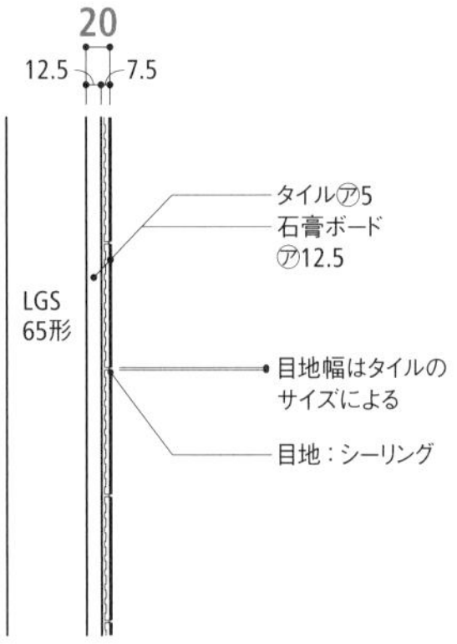

20
12.5
7.5
LGS
65形
タイル㋐5
石膏ボード
㋐12.5
目地幅はタイルのサイズによる
目地：シーリング

内壁のタイルは圧着張りが主流。石膏ボードのうえに接着剤で直張りする。

7| 石(規格品)[1:8]

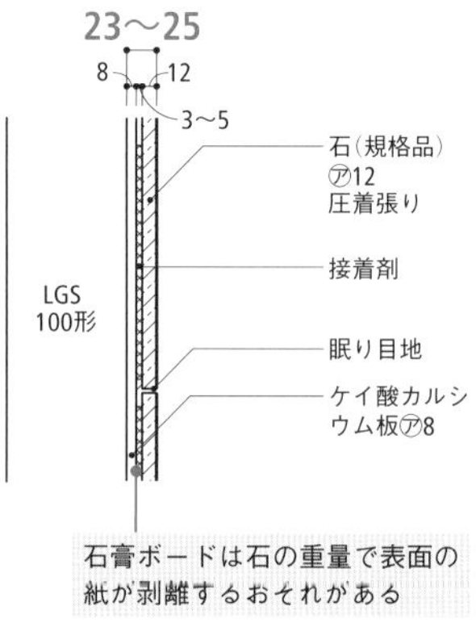

23〜25
8
12
3〜5
LGS
100形
石(規格品)
㋐12
圧着張り
接着剤
眠り目地
ケイ酸カルシウム板㋐8
石膏ボードは石の重量で表面の紙が剥離するおそれがある

規格品の石[❶]は重量があるため、タイル張りのときより1〜2ランク上のLGSを使用する。

RC造

7| タイル[1:8]

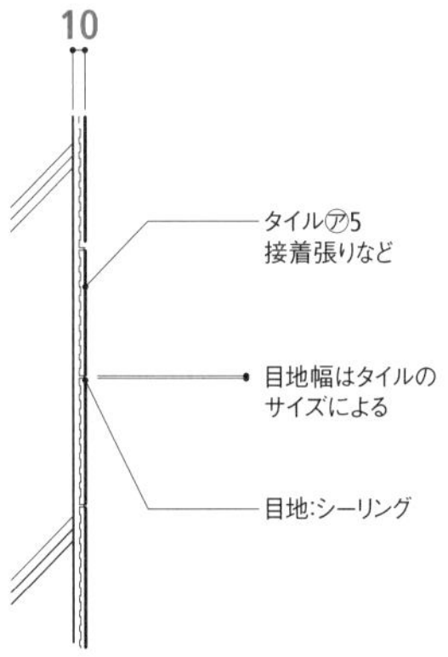

10
タイル㋐5
接着張りなど
目地幅はタイルのサイズによる
目地:シーリング

直張りは躯体の不陸がそのまま反映されるので施工には注意が必要。大きな壁では3mごとに収縮目地を設ける。

8| 石(規格品)[1:8]

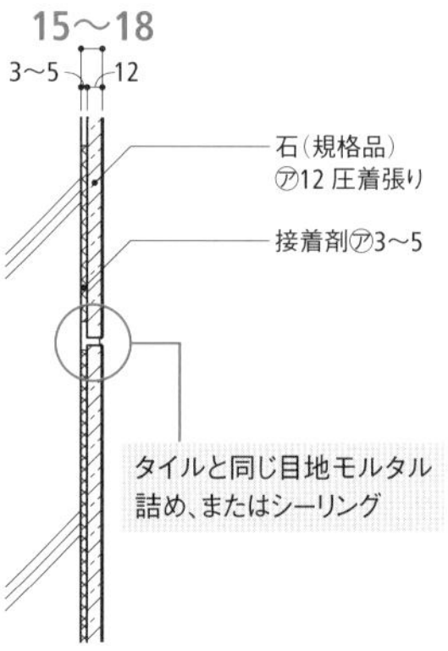

15〜18
3〜5
12
石(規格品)
㋐12 圧着張り
接着剤㋐3〜5
タイルと同じ目地モルタル詰め、またはシーリング

接着剤で不陸を調整しながら張っていく。目地のシーリングは石との相性が悪いと石を変色させるおそれがあるので注意。

[特記] ❶本石であれば20〜30㎜厚が多いが、メーカーであらかじめタイル状に加工している規格品の石は15㎜厚の製品が中心。サイズは300〜400㎜角が多い

10 | 入隅（左官・出目地）[1:8]

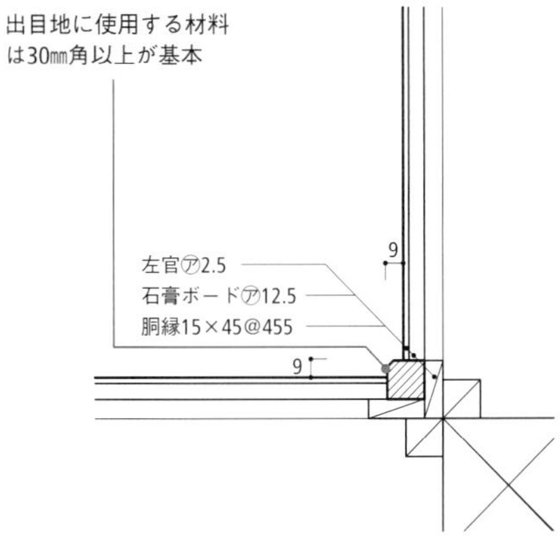
出目地に使用する材料
は30㎜角以上が基本
9
左官㋐2.5
石膏ボード㋐12.5
胴縁15×45@455
9

出目地は建具枠の材料と同じものを使用するのが一般的。左官壁と取り合う場合は、左官を塗る前に塗装を終えておく。

COLUMN

出目地のデザイン

同じ壁面でも色やテクスチュアを変えたい場合は出目地を入れて見切る。出目地は何本か連続しているとデザイン上のアクセントとなるうえ、壁の保護にもなる。目地どうしの間隔が狭いと左官塗りが困難になるが、割れの心配は少なくなる。

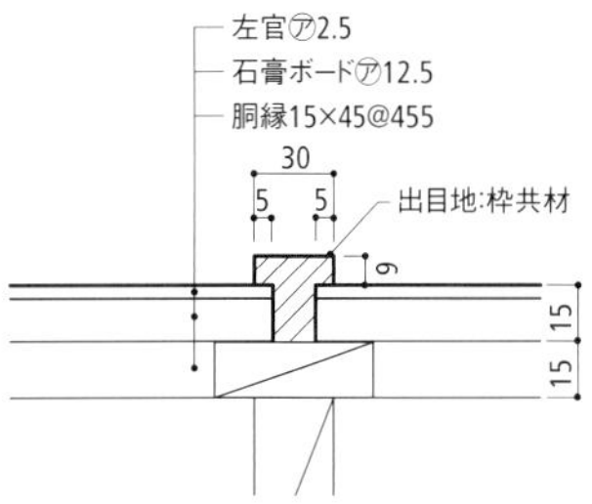
左官㋐2.5
石膏ボード㋐12.5
胴縁15×45@455
30
5
5
出目地:枠共材
9
15
15

8 | 本石 [1:8]

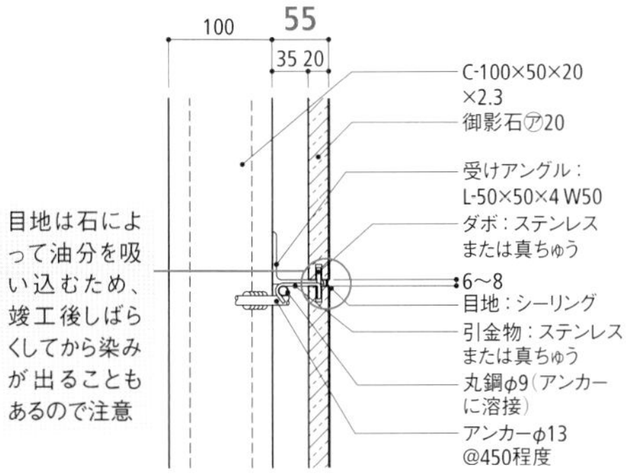
100
55
35 20
C-100×50×20
×2.3
御影石㋐20
受けアングル：
L-50×50×4 W50
ダボ：ステンレス
または真ちゅう
6〜8
目地：シーリング
引金物：ステンレス
または真ちゅう
丸鋼φ9（アンカー
に溶接）
アンカーφ13
@450程度
目地は石によって油分を吸い込むため、竣工後しばらくしてから染みが出ることもあるので注意

軽量鉄骨に溶接したアンカーで石を引っ張り、鉛直荷重はアングルが受ける。軽量鉄骨と石材の間には、最低35㎜の施工寸法が必要。

9 | アルミパネル [1:8]

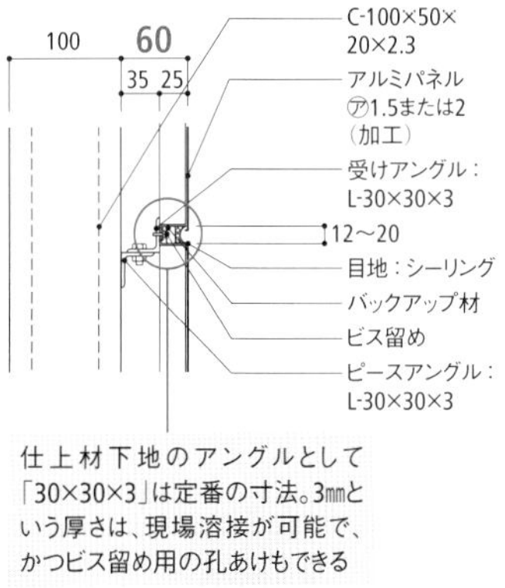
100
60
35 25
C-100×50×
20×2.3
アルミパネル
㋐1.5または2
（加工）
受けアングル：
L-30×30×3
12〜20
目地：シーリング
バックアップ材
ビス留め
ピースアングル：
L-30×30×3
仕上材下地のアングルとして「30×30×3」は定番の寸法。3㎜という厚さは、現場溶接が可能で、かつビス留め用の孔あけもできる

軽量鉄骨に溶接したピースアングルに、受けアングルを留めてパネルをビス留めする。受けアングルで「通り」を出すため、ボルト孔はそれぞれ、金属の熱膨張に対応可能な、ルーズホールにしておく。

9 | 本石 [1:8]

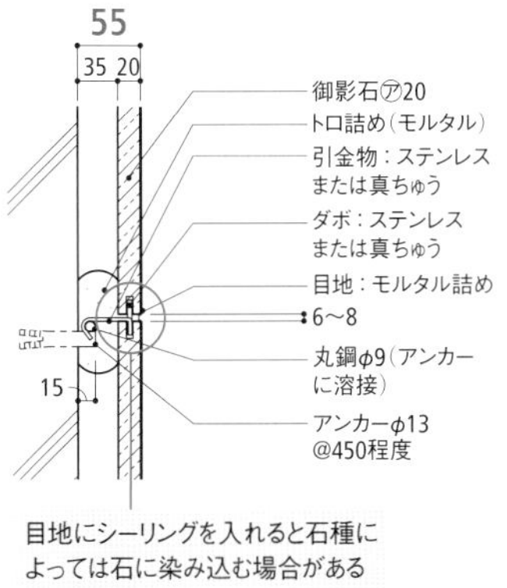
55
35 20
御影石㋐20
トロ詰め（モルタル）
引金物：ステンレス
または真ちゅう
ダボ：ステンレス
または真ちゅう
目地：モルタル詰め
6〜8
丸鋼φ9（アンカー
に溶接）
アンカーφ13
@450程度
15
目地にシーリングを入れると石種によっては石に染み込む場合がある

本石の裏側に直接モルタルを詰める。大理石など吸水性の高い石は、モルタルの灰汁が石の表面に出てくることがある［❷］。

10 | アルミパネル [1:8]

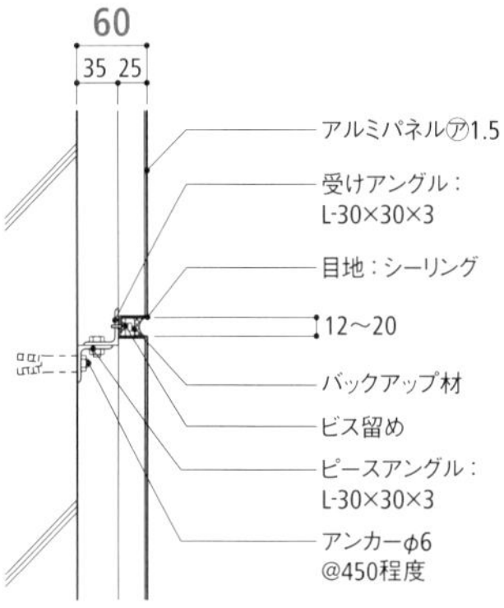
60
35 25
アルミパネル㋐1.5
受けアングル：
L-30×30×3
目地：シーリング
12〜20
バックアップ材
ビス留め
ピースアングル：
L-30×30×3
アンカーφ6
@450程度

躯体に直接アンカーを打ち込む以外は、S造と取り付け方は同じ。

[特記] ❷使用前に石種ごとの特性を確認しておくこと

スタッド（縦枠）の寸法と施工可能高さ

形　状	壁記号	厚　さ (a・mm)	施工可能高さ (m)
	WS40	65	—
	WS45	70	2.4
	WS50	75	2.7
	WS65	90	3.7
	WS75	100	4
	WS90	115	4.5
	WS100	125	5
	角MS40	65	2.8
	角MS45	70	3
	角MS50	75	3.1
	角MS65	90	3.7
	角MS75	100	4

石膏ボード

a寸法は石膏ボード
12.5mm厚で計算

木質間仕切の寸法と施工可能高さ

形　状	芯材の寸法	厚　さ (a・mm)	施工可能高さ (m)
ランバーコア	ランバーコア30mm厚	30	2.4
	45×36@450	70	2.4
木質間仕切	45×45@450	70	2.4
石膏ボード	72×33@450	97	3
	105×27@450	130	3.6

a寸法は石膏ボード
12.5mm厚で計算

COLUMN

石膏ボードの使い分け

　石膏ボードには、形状の違う以下の3種類がある。それぞれ仕上げによって適切なものを使い分けたい

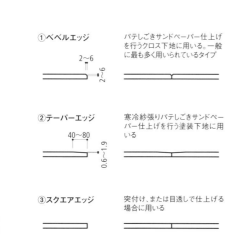

①ベベルエッジ　　パテしごきサンドペーパー仕上げを行うクロス下地に用いる。一般に最も多く用いられているタイプ

2～6
2～6

②テーパーエッジ　　寒冷紗張りパテしごきサンドペーパー仕上げを行う塗装下地に用いる

40～80
0.6～1.9

③スクエアエッジ　　突付け、または目透しで仕上げる場合に用いる

防火、耐火構造などで使用されるボードの種類

種　類	特　徴	厚　さ (mm)
石膏ボード	石膏を主成分にした素材を板状にして2枚の紙でサンドイッチ状にしたもの。不燃性能あり。一般に最も使用される内装下地材	9.5 12.5 15
強化石膏ボード	石膏ボードの石膏部分にガラス繊維またはガラス繊維網・無機質材料などを混入し、耐火性と耐衝撃性を向上させたもの。耐火間仕切壁や遮音間仕切壁に使用される	12.5 15 21
硬質石膏ボード	石膏ボードの石膏部分にガラス繊維・有機質材料などを混入し、耐火性と耐衝撃性を向上させたもの。許容曲げ応力は普通石膏ボードの約2倍、表面強度は約4倍、防水性にも優れている。病院の間仕切、廊下や体育館の壁などに用いられる	9.5 12.5 15
繊維混入石膏ボード	石膏部分にガラス繊維などと無機質材料などを混入し、表面にガラス繊維不織布などを伏せ込んだもの。柔剛性に富み曲面施工が可能なため曲面天井などにも用いられる	5、6 8、10
繊維混入ケイ酸カルシウム板	ケイ酸質原料・石灰質原料と補強繊維を主成分として高温高圧蒸気養生をしたボード。経年変化、温度湿度による変質・変化が少ない。軽量で加工性、断熱性に優れており、内装下地や不燃材、耐火材として多く用いられる	5、6 8、10

注　石膏ボードの9.5mmのみ準不燃、それ以外は不燃

代表的な面材の種類

種類	特徴	厚さ(mm)	幅×長さ(mm)						
普通合板・シナ・ラワン	一般に「合板」と呼ばれるものはこれを指す。接着剤の耐水性能により3種類（1類～3類）に分けられる。「耐水合板」とは1類の普通合板のこと。現在、3類はほとんど流通していない。壁下地のほか木目を生かして内装仕上げなどにも用いられる	2.7	910×1,820	1,000×2,000	—	—	—		
		3							
		4			910×2,130	1,220×2,430	610×1,820	1,220×1,820	
		5.5		—		—			
		6		1,000×2,000			610×1,820	1,220×1,820	
		9				—			
		12							
		15		—	—	1,220×2,430			
		18							
		21							
		24							
コンクリート用型枠合板	コンクリートの型枠に使用する合板。通称「コンパネ」。耐水性能は1類のみ	12	500×2,000	600×1,800	600×2,400	900×1,800	1,000×2,000	1,000×2,400	—
		15							
		18							
		21							
		24							
構造用合板	構造耐力上主要な部分に使用する合板。ラワン、ラーチ、ラジアータパイン、スギ、カラマツ、アカマツなどからつくられる。ラーチやラジアータパインは、その木目を生かして内装仕上げに使用することもある。実加工された実付合板は12mm厚以上からある	5	910×1,820 / 900×1,800	910×2,130	910×2,440	910×2,730	955×1,820	1,000×2,000	1,220×2,440 / 1,220×2,730
		6							
		7.5							
		9							
		12							
		15							
		18							
		21							
		24							
		28		—					
		30							—
		35							
ランバーコア・シナ・ラワン	幅が狭く厚い板を接着したものを芯材とした合板。ドア、家具、間仕切などに使用される。合板に比べて狂いが少ない	12	910×1,820	1,200×2,400					
		15							
		18							
		21							
		24							
		30							
パーティクルボード	小片化した木材を接着剤を用いて熱圧成形したもの。湿気には弱いが、遮音性、断熱性に優れる。置き床用のパネルとして使用されることが多い。建築現場では「パーチ」とも呼ばれる	10	910×1,820	910×1,820	910×2,420	910×2,730	1,210×2,420	1,210×2,730	—
		12							
		15							
		18							
		20							
		25							
		30							
		35							
		40							
MDF	植物繊維に接着剤を加えて熱圧成形した木質板材。材質が均一で表面が平滑。塗装を施す家具の扉芯材などに用いられる。素地のまま利用することもある。Medium Density Fiberboard（中密度繊維板）の略	3	1,000×2,000	1,000×4,000	1,210×1,820	1,210×2,420	1,210×2,730	1,820×2,730	—
		7							
		9							
		12							
		15							
		18							
		21							
		24							
		30							
OSB	主に北米から輸入される、木片の模様が独特な面材。構造用パネルとして屋根や壁にも用いられる。素地のまま内装仕上材として用いることもある。あらかじめオイルステインで着色された製品もある。Oriented Strand Board の略	9	900×1,820	910×1,820	910×2,420	910×2,730	1,210×2,420	1,210×2,730	—
		10							
		12							
		15							
		18							
		20							
		25							
		30							
		35							
		40							
ケイ酸カルシウム板	軽量で耐火・断熱性に優れ、施工性もよい。耐火被覆や吸音用天井材として用いられる	5	910×1,820	910×2,420	—				
		6			1,000×2,000	—			
		8							
		10							
		12							
フレキシブルボード	繊維強化セメント板。耐火・耐水性に優れ、たわみにも強い。ケイカル板と混同されやすいが、こちらのほうが重量が重い	3	910×1,820	1,000×2,000	910×2,430	1,210×2,430	—		
		4							
		5							
		6							
		8							
		16.5			—				
		20							
木毛セメント板	細く削った木材にセメントを加えて加圧成形したもの。断熱性、吸音性に優れる。準不燃材	15	910×1,820	910×2,000	1,000×2,000	—			
		20							
		25							
		30							
		40							

耐火間仕切壁の選び方

耐火間仕切壁[❶]は、①建築基準法令とその告示に規定されている工法・材料・厚さにより耐火時間が認められているもの(国土交通大臣が定めたもの)と、②国土交通省の認定を受けた不燃材料の組み合わせにより建材メーカーが耐火構造の壁として認定を受けたもの(国土交通大臣の認定を受けたもの)に分けられる。

ここでは、後者のうち一般によく採用される認定工法を紹介する。選択のポイントは主に次の2つである。

①耐火時間は何時間必要か

計画している建物に使用する耐火間仕切壁が、建築基準法上何時間耐火を求められているのか確認する。準耐火建築物か耐火建築物か、建物のどの部分を区画する必要があるか(面積区画、竪穴区画、異種用途区画)など

②どんな用途の場所に使うのか

部屋の用途や部位によって耐水性、耐衝撃性、遮音性などが要求される場合があるため、ボードの特性を理解したうえで選択する。表面の仕上材が施工可能か否かも考慮しなければならない[❷]

❶45分準耐火
石膏ボード(9.5mm厚)両面2重張り
認定番号:QF045NP-9043

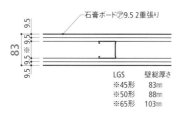

石膏ボード㋜9.5 2重張り

LGS	壁総厚さ
※45形	83mm
※50形	88mm
※65形	103mm

クロス、塗装、薄塗り左官の下地となる。LGSは45mm以上必要。

❷45分準耐火
石膏ボード(9.5mm厚)両面2重張り
認定番号:QF045BP-9018

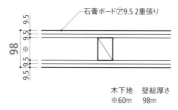

石膏ボード㋜9.5 2重張り

木下地	壁総厚さ
※60mm	98mm

❶と同様の用途で使用されるが、木下地なら60mm以上必要。

❸1時間耐火
強化石膏ボード(15mm厚)両面2重張り
認定番号:FP060NP-9061

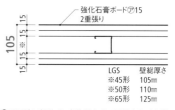

強化石膏ボード㋜15 2重張り

LGS	壁総厚さ
※45形	105mm
※50形	110mm
※65形	125mm

❶の下地に加えて、内装用タイル下地としても使用できる。LGSは45mm以上必要。

❹1時間耐火
硬質石膏ボード(9.5mm厚)+石膏ボード(12.5mm厚)両面張り
認定番号:FP060NP-9073

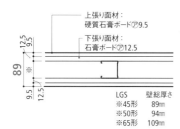

上張り面材:硬質石膏ボード㋜9.5
下張り面材:石膏ボード㋜12.5

LGS	壁総厚さ
※45形	89mm
※50形	94mm
※65形	109mm

❸と同じ下地として使用できる。❸より材料費は上がるが、壁厚は抑えられる。LGSは45mm以上必要。

❺1時間耐火
繊維混入石膏ボード(6mm厚)+石膏ボード(12.5mm厚)両面張り
認定番号:FP060NP-9075

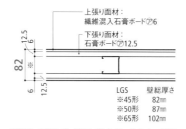

上張り面材:繊維混入石膏ボード㋜6
下張り面材:石膏ボード㋜12.5

LGS	壁総厚さ
※45形	82mm
※50形	87mm
※65形	102mm

体育館、病院など、壁面に物をぶつけやすい環境で使用される。壁面の耐衝撃性が高いのが特徴。LGSは45mm以上必要。

❻1時間耐火
強化石膏ボード(21mm厚)片面2重張り
認定番号:FP060NP-0007

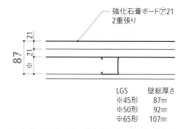

強化石膏ボード㋜21 2重張り

LGS	壁総厚さ
※45形	87mm
※50形	92mm
※65形	107mm

PSなど、裏面にボードを張れない場所で使用される。片面だけでよいので、もう片面は自由な仕上げを選択できる。

❼1時間耐火
強化石膏ボード(21mm厚)3重張り
認定番号:FP060NP-9129

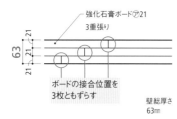

強化石膏ボード㋜21 3重張り

ボードの接合位置を3枚ともずらす

	壁総厚さ
	63mm

PSなど視界から隠れる場所で壁厚が取れないときに使用される。ボードのみで自立することを前提にしているため、施工には注意が必要(かなりの重量がある)。

❽1時間耐火
繊維混入ケイ酸カルシウム板(8mm厚)両面2重張り
認定番号:FP060NP-9191

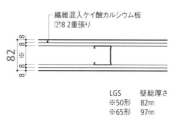

繊維混入ケイ酸カルシウム板㋜8 2重張り

LGS	壁総厚さ
※50形	82mm
※65形	97mm

ケイ酸カルシウム板が下地となるため、厨房など耐水性が求められる場所で使用される。塗装、内装用タイル、化粧シートの下地となる。LGSは50mm以上必要。

❾1時間耐火
繊維混入ケイ酸カルシウム板(8mm厚)+石膏ボード(12.5mm厚)両面張り
認定番号:FP060NP-9193

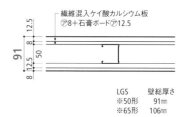

繊維混入ケイ酸カルシウム板㋜8+石膏ボード㋜12.5

LGS	壁総厚さ
※50形	91mm
※65形	106mm

どちらのボードが外面にきてもよいので、仕上材によって選択できる。湿気の多いところや、化粧シート、タイルなどを張る場合は繊維混入ケイ酸カルシウム板を上面に、塗装などの場合は石膏ボードを上面にする。LGSは50mm以上必要。

特記 ❶火災時に建物の延焼を防止するために、建築基準法に定められている防火構造、準耐火構造、耐火構造の間仕切壁
❷認定工法ではボードの種類はもちろんボードを留めるLGSのピッチや厚さ(ボードの間隔)の最低限度、使用する接着剤なども細かく決められている。そのほか、異種のボードを組み合わせる場合など、上面材と下面材が決められていることもあるため、メーカー各社の施工要領を確認しておかなければならない

木造・S造・RC造共通

11 | 出幅木 [1:6]

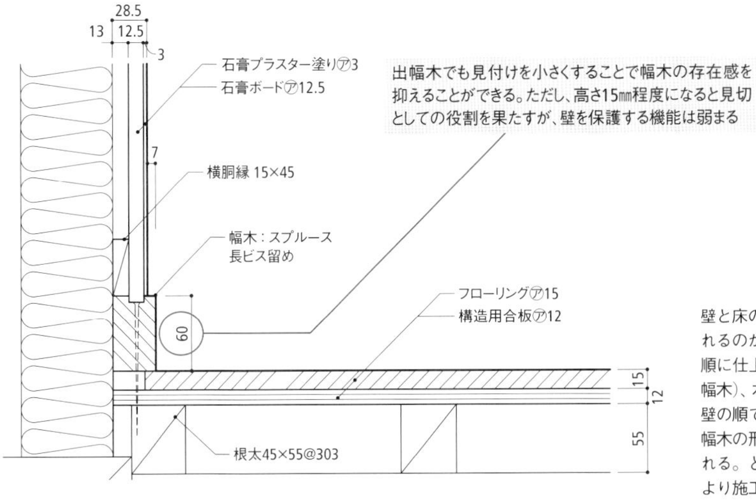
28.5
13
12.5
3
石膏プラスター塗り㋐3
石膏ボード㋐12.5
出幅木でも見付けを小さくすることで幅木の存在感を抑えることができる。ただし、高さ15㎜程度になると見切としての役割を果たすが、壁を保護する機能は弱まる
7
横胴縁 15×45
幅木：スプルース
長ビス留め
フローリング㋐15
構造用合板㋐12
60
15
12
55
根太45×55@303

壁と床の見切りとして、また、壁下部の保護を目的として設けられるのが幅木である。最近は施工手間軽減の観点から、壁→床の順に仕上げていき最後に幅木を張ることが多くなっているが(付幅木)、本来は壁の位置を決めていく役割もあるため、床→幅木→壁の順で仕上げていくのが基本である。

幅木の形状は、大きくは出幅木、平幅木、入幅木の３種類に分かれる。どの構造でも基本的な納まりは同じだが、壁下地の違いにより施工上、若干注意点が異なる。

10 | 付幅木 [1:8] [S] [Rc]

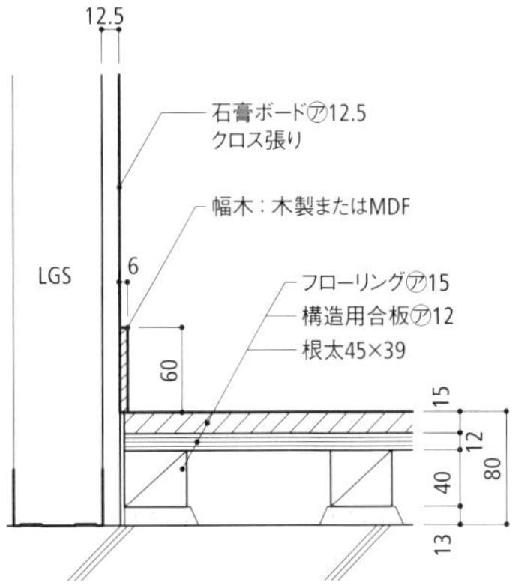
12.5
石膏ボード㋐12.5
クロス張り
幅木：木製またはMDF
LGS
6
フローリング㋐15
構造用合板㋐12
根太45×39
60
15
12
80
40
13

S造でも考え方は木造と同じ。ただし、耐火壁に幅木を取り付ける場合は、壁を床下まで張ることになるので付幅木が基本となる。

11 | 壁左官 [1:8] [S] [Rc]

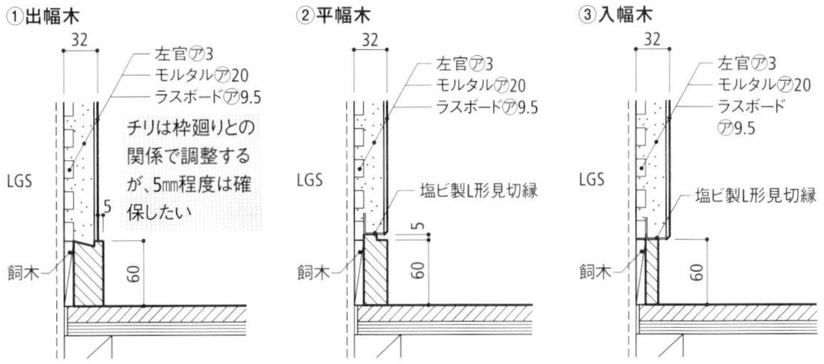
①出幅木
32
左官㋐3
モルタル㋐20
ラスボード㋐9.5
チリは枠廻りとの関係で調整するが、5㎜程度は確保したい
LGS
5
飼木
60
②平幅木
32
左官㋐3
モルタル㋐20
ラスボード㋐9.5
LGS
塩ビ製L形見切縁
5
飼木
60
③入幅木
32
左官㋐3
モルタル㋐20
ラスボード
㋐9.5
LGS
塩ビ製L形見切縁
飼木
60

出幅木：LGS下地の精度が高ければ直張りでもよいが、幅木が左官塗りのガイドとなるため、幅木裏に飼木を入れて精度を出すことを基本としたい。

平幅木：幅木と左官材を突付けで仕上げると、その間にクラックが入りやすくなるため、L形の見切材を入れて目透しとする。

入幅木：図③の場合、幅木上の見切縁が左官塗りのガイドとなるため、幅木は飼木を入れたうえでLGSに直付けしてもよい(幅木自体は付幅木となる)。

11 | 壁塗装 [1:8] [S] [Rc]

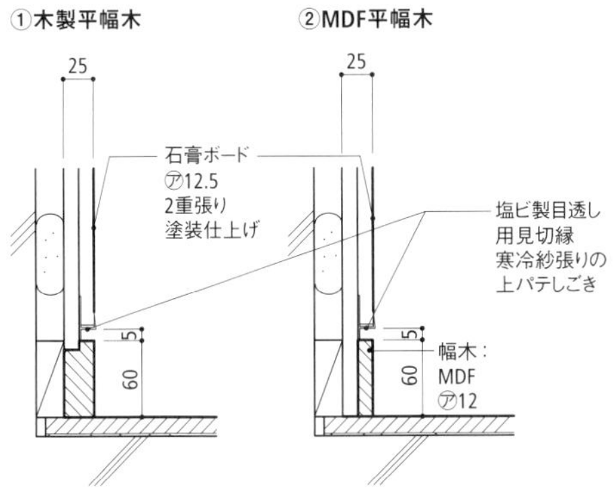
①木製平幅木
25
石膏ボード
㋐12.5
2重張り
塗装仕上げ
5
60
②MDF平幅木
25
塩ビ製目透し
用見切縁
寒冷紗張りの
上パテしごき
5
60
幅木：
MDF
㋐12

木製平幅木：GL工法は壁仕上げ面の精度を出しにくいので、あらかじめ裏にくさびを打った幅木で通りを出す。下面の石膏ボードは暴れを防ぐために幅木にのみ込ませたほうがよい。

MDF平幅木：MDFの付幅木でも見え掛かりは①と同じになるが、壁の仕上がりは下地ボードの精度に左右される。

12 | 平幅木(壁クロス) [1:8] [S] [Rc]

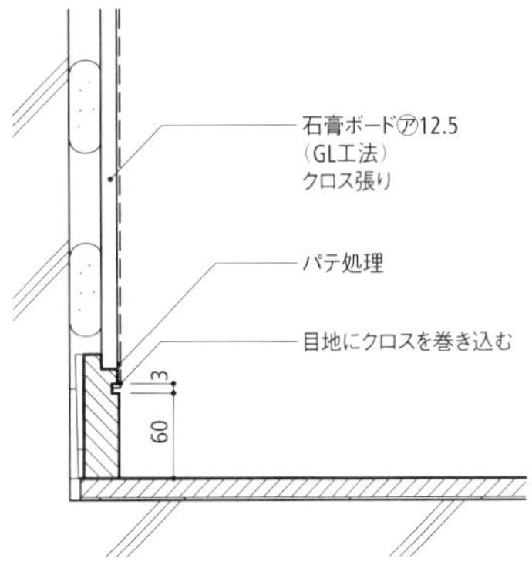
石膏ボード㋐12.5
(GL工法)
クロス張り
パテ処理
目地にクロスを巻き込む
3
60

幅木の欠き込みにボードを載せ、幅木の目地にクロスを巻き込む。目地幅は、クロスを巻き込む道具(ヘラ状のもの)の厚さに制約されるため、通常3㎜以下にはできない。

木造

12｜付幅木［1:8］

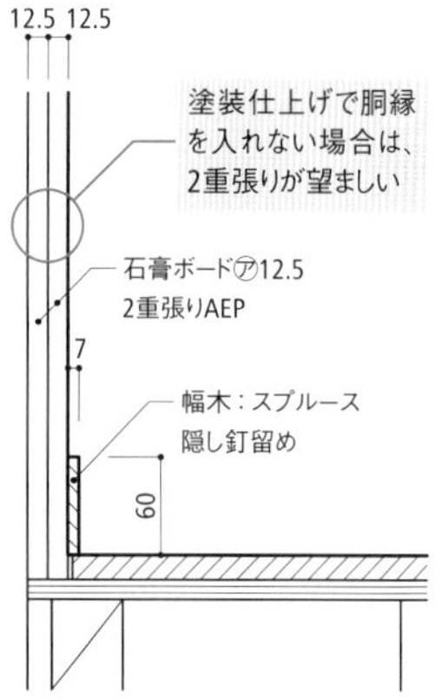

12.5 12.5
塗装仕上げで胴縁
を入れない場合は、
2重張りが望ましい
石膏ボード㋐12.5
2重張りAEP
7
幅木：スプルース
隠し釘留め
60

壁の施工後に取り付ける付幅木は、壁の精度によりその良否が決まる。幅木に目地を入れて隠し釘を打てば、釘頭はほとんど見えない。

13｜平幅木［1:8］

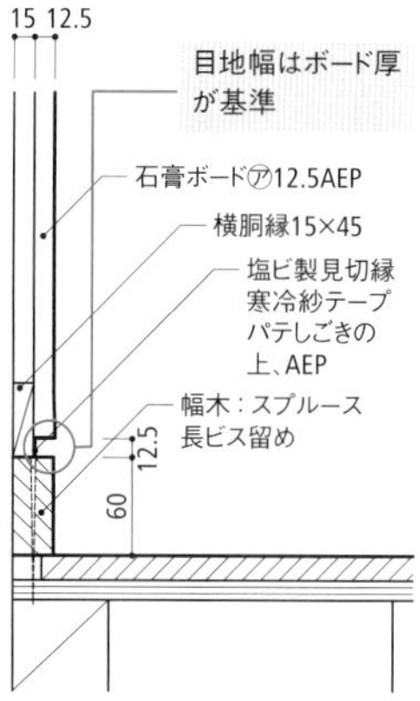

15 12.5
目地幅はボード厚
が基準
石膏ボード㋐12.5AEP
横胴縁15×45
塩ビ製見切縁
寒冷紗テープ
パテしごきの
上、AEP
幅木：スプルース
長ビス留め
12.5
60

幅木の見付けや目透しの目地幅は意匠的な観点から決めてよい。

S造

12｜畳寄せ（真壁）［1:8］

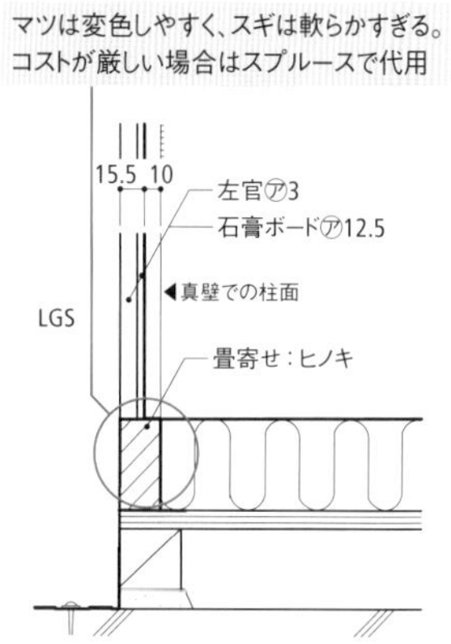

マツは変色しやすく、スギは軟らかすぎる。
コストが厳しい場合はスプルースで代用
15.5 10
左官㋐3
石膏ボード㋐12.5
LGS
◀真壁での柱面
畳寄せ：ヒノキ

壁と畳を見切る畳寄せは、柱とは面ぞろえ、畳とは上端ぞろえが基本。

13｜畳寄せ（大壁）［1:8］

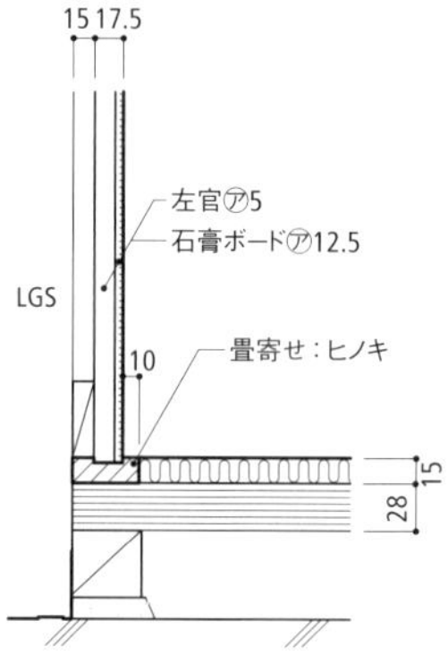

15 17.5
左官㋐5
石膏ボード㋐12.5
LGS
10
畳寄せ：ヒノキ
15
28

畳の入れ替え時に壁を保護する意味もあり、大壁でも畳寄せは必要。左官壁の場合は、壁から最低10㎜程度のチリをとる。

RC造

13｜入幅木（石）［1:8］[S]

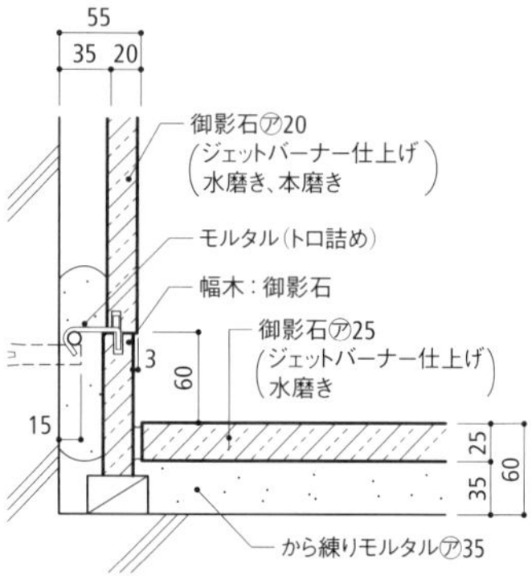

55
35 20
御影石㋐20
（ジェットバーナー仕上げ
水磨き、本磨き）
モルタル（トロ詰め）
幅木：御影石
御影石㋐25
（ジェットバーナー仕上げ
水磨き）
3
60
15
25
35
60
から練りモルタル㋐35

石幅木の場合は、幅木の汚れを目立たせないために3㎜程度面落ちさせるとよい。幅木だけ磨いてテクスチュアを変えることもある（幅木部分だけ別色の石を使うこともある）。

14｜地下2重壁［1:15］

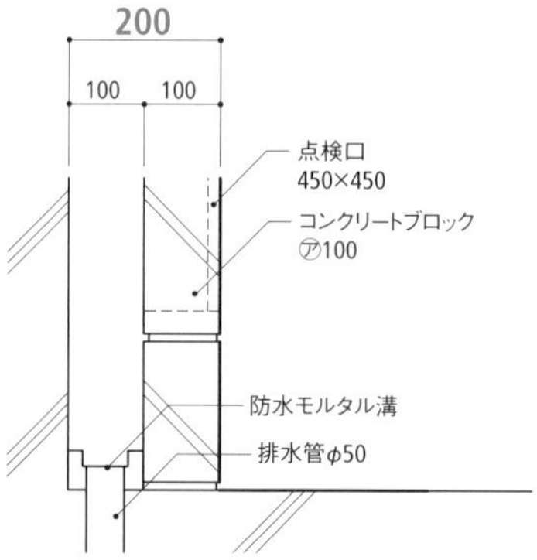

200
100 100
点検口
450×450
コンクリートブロック
㋐100
防水モルタル溝
排水管φ50

地下室の壁は、躯体からの湧水を想定した2重壁を基本としたい。湧き出た水を排水するため、床スラブには排水ピット（釜場）を設けてポンプで排水する［❶］。

[特記] ❶排水ピットまでの水の流れを確認できるよう点検口は必ず設ける。また、漏水部のエフロレッセンス（白華）により、排水溝や排水管に詰まりが発生するおそれがあるため、点検やメンテナンスができるようにしておく

14| 入幅木［1:8］

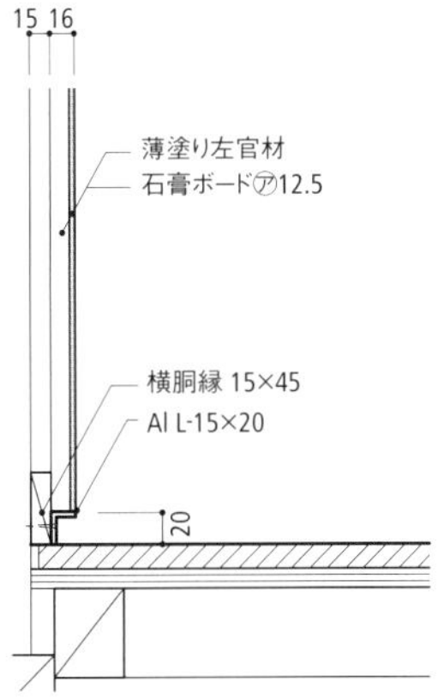
15 16
薄塗り左官材
石膏ボード㋐12.5
横胴縁 15×45
Al L-15×20
20

最近は幅木の代わりにアングルなどを用いて、足元をすっきりさせることも多い。

15| 幅木なし［1:8］

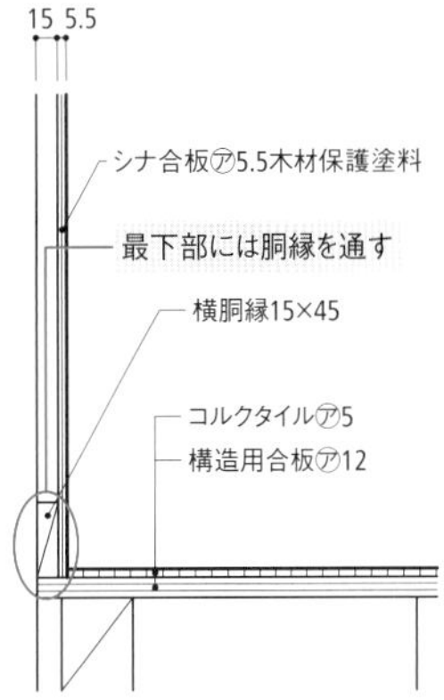
15 5.5
シナ合板㋐5.5木材保護塗料
最下部には胴縁を通す
横胴縁15×45
コルクタイル㋐5
構造用合板㋐12

壁が合板のように硬いもので、床がコルクタイルのように柔軟性のある材であれば、幅木なしで納めることも可能［❷］。

14| 雑巾摺り［1:8］

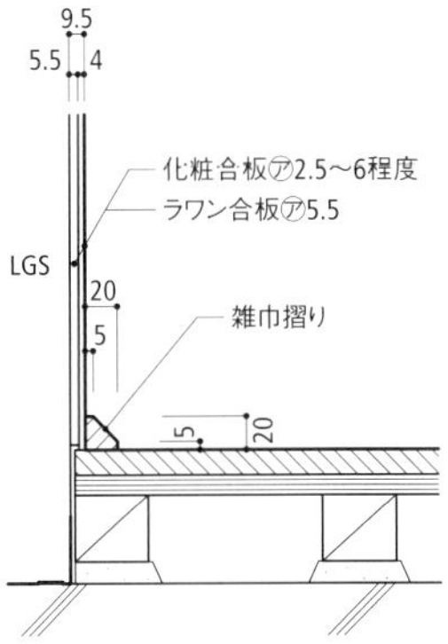
9.5
5.5 4
化粧合板㋐2.5～6程度
ラワン合板㋐5.5
LGS
20
5
雑巾摺り
5
20

一般には15～20㎜角のものを押入や和室に使用する。素材は何でも可。図のようなかたちにして幅木代わりにすることもある。

COLUMN

幅木の勝ち負け

幅木は床仕上材の種類によって、床に載せる場合と載せない場合に分けられる。仕上材の硬軟、将来的な張り替えの可能性などで判断するが、標準的には以下の分類となる。

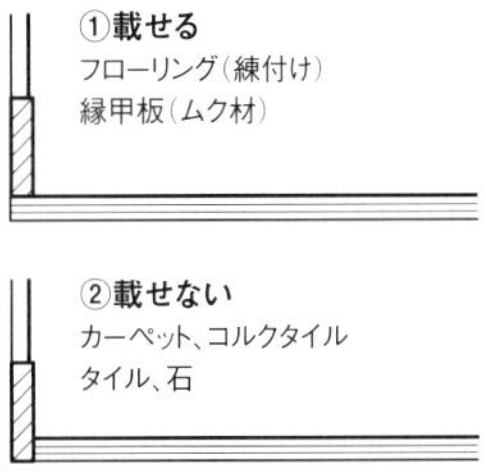
①載せる
フローリング（練付け）
縁甲板（ムク材）
②載せない
カーペット、コルクタイル
タイル、石

15| 地下2重壁+湧水床パネル［1:15］

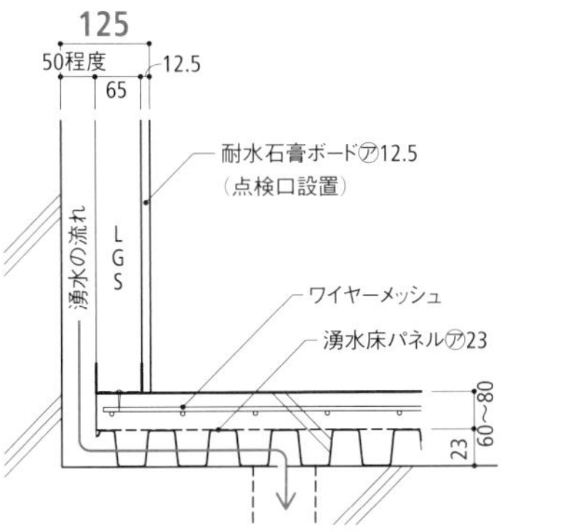
125
50程度
65
12.5
耐水石膏ボード㋐12.5
（点検口設置）
湧水の流れ
LGS
ワイヤーメッシュ
湧水床パネル㋐23
60～80
23

通常は、床に既製品の湧水パネルを敷き、シンダーコンクリートを打設したうえでLGSで壁下地をつくる［❸］。2重壁内部は多湿となるため、壁には耐水性のある材料を選択する。

16| 湧水壁パネル+湧水床パネル［1:15］

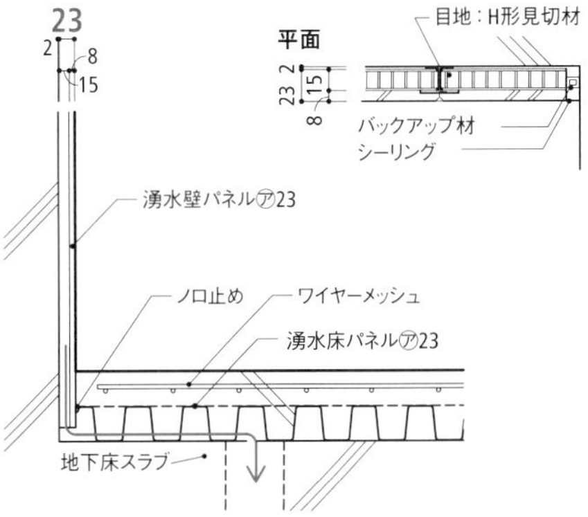
23
2
8
15
平面
目地：H形見切材
23 2 15 8
バックアップ材
シーリング
湧水壁パネル㋐23
ノロ止め
ワイヤーメッシュ
湧水床パネル㋐23
地下床スラブ

壁厚を極力抑えたい場合は、既製品の湧水壁パネルを使用した2重壁とする。

特記
❷床がカーペット、塩ビシートならよいが、フローリングの場合は逃げ（代）がないため納まりが悪い
❸地下室の湧水は床からも起こる。地下水位の上水位面より下では水の中に建物が浮いている状況に近いと考えたほうがよい。また、地下水位が低い場合でも土の中に水道ができている場合や多雨時には水が浸透してくるおそれもある

天井

カーテンボックスや段違いなど複雑な形状の天井が増えてきている中、ここでは、そうしたケースにスムーズに対応できる納まりを紹介する

W **S** **Rc** 掲載された構造以外でも同じ納まりになるものには、このマークが付いています

※各事例の断熱材の厚みは一例を記載

木造
目透しと突付けを使い分ける

天井は形状や仕上げのバリエーションが豊富な部位だが、下地の構成は構造を問わず、吊木、野縁などを介して仕上材を梁から吊り下げるかたちが基本となる。木造ではほとんどの場合、木下地を使用する。強度、精度などの要求は、床や壁ほどシビアでないが、縁甲板などを張る場合は、水平に仕上げるための捨張りが必要になる。

内壁と同じ仕上げとすることが多く、左官やクロスで仕上げるときは突付け、小口が硬い化粧合板のような仕上げでは目透しを基本と考える。

S造
下地はLGSで組まれる

S造の天井下地は、ほとんどの場合LGSを使用する。木で組むことも可能だが、不燃下地が求められる場合、天井懐が大きい場合、天井仕上材の荷重が大きい場合など、LGSでなければ組めないことも多い。また、床スラブに合成デッキを使用することが多いS造だが、合成デッキは天井下地材を吊るアンカーを躯体に打ち込まなくてもよく、専用の金物で対応できる。

懐にブレースや耐火被覆材などが入ってくるのもS造の特徴。それらと設備配管などとの取合いにも注意が必要である。

RC造
吊りボルト用のインサートは打設前に

RC造の天井下地も、S造同様ほとんどがLGSで組まれる。ただし、RC造の床スラブはS造の合成デッキと異なり天井材を吊るための専用金物を使用できないため、床スラブの打設前に、あらかじめ吊りボルトを固定するためのインサートを仕込んでおかなければならない。木下地の場合は、木の吊木を固定するための下地材を躯体に直接ビス留めする。

下がり天井など、RC躯体とLGS下地が取り合う部分では、異なる周期の揺れを伝えないため、取合い部には必ず見切を入れておく。

1 | 合板 [1:8]

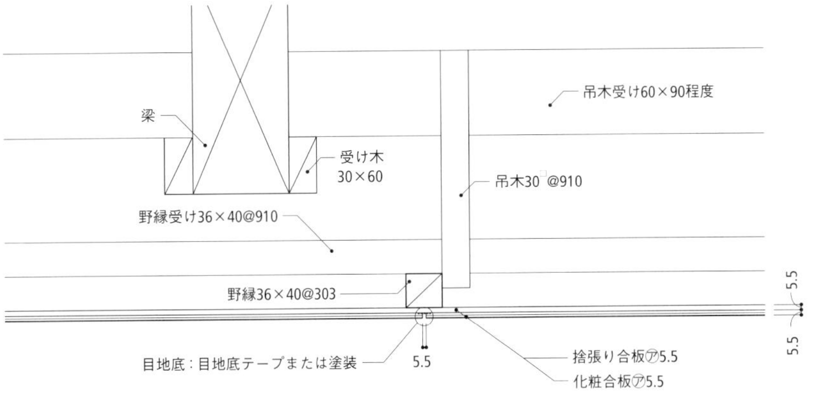
梁
受け木
30×60
吊木受け60×90程度
吊木30□@910
野縁受け36×40@910
野縁36×40@303
5.5
5.5
目地底：目地底テープまたは塗装
5.5
捨張り合板㋐5.5
化粧合板㋐5.5

1 | クロス [1:8]

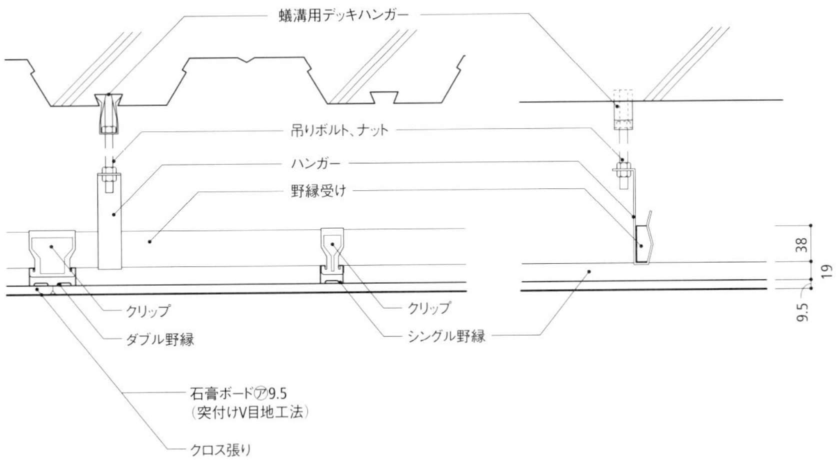
蟻溝用デッキハンガー
吊りボルト、ナット
ハンガー
野縁受け
38
19
9.5
クリップ
ダブル野縁
クリップ
シングル野縁
石膏ボード㋐9.5
(突付けV目地工法)
クロス張り

1 | クロス [1:8]

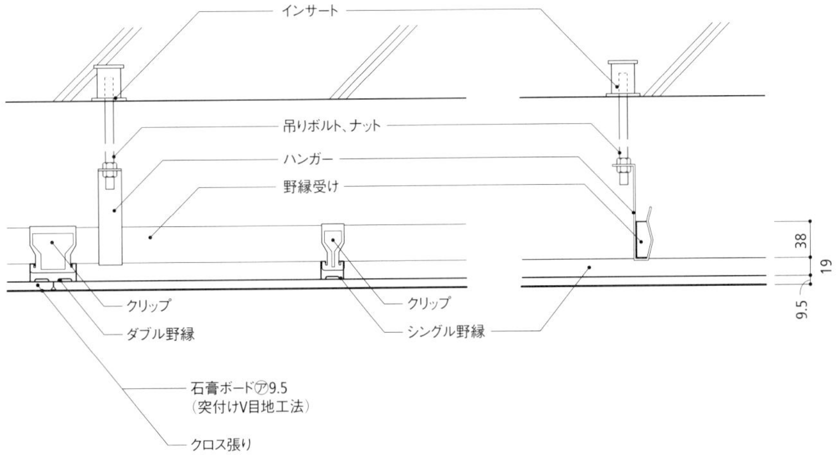
インサート
吊りボルト、ナット
ハンガー
野縁受け
38
19
9.5
クリップ
ダブル野縁
クリップ
シングル野縁
石膏ボード㋐9.5
(突付けV目地工法)
クロス張り

木造

2| クロス [1:6]

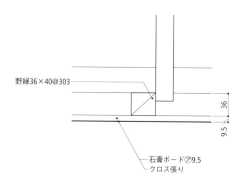

野縁36×40@303

36

9.5

石膏ボードア9.5
クロス張り

シンプルで施工も簡易な納まり。下地には9.5mm厚の石膏ボードを使用する。ただし、戸建住宅規模では内壁に使用する12.5mm厚のものを天井にも流用することがある。

3| 薄塗り左官・塗装 [1:6]

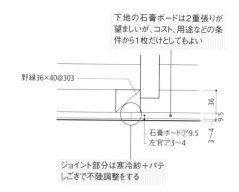

下地の石膏ボードは2重張りが望ましいが、コスト、用途などの条件から1枚だけとしてもよい

野縁36×40@303

36

9.5

3～4

石膏ボードア9.5
左官ア3～4

ジョイント部分は寒冷紗＋パテしごきで不陸調整をする

薄塗り左官材であれば、石膏ボードに直接左官材を塗ってよい。石膏ボードのジョイント部には寒冷紗（ファイバーテープ）を張る。

S造

2| 塗装 [1:6] S Rc

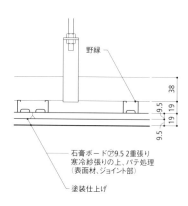

野縁

38

9.5 19

19

9.5

石膏ボードア9.5 2重張り
寒冷紗張りの上、パテ処理
（表面材、ジョイント部）

塗装仕上げ

塗装仕上げは下地に精度が求められるため、石膏ボードを2重張りにする。不陸の出やすい継目をずらすことでボード面は平滑になる。

3| 合板 [1:6] S Rc

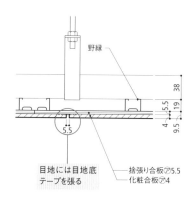

野縁

38

5.5 19

4

9.5

5.5

目地には目地底テープを張る

捨張り合板ア5.5
化粧合板ア4

化粧合板の不陸を調整するため、下地に5.5mm厚の合板を張る。化粧合板はピンで仮留めした後、接着剤で留める。

RC造

2| 敷目板 [1:6] S Rc

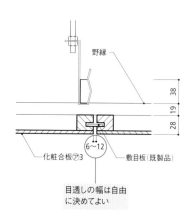

野縁

38

19

28

化粧合板ア3
敷目板（既製品）

6～12

目透しの幅は自由に決めてよい

目地底に敷目板を用いる目透し天井では、野縁は目透しと直交方向に流す。目透し幅は6～12mmが標準。

3| 左官 [1:6] S Rc

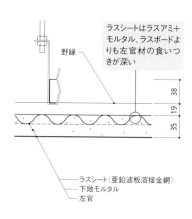

ラスシートはラスアミ＋モルタル、ラスボードよりも左官材の食いつきが深い

野縁

38

19

35

ラスシート（亜鉛波板溶接金網）
下地モルタル
左官

本格的な左官であれば、モルタルで下地を整えてから仕上げる。仕上材に重量があるため、野縁は303mmピッチとする。

4｜縁甲板［1:6］

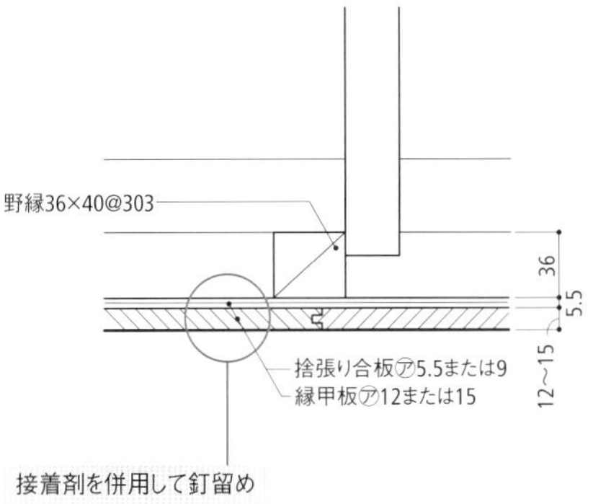

野縁36×40@303
36
5.5
12〜15
捨張り合板㋐5.5または9
縁甲板㋐12または15
接着剤を併用して釘留め

縁甲板（本実加工）で仕上げる場合は、5.5㎜厚または9㎜厚の合板を捨張りしたうえで、接着剤を併用して釘留めする。

5｜露し［1:6］

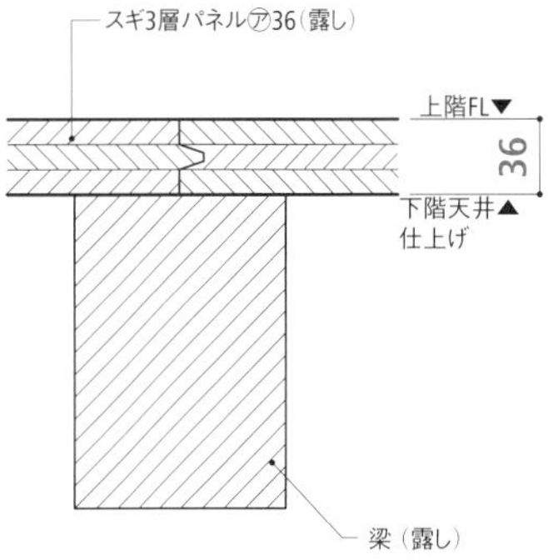

スギ3層パネル㋐36（露し）
上階FL▼
36
下階天井▲
仕上げ
梁（露し）

スギ3層パネルは、1枚で天井と床の仕上げを兼ねられる。ただし、そのままでは配線、配管が露出するため、事前にそのルートや見え方などに配慮しておく必要がある。［→床56頁・上段図10］

4｜縁甲板［1:6］[S][RC]

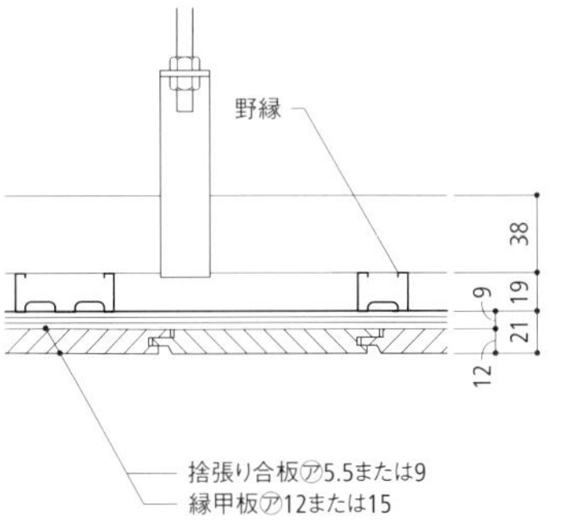

野縁
38
19
9
21
12
捨張り合板㋐5.5または9
縁甲板㋐12または15

厚みと重量のある縁甲板は、接着剤を併用して下地に釘留めするのが基本。下地の合板は5.5㎜厚でもよいが、9㎜厚のほうが釘の保持はよい。

5｜練付け合板［1:6］[S][RC]

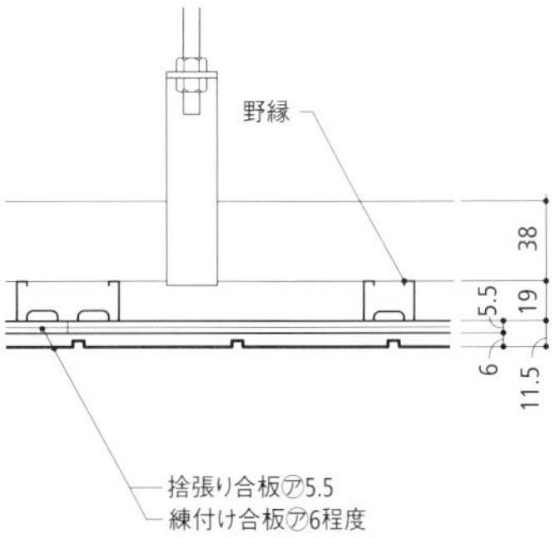

野縁
38
19
5.5
6
11.5
捨張り合板㋐5.5
練付け合板㋐6程度

細幅の縁甲板状のものなら釘留め、広幅のものなら釘と接着剤の併用が基本となる。10㎜厚以上の実付き合板で暴れの少ないものなら下地なしの直張りでもよい。

4｜スパンドレル［1:6］[S][RC]

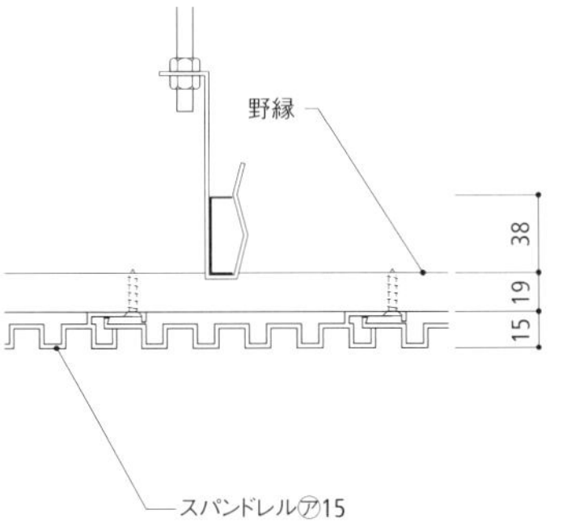

野縁
38
19
15
スパンドレル㋐15

板厚3㎜以上のアルミ素材はその重量を考慮して、野縁間隔を303㎜ピッチとする（製品差はあるが、軽量のものは455㎜ピッチが多い）。

5｜浴室天井材（捨張りあり）［1:6］[S][RC]

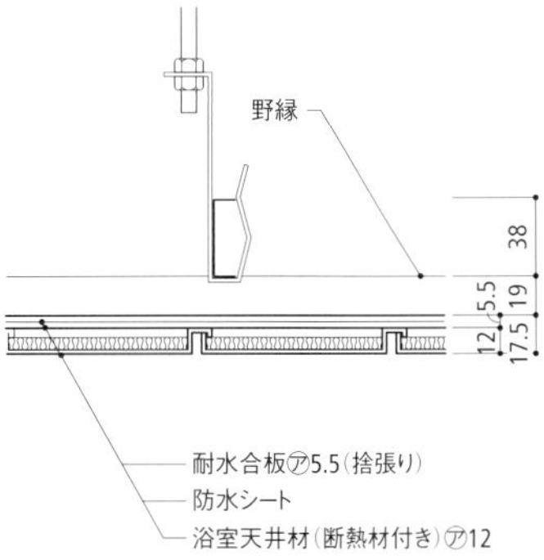

野縁
38
19
5.5
12
17.5
耐水合板㋐5.5（捨張り）
防水シート
浴室天井材（断熱材付き）㋐12

浴室や屋内プールなど腐食のおそれがある環境では、下地にはステンレス、もしくは亜鉛めっきを施したものを使用する。ビスもステンレス製。

木造

6 | 曲面［1:15］

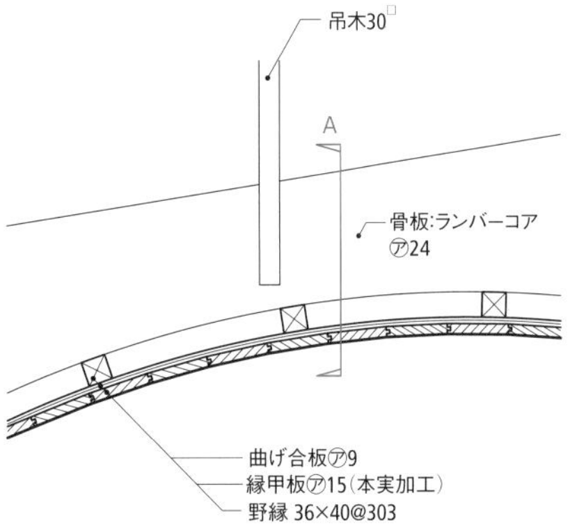
吊木30□
A
骨板:ランバーコア㋐24
曲げ合板㋐9
縁甲板㋐15(本実加工)
野縁 36×40@303

A断面

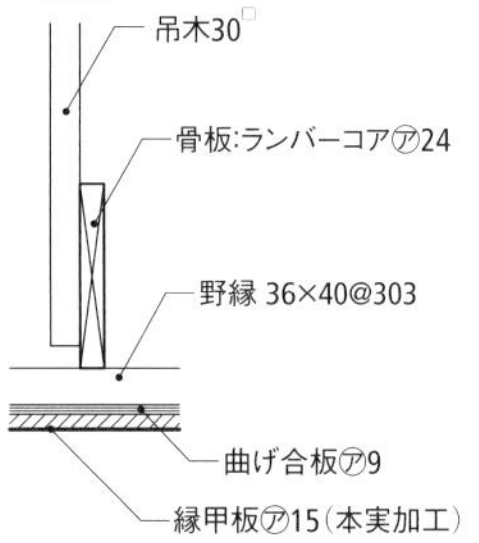
吊木30□
骨板:ランバーコア㋐24
野縁 36×40@303
曲げ合板㋐9
縁甲板㋐15(本実加工)

天井を曲面で仕上げたい場合は、ランバーコアで曲率に合わせた下地を組み、曲げ合板を捨張りしたうえで、本実などの加工をした板を継ぎ合わせていく。薄い合板を重ね張りすることもある。

S造

6 | ロックウール吸音板［1:6］[S] [Rc]

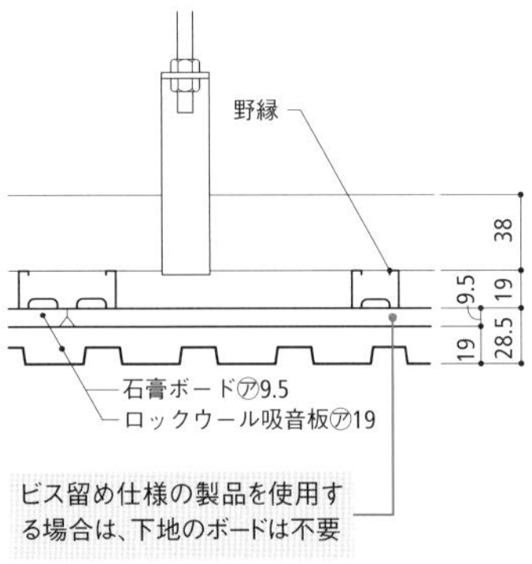
野縁
38
9.5
19
19
28.5
石膏ボード㋐9.5
ロックウール吸音板㋐19
ビス留め仕様の製品を使用する場合は、下地のボードは不要

ロックウール吸音板はほとんどの製品が接着張り仕様としているため、9.5㎜厚の石膏ボードを捨張りする。

7 | 直天井［1:10］

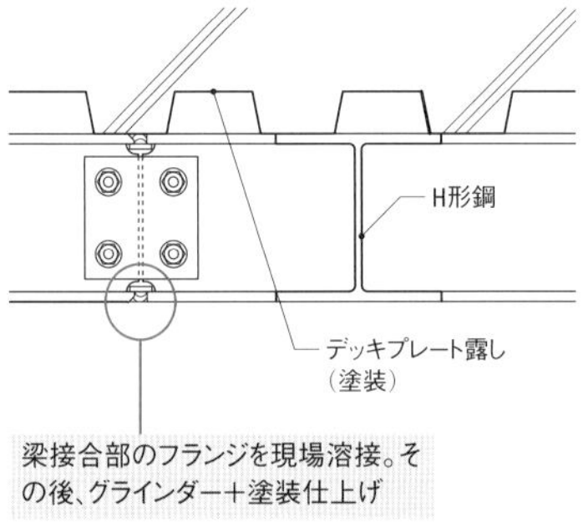
H形鋼
デッキプレート露し
(塗装)
梁接合部のフランジを現場溶接。その後、グラインダー＋塗装仕上げ

直天井では意匠上、梁接合部の処理が重要になる。高力ボルト接合とするとボルトが露出して見映えが悪いため、現場溶接で梁フランジ廻りをすっきりさせたい。ただし、上向き溶接になることから溶接には高度な技術が必要になる。下向き溶接の場合は、セラミックの裏当て金を用いる方法がある。

RC造

6 | 浴室天井材（捨張りなし）［1:6］[S] [Rc]

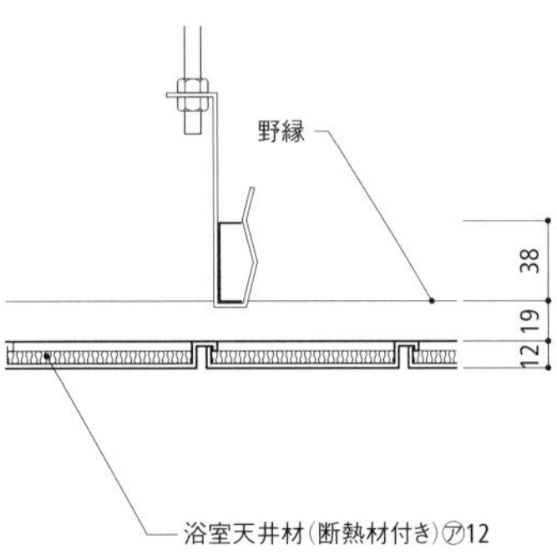
野縁
38
19
12
浴室天井材(断熱材付き)㋐12

他の室と区画された壁が天井裏まで入っている場合は、天井裏へ湿気が流入しても広がりにくいため、捨張りは必要としない。

7 | 直天井［1:6］

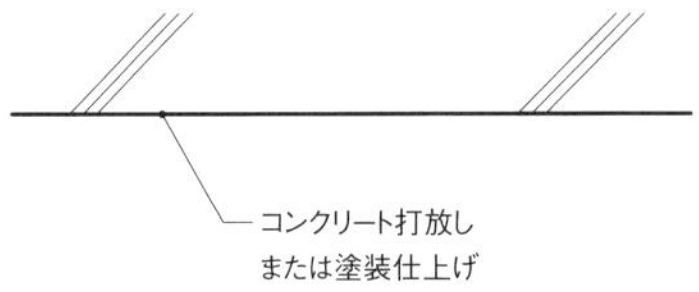
コンクリート打放し
または塗装仕上げ

直天井は打放しか塗装が基本だが、塗装は不陸が目立ちやすい。また、直にクロスを張ると突き合わせ部から剥がれやすいので、施工、メンテナンスに注意が必要。

7 | 異種仕上げの取合い [1:3]

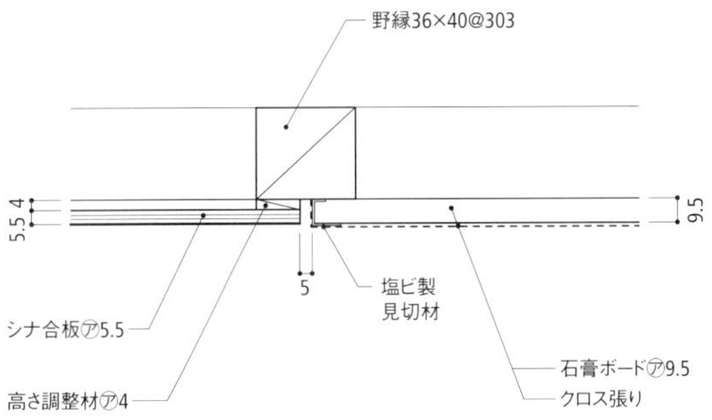
野縁36×40@303
5.5 4
9.5
5
塩ビ製
見切材
シナ合板㋐5.5
石膏ボード㋐9.5
高さ調整材㋐4
クロス張り

天井は、床や壁ほど異種仕上げが取り合う場面は多くないが、同じ天井面で仕上材を切り替えたい場合は、壁と天井の取合い部と同じように見切材を入れるか、目透しにするのが基本。

8 | 下がり天井（見切なし）[1:6]

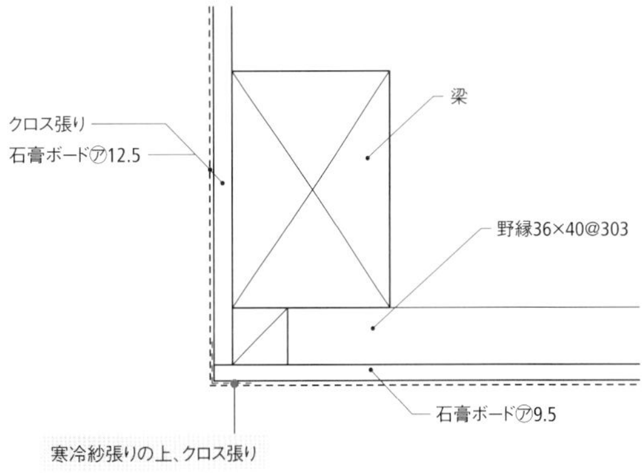
梁
クロス張り
石膏ボード㋐12.5
野縁36×40@303
石膏ボード㋐9.5
寒冷紗張りの上、クロス張り

最も簡易な納まり。胴縁を入れたうえで石膏ボードを張るのが理想だが、実際には図のような納まりで済ませることが多い

8 | 下がり天井（見切なし）[1:8]

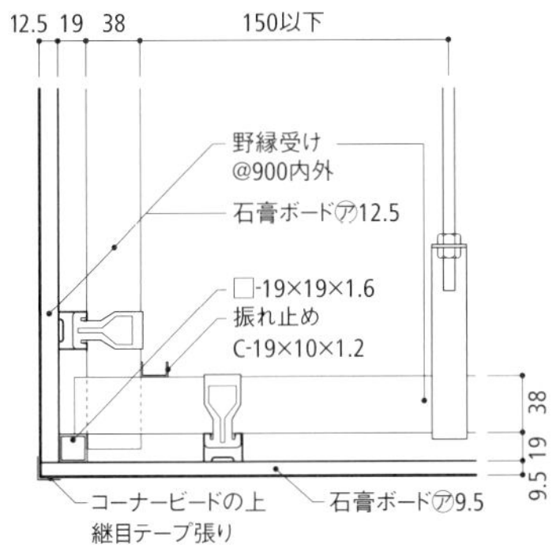
12.5 19 38
150以下
野縁受け
@900内外
石膏ボード㋐12.5
□-19×19×1.6
振れ止め
C-19×10×1.2
38
19
9.5
コーナービードの上
継目テープ張り
石膏ボード㋐9.5

他の構造に比べて躯体の揺れが大きいS造だが、天井も壁も同じ素材（LGS）で下地を組み、コーナーを固めれば揺れの影響は比較的少ない。

9 | 下がり天井（アルミ見切）[1:8]

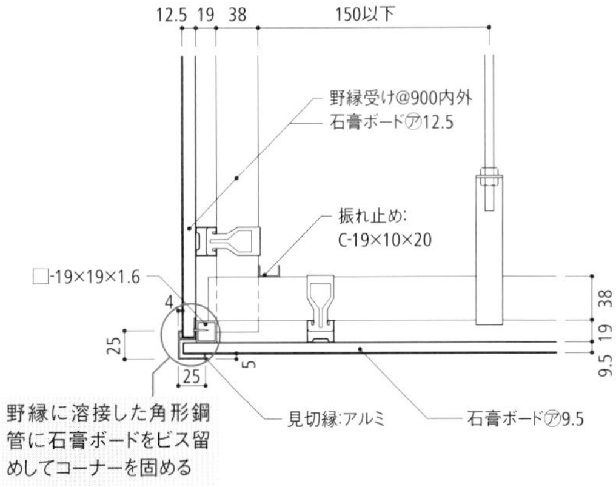
12.5 19 38
150以下
野縁受け@900内外
石膏ボード㋐12.5
振れ止め:
C-19×10×20
□-19×19×1.6
4
25
25
5
38
19
9.5
野縁に溶接した角形鋼
管に石膏ボードをビス留
めしてコーナーを固める
見切縁:アルミ
石膏ボード㋐9.5

構造を問わず、下がり天井は、天井材と壁材がぶつかる個所であるため、それぞれの仕上材が異なる場合などは、目切材を入れて切り替える。

8 | 下がり天井 [1:8]

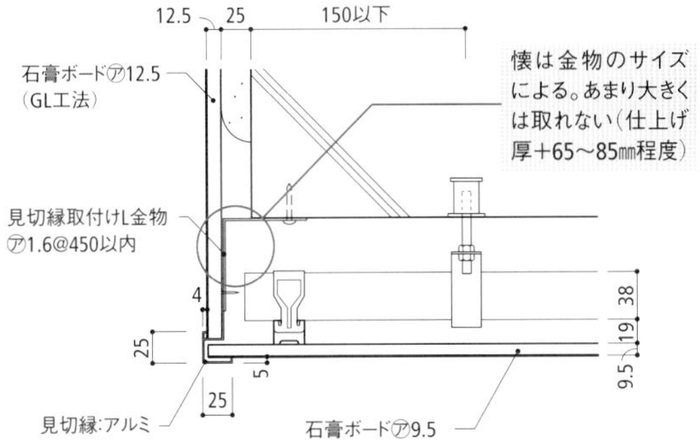
12.5 25
150以下
石膏ボード㋐12.5
（GL工法）
懐は金物のサイズ
による。あまり大きく
は取れない（仕上げ
厚+65〜85㎜程度）
見切縁取付けL金物
㋐1.6@450以内
4
38
19
9.5
25
5
25
見切縁:アルミ
石膏ボード㋐9.5

S造同様、一般にはLGSだけで下地を組むことが多い。図のように壁の下地をRC、天井の下地をLGSにすると、建物の揺れが異なる周期で伝わるため、コーナーにクラックが発生しやすくなる。この納まりを採用する場合は、ボードの揺れを吸収するために、コーナーには必ず見切を入れて逃げをつくる。見切縁と天井の石膏ボードの隙間もLGSだけで組むときより広めに取ること。

9 | カーテンボックス [1:15]

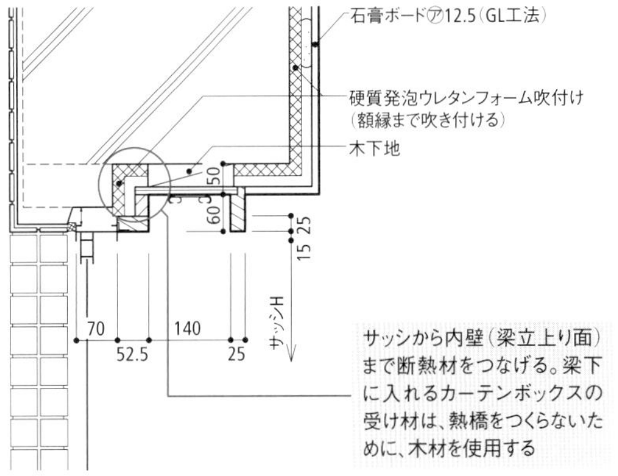
石膏ボード㋐12.5（GL工法）
硬質発泡ウレタンフォーム吹付け
（額縁まで吹き付ける）
木下地
50
60
25
15
サッシH
70
140
52.5
25
サッシから内壁（梁立上り面）
まで断熱材をつなげる。梁下
に入れるカーテンボックスの
受け材は、熱橋をつくらないた
めに、木材を使用する

RC躯体に取り付けるカーテンボックスは、下地が熱橋とならないように木下地で構成するのが望ましい。

木造

9| 下がり天井（見切縁）[1:6]

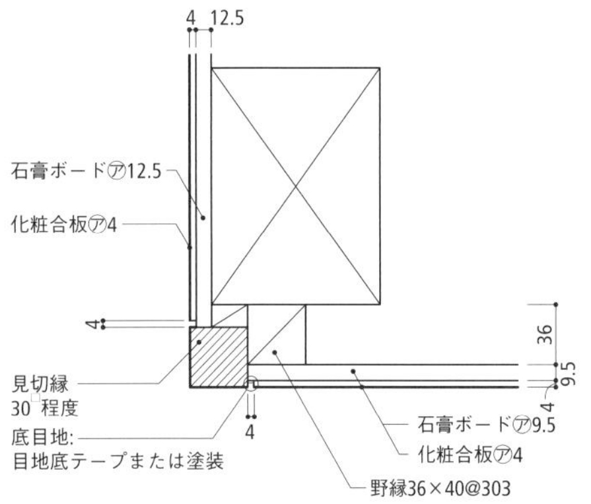

4 12.5
石膏ボード㋐12.5
化粧合板㋐4
4
36
9.5
4
見切縁
30 程度
底目地：
目地底テープまたは塗装
4
石膏ボード㋐9.5
化粧合板㋐4
野縁36×40@303

和室などでは木製の見切縁を入れることもある。

10| カーテンボックス[1:8]

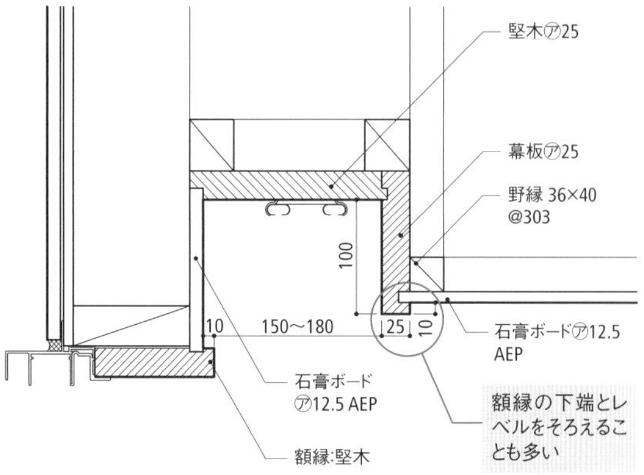

堅木㋐25
幕板㋐25
野縁 36×40
@303
100
10
150〜180
25
10
石膏ボード㋐12.5
AEP
石膏ボード
㋐12.5 AEP
額縁：堅木
額縁の下端とレベルをそろえることも多い

一般的な納まり。天井にクロスを張る場合は、幕板のチリを省略してクロスを幕板まで巻き込んで張ることが多い。

S造

10| 下がり天井（木製見切）[1:8]

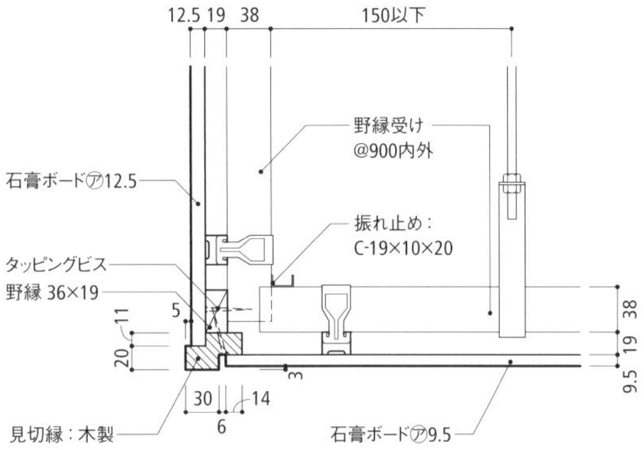

12.5 19 38
150以下
野縁受け
@900内外
石膏ボード㋐12.5
振れ止め：
C-19×10×20
タッピングビス
野縁 36×19
5
11
20
3
30
14
6
38
19
9.5
見切縁：木製
石膏ボード㋐9.5

木製の見切縁で見切る場合は、コーナーの野縁も木製のものを使用する。

COLUMN

天井高はどう決まる?

上階のスラブ下端から天井仕上げ面までは、図のような構成要素によって基本的な寸法が決まる。耐火被覆材の有無や、設備機器、ダクトの設置位置などが寸法に影響することもあるので確認を怠らないようにしたい。

梁下以外では、野縁や野縁受け、ハンガーの寸法によって懐の最低寸法が変わってくる。

①梁下（耐火建築物）

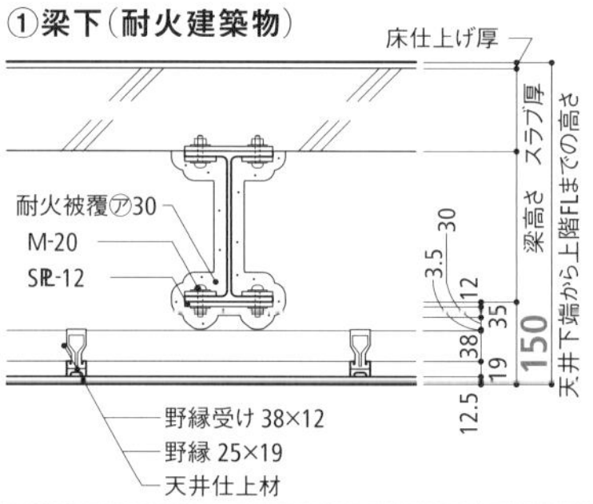

床仕上げ厚
スラブ厚
梁高さ
天井下端から上階FLまでの高さ
耐火被覆㋐30
M-20
SPL-12
3.5
30
12
35
38
19
12.5
150
野縁受け 38×12
野縁 25×19
天井仕上材

②懐の最低寸法（野縁受けC-19形）

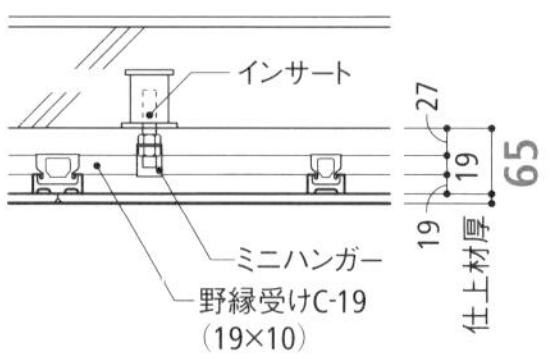

インサート
27
19
19
65
ミニハンガー
野縁受けC-19
(19×10)
仕上材厚

RC造

天井下地のサイズ [S] [Rc]

❶野縁受け

サイズ	A×B（mm）	
19形（室内用）	38 × 12	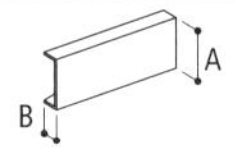
25形（室外用）	38 × 12	

注　19形は1.2mm厚、25形は1.6mm厚

❷野縁

サイズ	A×B（mm）／シングル		A×B（mm）／ダブル	
19形（室内用）	25 × 19	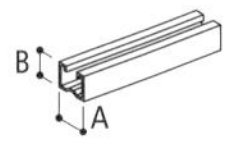	50 × 19	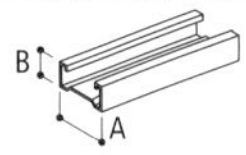
25形（室外用）	25 × 25		50 × 25	

厚みはすべて0.5mm

野縁間隔の目安

仕上げの種類		間隔（mm）
ボード類（下地あり）		360
ボード類（下地なし）	ボード寸法（910×1,820mm）	303
	ボード寸法（455×910mm）	225
金属パネル（スパンドレルなど）		303

ダクト類のサイズ目安

種類		外径（mm）	備考
ダクト	換気ダクト	100	
	レンジフード	150	50mm厚の断熱材（ロックウールなど）を巻く（外径φ250）
	エアコン（冷媒管）	20	断熱材（ウレタンなど）を巻く
	エアコン（ドレン管）	30	勾配を付ける（1／100）
	CD管（電気）	21	内径は16mm
設備類	ダウンライト	80 - 200	
	天井付けエアコン	250 - 300	
	浴室換気扇	250	

注　加湿機能付きのエアコンは配管が1本増える

11│ 壁と天井の見切［1:4］Ⓦ Ⓢ Ⓡc

❶ 壁・天井クロス張り（天井目透し）

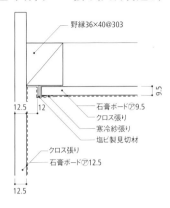

野縁36×40@303
9.5
12.5 12
石膏ボードⓉ9.5
クロス張り
寒冷紗張り
塩ビ製見切材
クロス張り
石膏ボードⓉ12.5
12.5

クロス張りでの一般的な天井目透しの納まり。下地の石膏ボードはエッジが立たないので目透しの入る見切材で見切るとよい。寒冷紗で見切材を隠したうえでクロスを張る（塗装仕上げも共通）。

❷ 壁・天井クロス張り（塩ビ製見切）

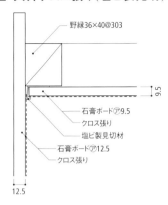

野縁36×40@303
9.5
石膏ボードⓉ9.5
クロス張り
塩ビ製見切材
石膏ボードⓉ12.5
クロス張り
12.5

見切を入れた場合のクロス張りの簡易な納まり。見付けの小さい見切材を入れれば見切はあまり気にならない（塗装仕上げも共通）。

❸ 壁・天井クロス張り（突付け）

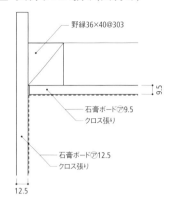

野縁36×40@303
9.5
石膏ボードⓉ9.5
クロス張り
石膏ボードⓉ12.5
クロス張り
12.5

クロス張りの場合は突付けでもよいが、塗装で突付けにするとコーナーが割れやすいので注意。

❹ 壁クロス・天井縁甲板張り

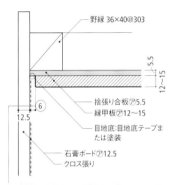

野縁 36×40@303
5.5
12～15
6
12.5
捨張り合板Ⓣ5.5
縁甲板Ⓣ12～15
目地底：目地底テープまたは塗装
石膏ボードⓉ12.5
クロス張り

薄塗り左官仕上げの場合は、塗り厚（3～4㎜）分目地幅を広くして10㎜程度取っておく

ムク板は硬度がありエッジが立つため見切材を入れなくてもよい（目透し）。壁を左官、天井を化粧合板などにする場合も同様。ただし、左官材の厚み分だけ目地幅は広めに取っておく必要がある。

❺ 廻り縁（大壁の場合）

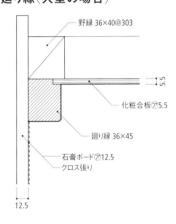

野縁 36×40@303
5.5
化粧合板Ⓣ5.5
廻り縁 36×45
石膏ボードⓉ12.5
クロス張り
12.5

廻り縁の入れ方はさまざまだが、丁寧に欠き込みを入れれば仕上材の割れや剥離が少なくなる。真壁の場合は廻り縁を先に取り付けて壁をのみ込ませる。

❻ 廻り縁（真壁の場合）

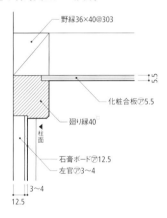

野縁36×40@303
5.5
化粧合板Ⓣ5.5
廻り縁40
柱面
石膏ボードⓉ12.5
左官Ⓣ3～4
3～4
12.5

真壁の和室における典型的な見切り方。廻り縁のプロポーションが意匠上のアクセントとなる。

12│ 間接照明［1:8］Ⓦ Ⓢ Ⓡc

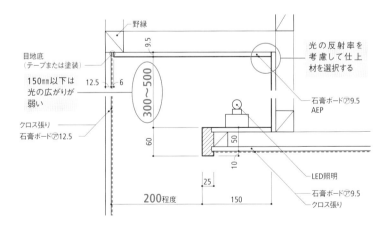

野縁
9.5
目地底（テープまたは塗装）
150㎜以下は光の広がりが弱い
12.5 6
クロス張り
石膏ボードⓉ12.5
300～500
60
50
10
25
200程度
150
光の反射率を考慮して仕上材を選択する
石膏ボードⓉ9.5
AEP
LED照明
石膏ボードⓉ9.5
クロス張り

壁・天井間の取合い部に間接照明を仕込むのもバリエーションの1つである。光の拡散やメンテナンス性を考慮した納まりが求められるため、各室の目的に合った寸法調整が必要になる。

代表的な塩ビ製見切材の種類

用途		対応ボード厚の例（㎜）
壁勝ち		6 8 9.5 12.5
天井勝ち		7 9.5 12.5
見付けが小さい		6、8 9.5 12.5 15
目透し		9.5 12.5

建具

基本的な開き戸の納まりから、躯体に直接取り付ける場合まで枠の有無もあわせて代表的な施工方法を紹介する

木造・S造・RC造共通

建具廻りの良否は枠材の納まり次第

三方枠の基本

　開き戸には建具を取り付けるための建具枠が必要になる。十分厚みのある枠材を建具の上部、左右の三方に取り付け（三方枠）、さらに額縁、戸当たりを付けるのが基本。

　三方枠にはムク材のゆがみを防ぐため、厚みがあり素性のよいものを使用する（ウンスギ、スプルース、ツガ、ピーラー、ラワンなど）。枠材の幅が広すぎるとゆがみやすくなるので注意したい。サイズは、30㎜厚以上、120㎜幅以内を基本とする。額縁をどのように見せるか、壁仕上げ面との関係をどうするか、建具をどの位置に取り付けるかなどにより建具廻りの印象は大きく変わる。

下枠の納まり

　開き戸の下枠には沓摺を取り付けるのが基本。これにより床仕上げ面との間に段差ができるが、カーペットを敷く場合などは沓摺がないと納まらないケースもある。気密性、遮音性の点からも沓摺は必須といえる。

　最近は、気密性、遮音性を多少犠牲にしても、バリアフリーを優先させて沓摺なしという納まりも増えてきた。隣り合う2室の床がつながっているように見せたい場合なども、床材を建具部分で見切らずそのまま延長すれば床のつながりを強調できる。また、計画換気を行う場合、居室の開き戸をアンダーカットして（10㎜以上）一室と見なすことがある。この場合、下枠には何も入れない納まりと、床仕上げの見切材を入れる納まりとがある。

1 | 開き戸の枠廻り[1:8]

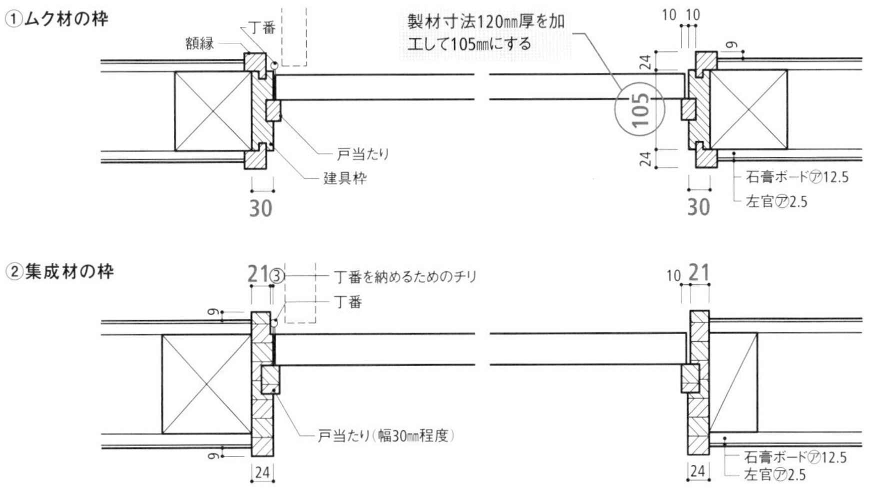
①ムク材の枠
額縁
丁番
製材寸法120㎜厚を加
工して105㎜にする
10 10
9
24
105
24
戸当たり
建具枠
30
30
石膏ボード㋐12.5
左官㋐2.5
②集成材の枠
21③
丁番を納めるためのチリ
丁番
10 21
9
戸当たり(幅30㎜程度)
9
24
24
石膏ボード㋐12.5
左官㋐2.5

2 | 開き戸の枠廻り[1:8]

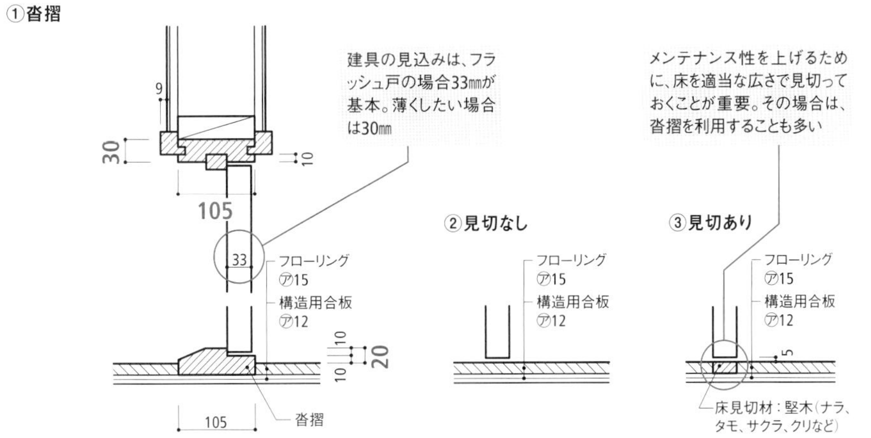
①沓摺
9
30
10
105
建具の見込みは、フラッシュ戸の場合33㎜が基本。薄くしたい場合は30㎜
33
フローリング
㋐15
構造用合板
㋐12
10
10
20
105
沓摺
②見切なし
フローリング
㋐15
構造用合板
㋐12
メンテナンス性を上げるために、床を適当な広さで見切っておくことが重要。その場合は、沓摺を利用することも多い
③見切あり
フローリング
㋐15
構造用合板
㋐12
5
床見切材：堅木(ナラ、タモ、サクラ、クリなど)

COLUMN

ムク材の枠、集成材の枠

枠を塗装するか否かで判断

詳細図に建具枠の樹種を書き込む際、ムク材にするか集成材にするかは「枠を塗装するかどうか」で考えるとよい。木目を生かした意匠で仕上げたい場合は「ムク材」、壁面の色と合わせて塗りつぶしたい場合はリーズナブルな「集成材」を選択する。

ムク材は、枠材として適当な樹種から好みの色・木目を指定する。集成材を塗装で塗りつぶす場合は、「何を使ってもよい」という意味で「枠：集成材OP塗装」と記入しておけば、施工者側で安価な材料(ツガやベルプックなど)を選んでくれる。

ムク材は良材を選ぶ

ムク材を選ぶ際の注意点としては、なるべく素性のよい材料を選ぶことである。ムク材はねじれ、割れなどが当然起こるものと考えておかなければならないが、そうしたリスクを少しでも軽減するためには材質のよいものを選ぶのが望ましい。具体的には、木目が通っていて乾燥がしっかりされていること(含水率15%以下が基準)。現物の木目を加工前に確認しておけるとなおよい。

寸法は、現場では「挽き立て寸法」と「仕上がり寸法」を使い分けている。30㎜厚で仕上げたい場合は33㎜厚で加工してもらうなど、指示している寸法がどちらの寸法を言っているのかを確認する。幅広や薄い寸法の指定は、ねじれ、割れのおそれがあるため、できるだけ控えるようにしたい。ムク材は木目の方向で性質が異なり、反る方向も変わる。枠材と額縁の木目を変えて組み合わせることで「反り対策」としてきたのは昔からの常套手段である。

集成材は流通寸法を確認

集成材を選ぶ際は、その厚みに注意する。あらかじめ厚みの決まっているものを加工する集成材は、91頁の「集成材の規格寸法」を参考に、一般には24㎜厚、30㎜厚のなかから決定すると間違いないだろう。それ以外の36㎜厚、40㎜厚などは小幅の規格品がなかったり、在庫品でない場合が多いため、流通の事情によっては割高になることがある。なお、集成材を化粧で見せる場合は、図面に集成材の樹種や、枠を化粧で見せる旨をあらかじめ明記しておくことを覚えておきたい。

3 | 枠のバリエーション［1:8］

主に意匠上の理由から建具枠のラインを消したいことがある。枠を完全に取り去ることはできないが、なるべく目立たせない納まりなら、以下のものが代表的パターンである

❶枠を目立たせない

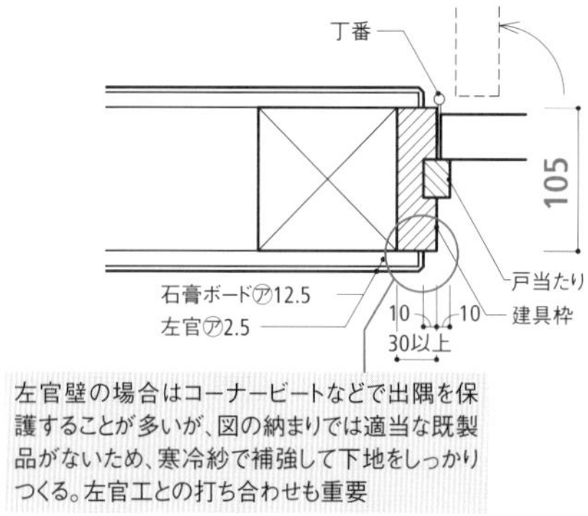
丁番
105
戸当たり
建具枠
石膏ボード㋐12.5
左官㋐2.5
10
10
30以上
左官壁の場合はコーナービートなどで出隅を保護することが多いが、図の納まりでは適当な既製品がないため、寒冷紗で補強して下地をしっかりつくる。左官工との打ち合わせも重要

額縁を省略して枠まで壁を回り込ませる方法。建具枠や額縁は壁の出隅保護の機能ももつため、この納まりでは出隅の補強を検討しなければならない。

❷建具と壁を面でそろえる

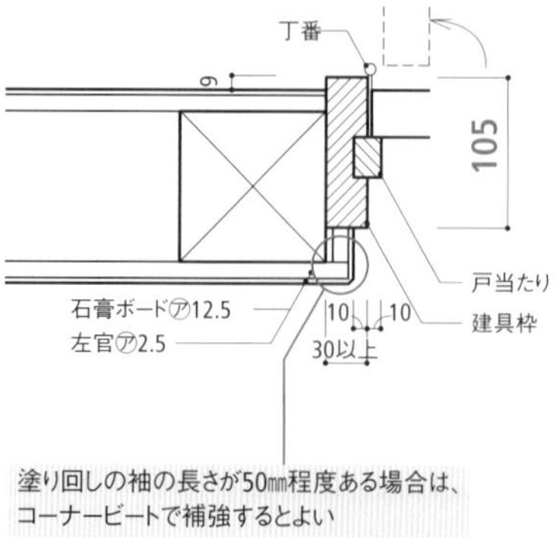
丁番
9
105
戸当たり
建具枠
石膏ボード㋐12.5
左官㋐2.5
10
10
30以上
塗り回しの袖の長さが50㎜程度ある場合は、コーナービートで補強するとよい

建具を吊る位置を壁仕上げ面に合わせて枠を意識させない納まり。ただし、反対側では建具の位置が仕上げ面よりかなり奥に入り込むため、枠や額縁を見せたい場合は見込み寸法が大きくなる。

❸八掛

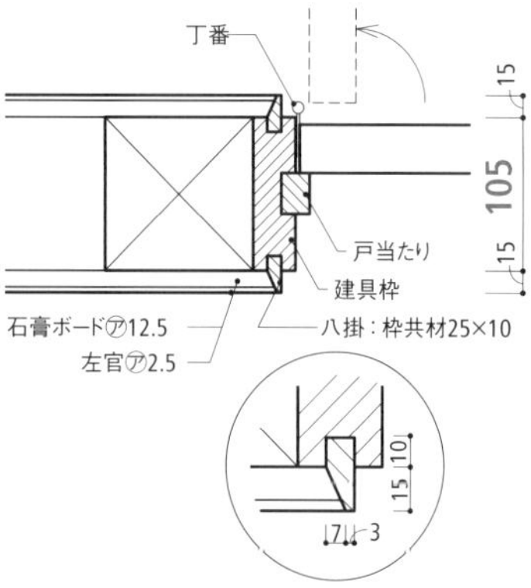
丁番
15
105
15
戸当たり
建具枠
石膏ボード㋐12.5
左官㋐2.5
八掛：枠共材25×10
10
15
7
3

額縁を八掛にする納まり。見た目は美しいが、大工の手間と左官工の技術が必要になる。特に八掛材と左官壁の間に隙間ができやすい。

❹幅広の枠材を1枚でつくる

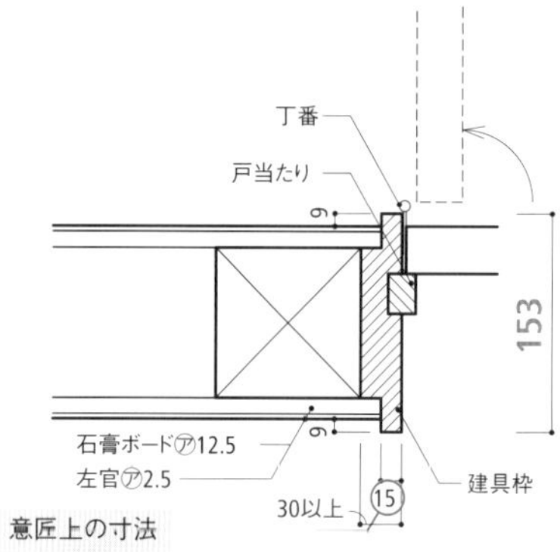
丁番
戸当たり
9
153
9
石膏ボード㋐12.5
左官㋐2.5
建具枠
30以上
15
意匠上の寸法

ムク材でつくる額縁を設けない建具枠の例。厚みと幅に注意。

❺戸当たりを設けない

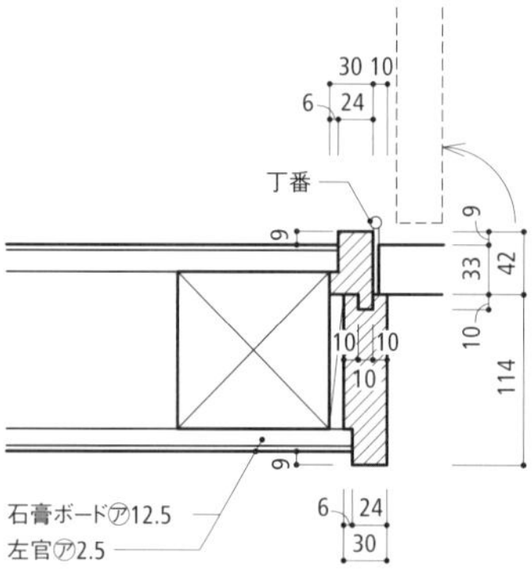
30 10
6 24
丁番
9
9
33
42
10
10
10
10
114
9
石膏ボード㋐12.5
左官㋐2.5
6 24
30

枠どうしを組み合わせることで戸当たりを設けずに納める。施工手間はかかるがすっきりと見える。幅広の枠材が必要になるが、150㎜を超えると材料費が上がるおそれがある。

❻枠を消す

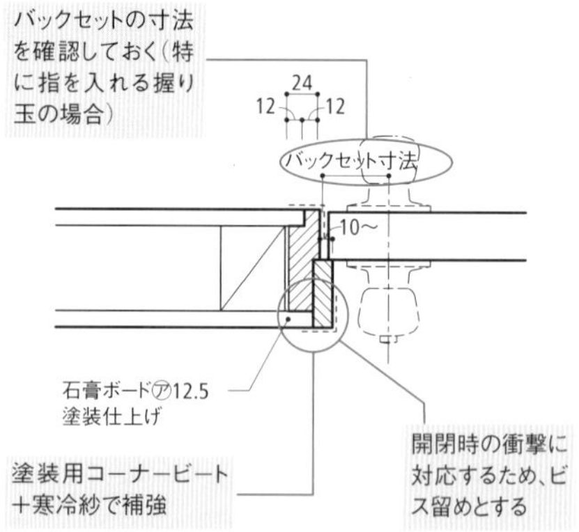
バックセットの寸法を確認しておく（特に指を入れる握り玉の場合）
24
12 12
バックセット寸法
10〜
石膏ボード㋐12.5
塗装仕上げ
塗装用コーナービート＋寒冷紗で補強
開閉時の衝撃に対応するため、ビス留めとする

枠まで塗装仕上げとする場合、ボードと枠のぶつかる部分が割れやすいので、コーナービート＋寒冷紗で補強する。

4｜大壁と真壁が切り替わる部分の開き戸［1:8］

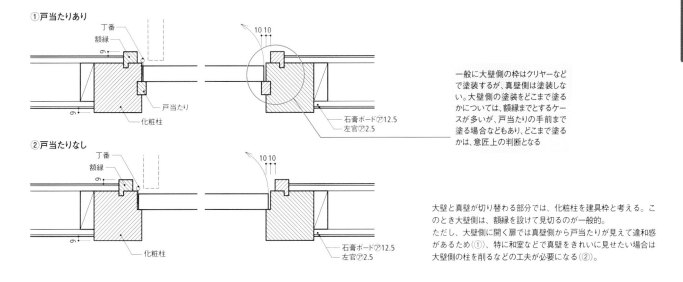

①戸当たりあり

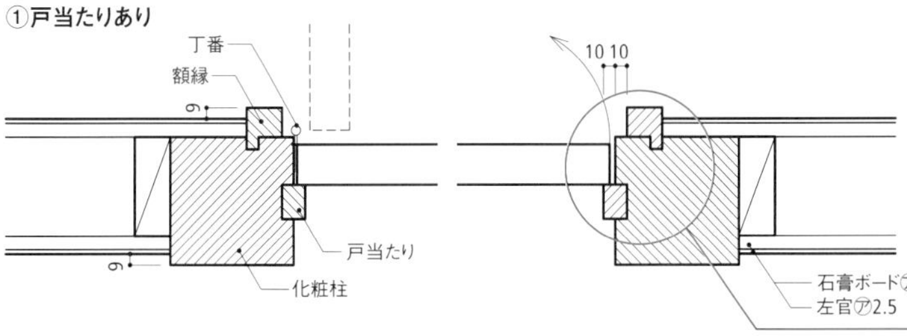
丁番
額縁
9
10 10
9
戸当たり
化粧柱
石膏ボード㋐12.5
左官㋐2.5

一般に大壁側の枠はクリヤーなどで塗装するが、真壁側は塗装しない。大壁側の塗装をどこまで塗るかについては、額縁までとするケースが多いが、戸当たりの手前まで塗る場合などもあり、どこまで塗るかは、意匠上の判断となる

②戸当たりなし

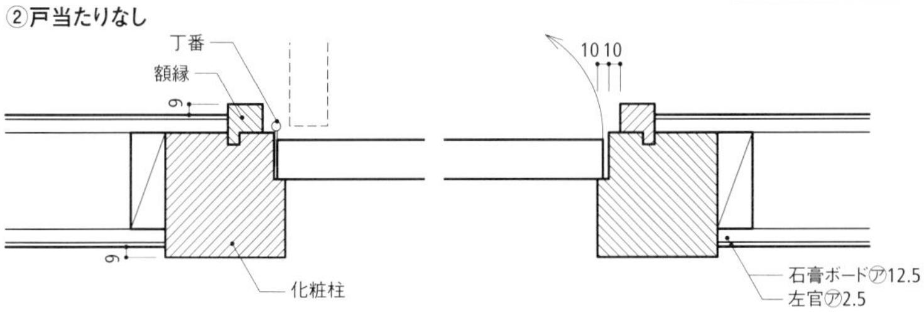
丁番
額縁
9
10 10
9
化粧柱
石膏ボード㋐12.5
左官㋐2.5

大壁と真壁が切り替わる部分では、化粧柱を建具枠と考える。このとき大壁側は、額縁を設けて見切るのが一般的。
ただし、大壁側に開く扉では真壁側から戸当たりが見えて違和感があるため(①)、特に和室などで真壁をきれいに見せたい場合は大壁側の柱を削るなどの工夫が必要になる(②)。

5｜ムク材を使用した片引戸の枠廻り(平面)［1:8］

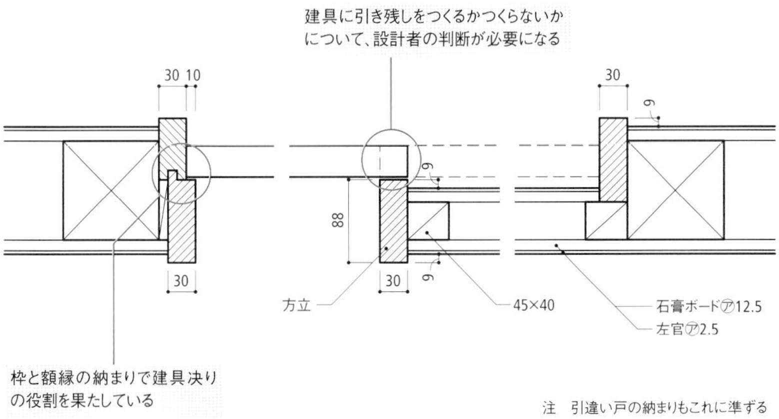
建具に引き残しをつくるかつくらないかについて、設計者の判断が必要になる
30 10
30
9
88
9
30
30
9
方立
45×40
石膏ボード㋐12.5
左官㋐2.5
枠と額縁の納まりで建具決りの役割を果たしている

注　引違い戸の納まりもこれに準ずる

引戸は開き戸に比べて気密性、遮音性の点で劣るため、枠と額縁の納まりを工夫する必要がある。敷居にはエアタイト用の既製品[❶]もあるので採用を検討したい。鴨居は溝を彫る場合36㎜厚以上を基本とする。
引戸に引き残しをつくるかどうかは、普段その引戸をどのように利用するかで判断する。あけたままの状態が多ければ、引き残しはつくらないほうがすっきりする。もちろん、建具の隙間に指を挟む事故を予防するという意味では、80㎜程度引き残しはあったほうがよい。

6｜ムク材を使用した片引戸の枠廻り(断面)［1:8］

①溝を彫る

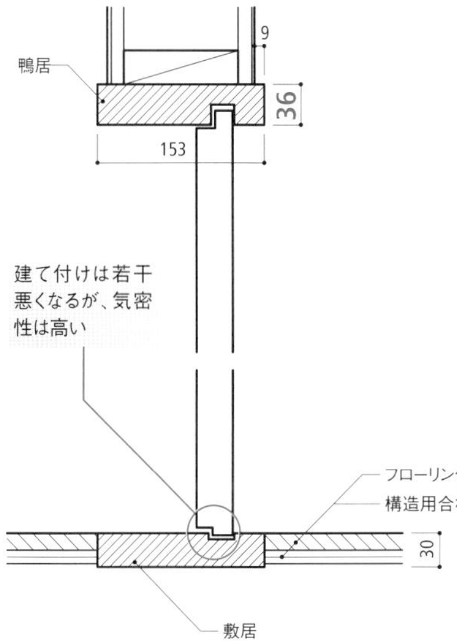
鴨居
9
36
153
建て付けは若干悪くなるが、気密性は高い
フローリング㋐15
構造用合板㋐12
30
敷居

②アングルとフラッターレールを使用

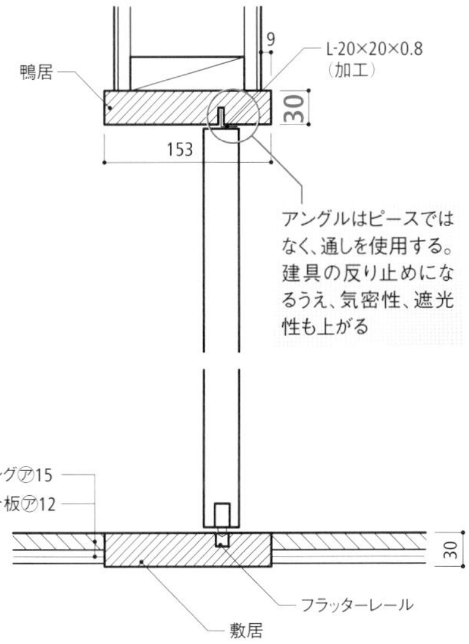
鴨居
9
L-20×20×0.8
(加工)
30
153
アングルはピースではなく、通しを使用する。建具の反り止めになるうえ、気密性、遮光性も上がる
30
フラッターレール
敷居

鴨居と敷居にはそれぞれ溝を彫って納めるのがこれまでの定石(①)。しかし最近では、鴨居にはアングル、敷居にはフラッターレールを採用した納まりが増えつつある(②)。鴨居にアングルを採用すると鴨居の溝幅がアングルの厚さ分で済むため、枠材の強度低下を最低限に抑えられるうえ、見た目もすっきりする。また、敷居をフラッターレールにすると、建具の開閉はよりスムーズになる。
ただし、開閉に掛ける力が少なくてすむことで開閉時に勢いがつきすぎることがある。その際、引き残しを設けていないと、指を挟むなどの事故を招くおそれがあるため、安全のためには引戸用のドアチェックなどを入れておくとよいだろう。なお、②では敷居溝を彫る場合に比べ、下枠の気密性、遮音性は低下する。

特記　❶「スーパータイト」(ベスト)など

7│枠を目立たせない［1:8］

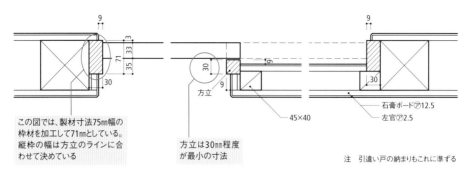

この図では、製材寸法75mm幅の
枠材を加工して71mmとしている。
縦枠の幅は方立のラインに合
わせて決めている

方立は30mm程度
が最小の寸法

注　引違い戸の納まりもこれに準ずる

引戸の枠を目立たせないようにするには、必要となる枠の寸法を確保したうえで壁を枠
まで回り込ませる。開き戸同様、出隅の保護を考えなければならないが、壁の仕上げに
よってその考え方も変わることに留意したい。

8│大壁と真壁が切り替わる部分の片引戸［1:8］

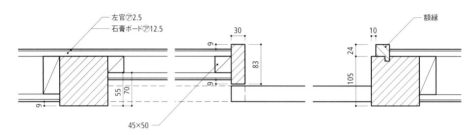

大壁と真壁が切り替わる部分の納まりは、開き戸と同じ考え方でよい。建具の見込み寸
法は、和室の本襖や障子であれば24mm、フラッシュ戸に和紙を張るような戸襖であれ
ばフラッシュ戸と同じ寸法と考える。

COLUMN

チリは何mmにすればよいか

　枠と壁のチリは、幅木と壁のチリに関係する。幅木のチリ
より枠のチリを大きく設定しないと納まらないのは基本中の
基本。チリを何mmにするか（どのくらい見せるか）は意匠的な
考え方であるが、壁を左官仕上げとする場合などは、仕上げ
の逃げを確保するために最低でも9mmとする。

　また、開き戸の建具枠にも丁番を納めるためのチリが必要
になる。こちらは、使用する丁番によって必要な寸法が変
わってくるので、事前に確認しておく必要がある。

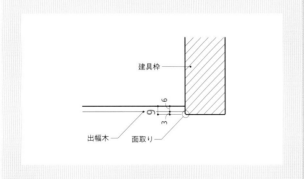

建具枠

出幅木　面取り

COLUMN

戸決りは「逃げ」としても有効

　引戸枠の遮光性、気密性の向上を目的として設けられるの
が、戸決りである。建具枠がムク材であれば、乾燥や湿気な
どによる枠材のねじれに対し、建て付けの「逃げ」としても有
効に機能する。

　戸決りを設ける代わりに、建具の大手にエアタイトゴムな
どを張って気密性を確保するという方法もある。ただし、吊
りレールなど建具の動きが軽いものではゴムの反動で引戸が
ぴったり閉まらないケースもあるので、採否にあたっては十
分に注意したい。

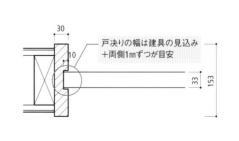

戸決りの幅は建具の見込み
＋両側1mmずつが目安

9│鴨居・敷居のバリエーション［1:8］

❶鴨居：アングル
敷居：敷居溝＋戸車

❷鴨居：堅木で雇う
敷居：なし（フラッターレールのみ）

❸鴨居：アングル
敷居：フラッターレール

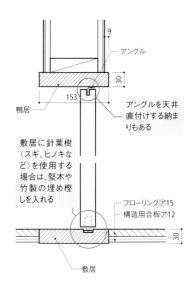

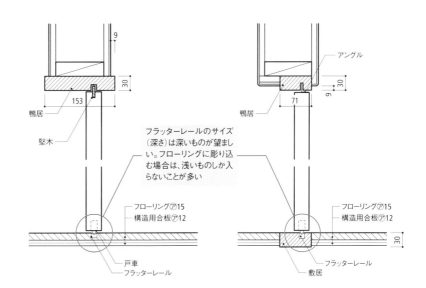

鴨居：鴨居にアングルを使用する納まりは、図6②の逆で鴨居側にアングルを取り付け建具に溝を彫る方法もある。この納まりは梁下で天井懐がない場合などに有効で、アングルを天井に直付けしてもよい。

　　　　　＊

敷居：引戸は敷居溝の上を滑らせるのが伝統的な方法。しかし、建て付けが悪くなると開閉に支障をきたすことがあるため、建具に戸車を付けて扉の開閉を軽くする方法が好まれる。ただし、敷居は消耗品であることを前提に、摩耗しにくい材料を選ぶ、交換が利くような納まりを工夫する、などの検討が必要。

鴨居：アングルの金属的な質感に違和感がある場合は、3mm厚程度の堅木を雇って入れると全体的に木の質感が強くなる。一般的な鴨居溝に比べて溝幅が狭くなるため強度的にも有利である。

　　　　　＊

敷居：フローリングであれば、敷居を設けずフラッターレールを直接埋め込むことも可能だが、レールの固定方法は十分検討する必要がある。摩耗を考慮して交換を前提とした、接着剤とフィニッシュ釘による固定を基本とする（❶）。フローリングの張り方向に沿ってレールを埋める場合は問題ないが、直交する場合は施工が面倒なので敷居を入れたうえでレールを取り付けるほうがきれいに納まることが多い。

鴨居：鴨居の見込みを小さくして壁仕上げを枠まで回り込ませ、さらにアングルを使用すると、枠が一層目立たなくなる。

　　　　　＊

敷居：レールをきれいに確実に納めるには、敷居を入れるのが一番。ただし、敷居は30mm程度の十分厚みのあるものを使用することが望ましいため、フローリングとの厚み調整が必要になる。また、意匠的にはフローリングと敷居の材質をそろえると見た目にすっきりする。

10│片引戸を戸袋に引き込む［1:8］

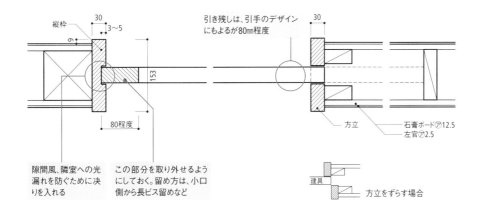

建具を戸袋に引き込む場合は、建具を引き出せるように80mm程度の引き残しをつくるか、建具小口に「引き寄せ金物」を取り付けたうえですべて引き込ませるかを決める。また、建具の吊り込みを可能にするために、方立をずらすか、建具の一部を取り外し式にしなければならない。吊りレールを使用する際、金物の種類によってはそのまま吊り込めるものもあるが、その場合は建具と方立との間に10mm程度のクリアランスを取る必要がある。

特記 ❶金属製のレールは日当たりのよい場所では伸縮が激しいため、「遊び」をとっておかないとレールが持ち上がることがあるので注意

11| 片引戸を壁の外側に付ける[1:8]

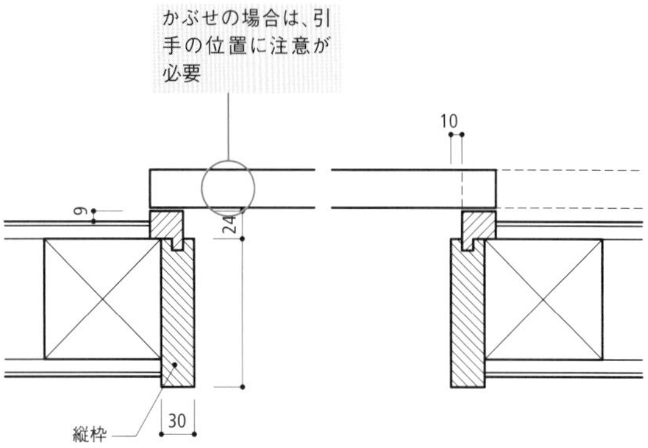
かぶせの場合は、引
手の位置に注意が
必要
10
9
24
縦枠
30

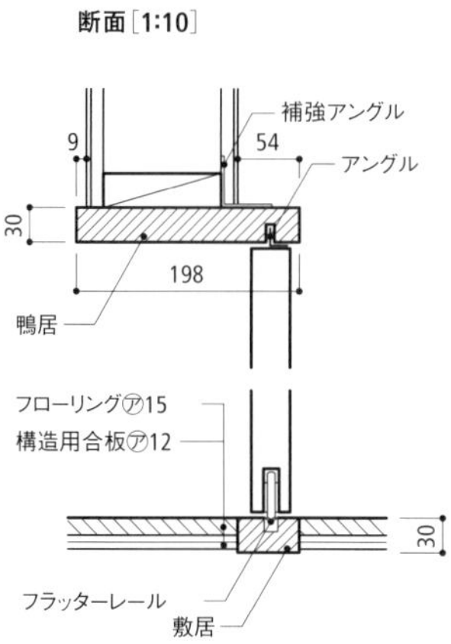
断面[1:10]
補強アングル
9
54
アングル
30
198
鴨居
フローリング㋐15
構造用合板㋐12
30
フラッターレール
敷居

建具を壁内に納められない場合(壁が耐力壁、構造上重要な柱があるなど)は、建具を「かぶせ」にして壁の外側に納める。これには、建具を閉めると縦枠が隠れてすっきりするというメリットもある。ただし、建具を壁の外側で納めるためには鴨居を大きく跳ね出させる必要がある。その場合、鴨居溝も含め枠の補強を検討しておくこと。補強にはいくつかの方法があるが、一般にはアルミアングルを取り付けるのが簡易で施工性もよい。

12| 縦枠を小さくする[1:8]

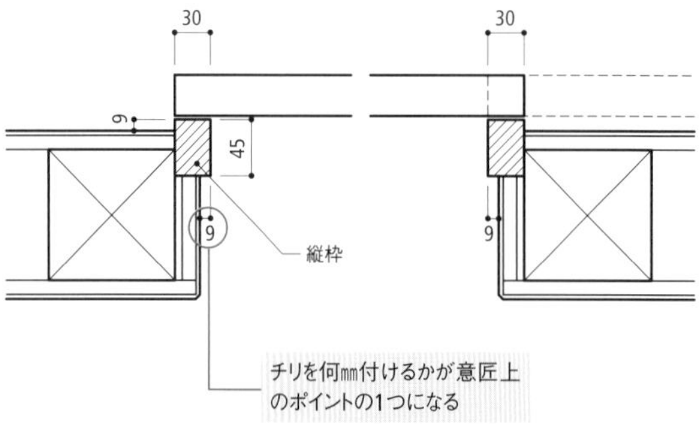
30
30
9
45
9
9
縦枠
チリを何㎜付けるかが意匠上
のポイントの1つになる

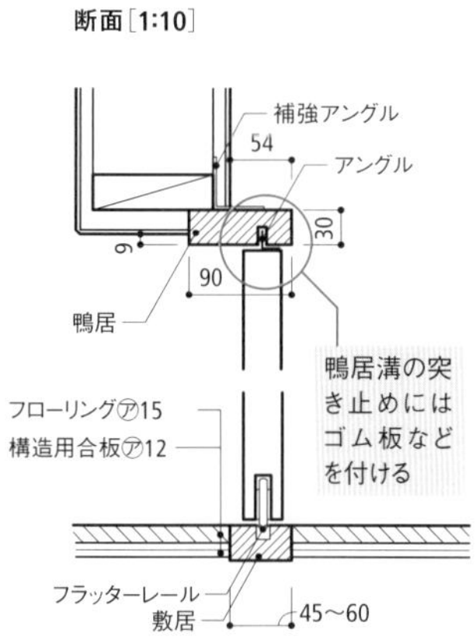
断面[1:10]
補強アングル
54
アングル
30
9
90
鴨居
鴨居溝の突
き止めには
ゴム板など
を付ける
フローリング㋐15
構造用合板㋐12
フラッターレール
敷居
45～60

図11のように壁の外側に建具を納めると、建具側からは枠が見えなくなるが反対側には露出してしまう。気になるようであれば、82頁図7のように壁を回り込むように納めればすっきりする。
この納まりでは、鴨居溝の突き止めが戸当たりの役割を果たす。ただし、図12のようにアングルを使用する場合は、鴨居に負担がかかるため、鴨居溝の突き止めにゴム板を入れるなどして、建具が当たる際のショックをやわらげるようにしたい。

13 | 縦枠に建具を当てる［1:8］

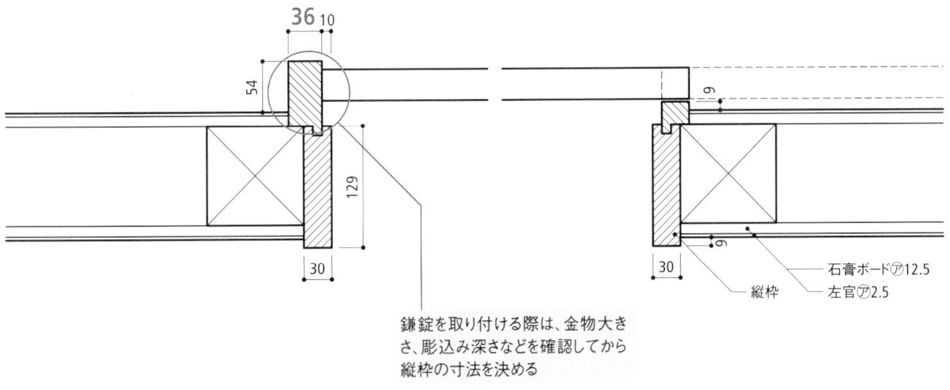
36
10
54
129
30
9
9
30
石膏ボード㋐12.5
縦枠
左官㋐2.5
鎌錠を取り付ける際は、金物大きさ、彫込み深さなどを確認してから縦枠の寸法を決める

鎌錠などで施錠したい場合は建具を縦枠に当てる必要があるため、図13のような納まりになる。縦枠は36㎜厚以上を目安と考えておきたいが、金物によっては45㎜厚程度必要になることもある。

14 | 鴨居を天井懐に納める（断面）［1:8］

❶開き戸+左官天井

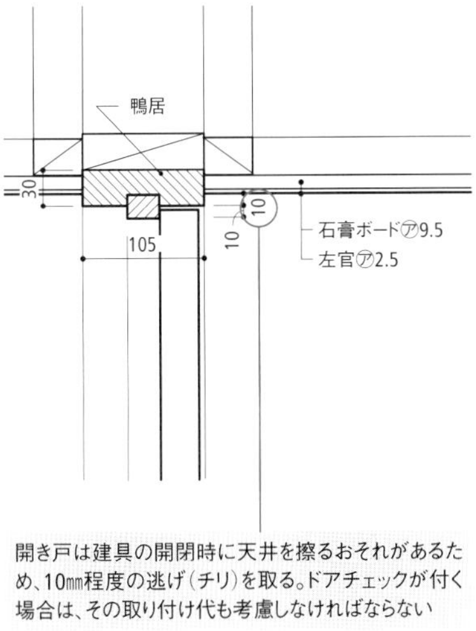
鴨居
30
30
10
10
105
石膏ボード㋐9.5
左官㋐2.5
開き戸は建具の開閉時に天井を擦るおそれがあるため、10㎜程度の逃げ（チリ）を取る。ドアチェックが付く場合は、その取り付け代も考慮しなければならない

❷引戸+シナ合板天井

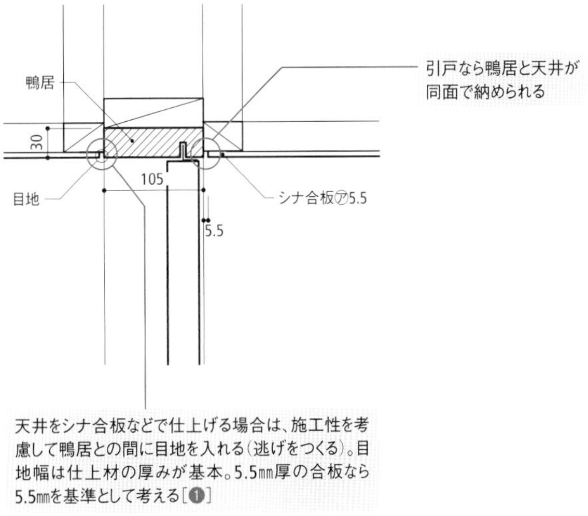
鴨居
30
目地
105
5.5
シナ合板㋐5.5
引戸なら鴨居と天井が同面で納められる
天井をシナ合板などで仕上げる場合は、施工性を考慮して鴨居との間に目地を入れる（逃げをつくる）。目地幅は仕上材の厚みが基本。5.5㎜厚の合板なら5.5㎜を基準として考える［❶］

天井までの高さの建具とすれば、仕切られた部屋と部屋との間につながりが生まれる。この場合、建具は可動式間仕切壁として使用することも可能である。ただし、フラッシュ戸では一般に流通している合板の寸法で建具の大きさが決まってしまう。長手で8尺（約2,400㎜）までなら製作可能だが、建具の強度・狂いなどを考慮すると2,250㎜程度までが無難であろう。

特記 ❶目地底は表面の仕上材と素材感を同じにするか変化をもたせるかで表情が変わってくる。また、合板仕上げで目地をつくる場合は合板小口の処理が問題となるが、これも切り口を見せるか小口テープを張って隠すかによって印象が変わる

15 | 吊りレール（断面）［1:8］

❶柱間に納める　❷壁の外側に納める

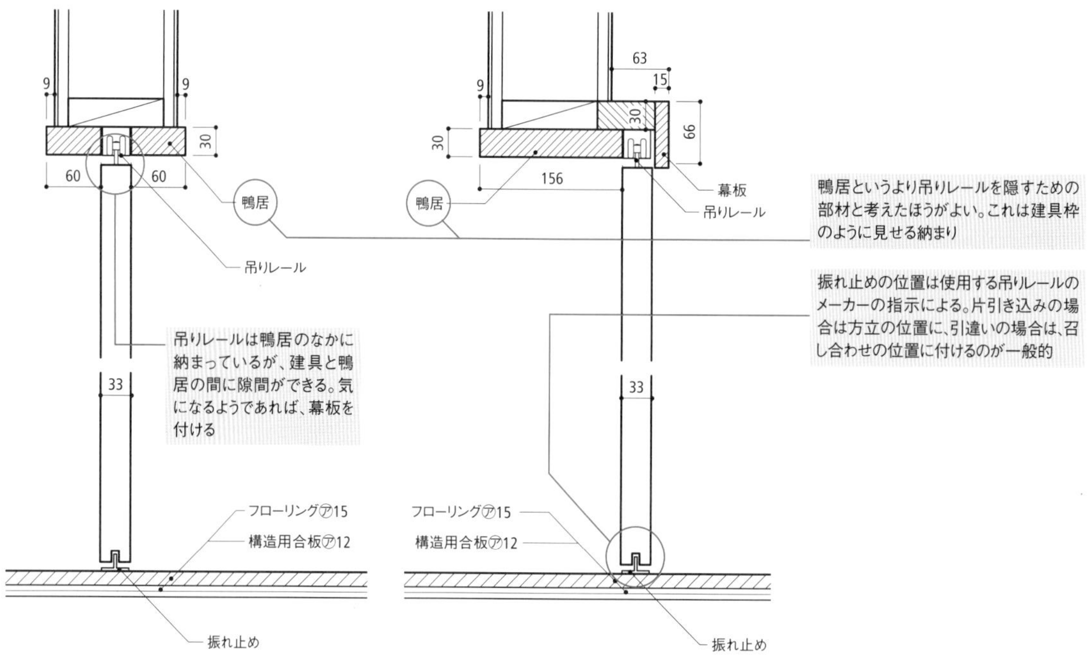

9
9
30
60
60
鴨居
吊りレール
吊りレールは鴨居のなかに納まっているが、建具と鴨居の間に隙間ができる。気になるようであれば、幕板を付ける
33
フローリング㋐15
構造用合板㋐12
振れ止め
63
15
9
30
30
66
156
鴨居
幕板
吊りレール
鴨居というより吊りレールを隠すための部材と考えたほうがよい。これは建具枠のように見せる納まり
振れ止めの位置は使用する吊りレールのメーカーの指示による。片引き込みの場合は方立の位置に、引違いの場合は、召し合わせの位置に付けるのが一般的
33
フローリング㋐15
構造用合板㋐12
振れ止め

吊りレールは、鴨居溝も敷居溝も必要ないため（鴨居、敷居すらいらない場合もある）、建具をすっきり納めたいときには重宝する。フラッターレール同様、建具の開閉が少ない力で可能になるうえ、戸車の稼動音も小さくなる。ただし、レールと建具の間に最低でも10㎜程度の隙間が生じるため（使用する金物の種類にもよる）、気密性と遮音性が損なわれるほか、隣室の明かりが漏れてくるなど、事前に検討すべき課題も多い。

16 | 吊りレール・天井埋込み（断面）［1:8］

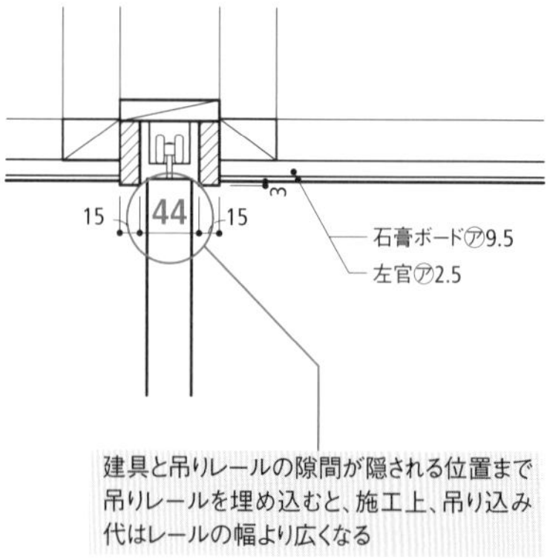

3
15
44
15
石膏ボード㋐9.5
左官㋐2.5
建具と吊りレールの隙間が隠される位置まで吊りレールを埋め込むと、施工上、吊り込み代はレールの幅より広くなる

17 | 吊りレール・天井直付け（断面）［1:8］

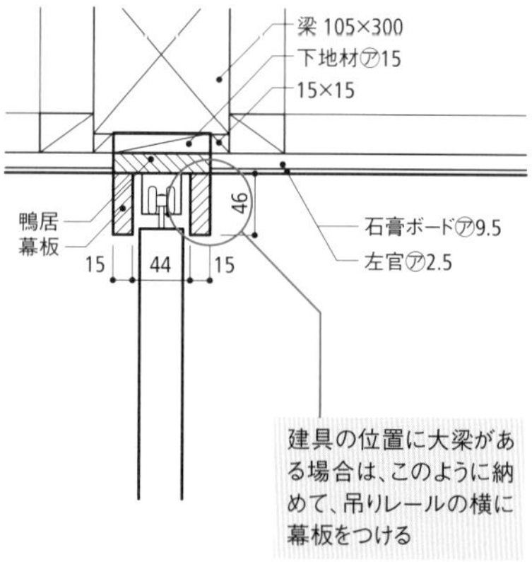

梁 105×300
下地材㋐15
15×15
鴨居
幕板
46
15
44
15
石膏ボード㋐9.5
左官㋐2.5
建具の位置に大梁がある場合は、このように納めて、吊りレールの横に幕板をつける

吊りレールも図14の鴨居同様、天井に埋め込めばすっきりとする。吊り金物と建具の間にできる隙間を埋め込み深さで調整するのがポイントである（図16）。
レールが梁と干渉する、リフォームなどで後付けとなるなど、天井にレールを埋め込めない場合は、天井面に直付けすることもある。この場合、吊り金物と建具の間にできる隙間は幕板などを設けることで処理する。幕板の取り付け位置や高さは、建具の取り付けに必要なクリアランスを確認したうえで調整する（どの金物を選ぶかによってクリアランスはまったく変わってくる）。メンテナンスを考え、必要に応じて幕板を取り外し可能にしておくことも考慮しておきたい（図17）。

1 | 鉄骨に直接取り付ける開き戸（木枠あり）[1:5]

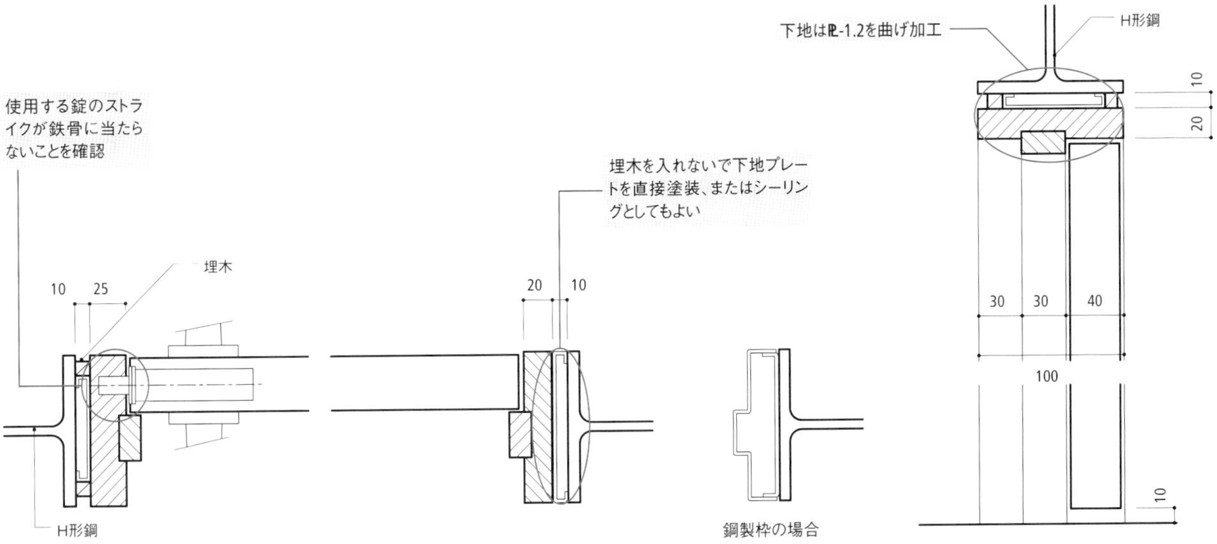

使用する錠のストライクが鉄骨に当たらないことを確認
埋木
10
25
H形鋼
埋木を入れないで下地プレートを直接塗装、またはシーリングとしてもよい
20
10
鋼製枠の場合
下地はPL-1.2を曲げ加工
H形鋼
10
20
30
30
40
100
10

S造、RC造でも建具の基本的な納まりは木造と同じ。しかし、その構造ならではの考え方もある。上図は鉄骨の柱梁に直接開き戸を取り付けるパターンである。
この場合、4.5㎜厚以上の鉄骨にはビス留めが不可能なので、鉄骨に薄物（1.2〜3.2㎜厚）のプレートを溶接することでビスの下地とする。枠は鋼製枠でもよいが、材料を曲げられる寸法に制限があるので確認が必要（92頁4）。

1 | RC躯体に直接取り付ける開き戸（木枠あり）[1:5]

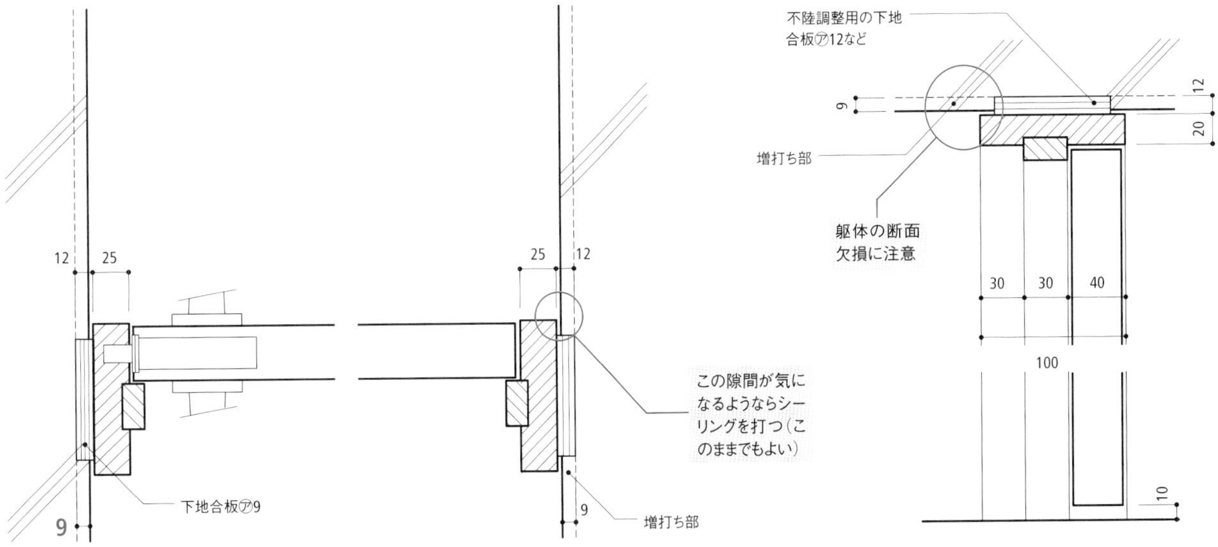

12
25
下地合板⑦9
9
25
12
この隙間が気になるようならシーリングを打つ（このままでもよい）
9
増打ち部
不陸調整用の下地合板⑦12など
9
12
20
増打ち部
躯体の断面欠損に注意
30
30
40
100
10

RC躯体に開き戸を直接取り付ける場合、木枠を設けるのであれば躯体にコンクリートビスで直接取り付けることも可能。ただし、事前に躯体の不陸調整をしておかなければならないため、通常は9㎜厚のコンパネ1枚分だけ躯体を増打ちして不陸調整代とする。なお、これに限らず、躯体に何かを仕込む場合は、構造上断面欠損になる場合があるので、事前に構造設計者と相談のうえ納まりを検討する必要がある。

2 | 鉄骨に直接取り付ける開き戸（木枠なし）[1:5]

S造

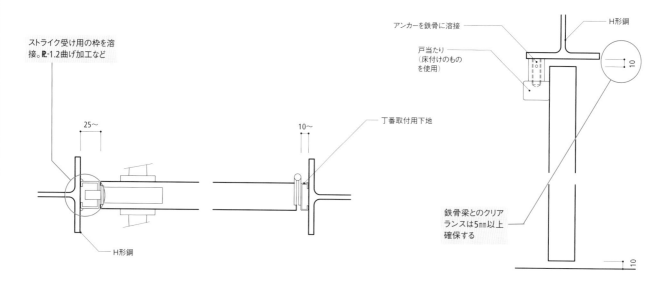

ストライク受け用の枠を溶接。PL-1.2曲げ加工など

25〜

H形鋼

10〜

丁番取付用下地

アンカーを鉄骨に溶接

H形鋼

戸当たり（床付けのものを使用）

10

鉄骨梁とのクリアランスは5㎜以上確保する

10

木枠を入れない場合は、鉄骨梁に溶接したアンカーに戸当たりを取り付ける。戸当たりがないと丁番に無理な力がかかり壊れてしまう。また、丁番をビス留めするための下地は溶接しておくか、ねじ切り加工（タッピング）[❶]を施す。なお、左図のように枠を省略した納まりの場合、隙間風や光の漏れなどが生じるため、採用にあたっては注意が必要になる。

2 | RC躯体に直接取り付ける開き戸（木枠なし）[1:5]

RC造

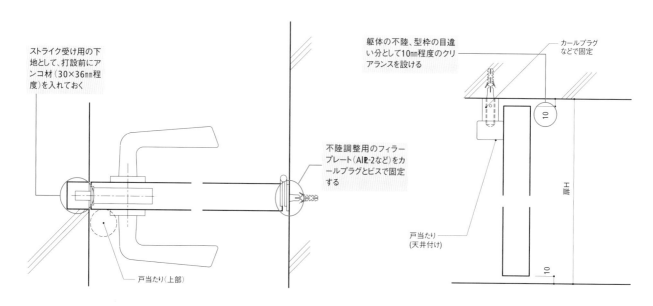

ストライク受け用の下地として、打設前にアンコ材（30×36㎜程度）を入れておく

不陸調整用のフィラープレート（AlPL-2など）をカールプラグとビスで固定する

戸当たり（上部）

躯体の不陸、型枠の目違い分として10㎜程度のクリアランスを設ける

カールプラグなどで固定

10

扉H

戸当たり（天井付け）

10

木枠を入れない場合は、建具との間に適当なクリアランスを設けたり、アルミプレートなどでいったん平滑な面をつくることで対応する。躯体の不陸は5〜10㎜程度見込んでおくとよいだろう。

特記 ❶部材にねじ山をつくる加工のこと

3 | 鉄骨に直接取り付ける引戸（木枠あり）［1:5］

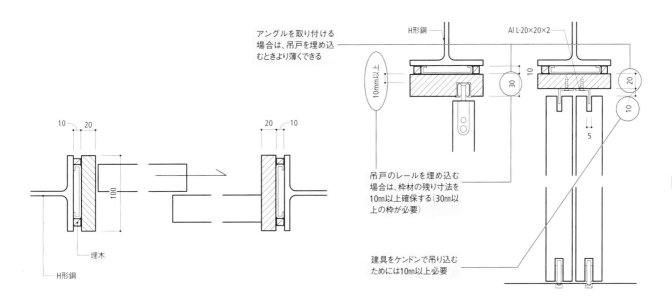

引戸も取り付け方の基本的な考え方は開き戸と同じ。共通して言えることは「鉄骨に直接ビス留めはできない」「アルミ、ステンレスは鉄に溶接できない」ということである。
逆に異なるのは、枠材を下地にビス留めした際にそのままではビス頭が見えてしまうことである（開き戸は戸当たりの部分で隠すことができる）。塗装で枠を塗りつぶす場合はパテで隠すことができるが、木目を生かしたクリヤー塗装の場合は、ビスを深く埋めて埋木で対応する。

3 | RC躯体に直接取り付ける引戸（木枠あり）［1:5］

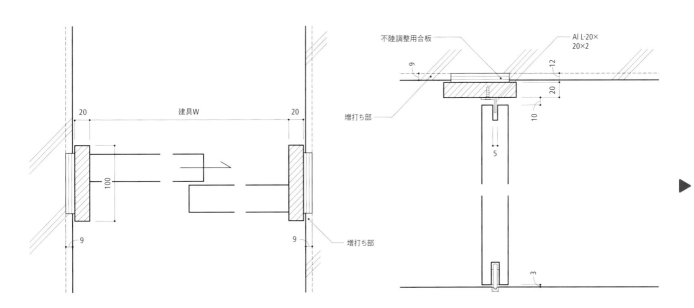

RC造は、「躯体には不陸がある」という前提で納まりを考えなければならない。真っすぐな木枠を躯体に直付けすると不陸が隙間となって目立つため、必ず不陸調整用の合板などを入れておく。

4 | 鉄骨に直接取り付ける引戸（木枠なし）[1:5]

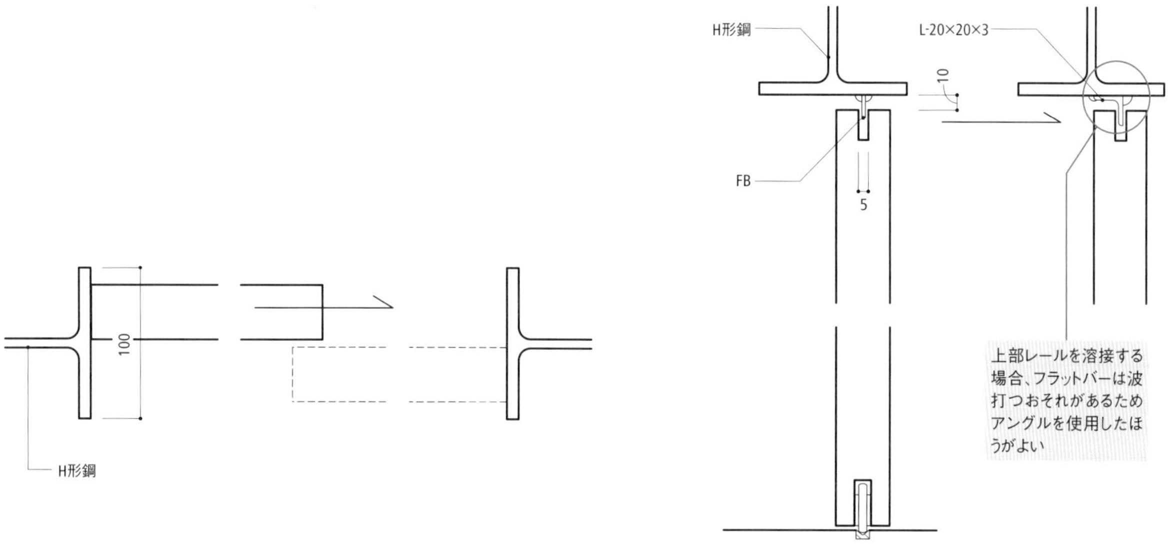
H形鋼
L-20×20×3
10
FB
5
100
H形鋼
上部レールを溶接する場合、フラットバーは波打つおそれがあるためアングルを使用したほうがよい

鉄骨に直接アングルなどを溶接すれば、上図のような納まりも可能。ただし、平物（フラットバーなど）は溶接時の熱でひずみが生じやすいため、アングルを使用してレールの通りを出すようにしたい。

4 | RC躯体に直接取り付ける引戸（木枠なし）[1:5]

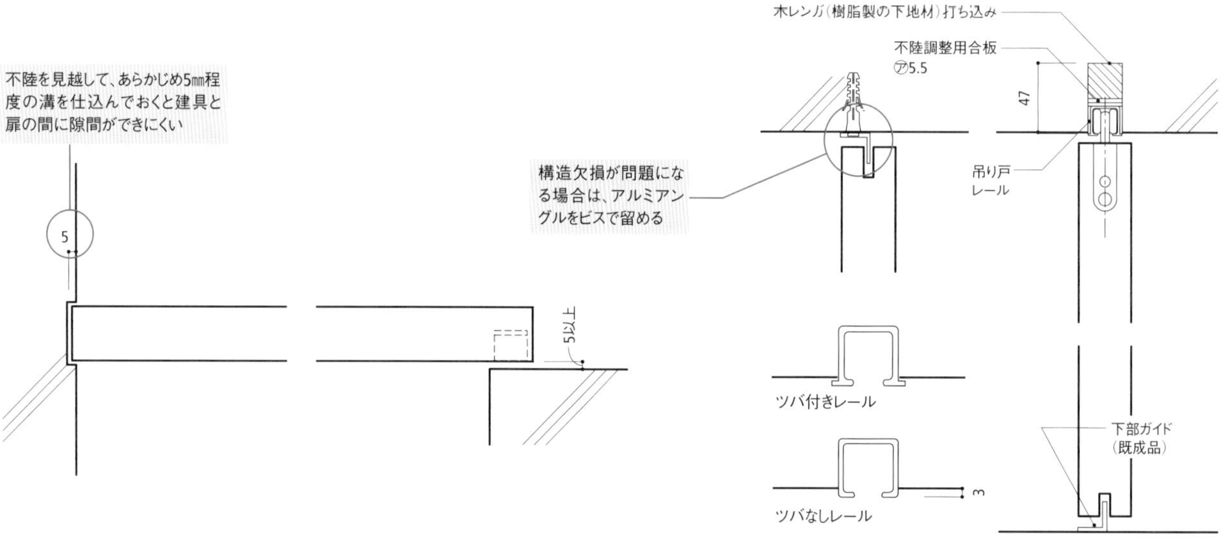
木レンガ（樹脂製の下地材）打ち込み
不陸調整用合板
㋐5.5
47
不陸を見越して、あらかじめ5㎜程度の溝を仕込んでおくと建具と扉の間に隙間ができにくい
5
構造欠損が問題になる場合は、アルミアングルをビスで留める
吊り戸レール
5以上
ツバ付きレール
ツバなしレール
3
下部ガイド（既成品）

躯体に直接吊りレールを埋め込む場合は、構造上の断面欠損とレールの形状に注意したい。レールには「ツバ付き」と「ツバなし」があるが、躯体の欠込み隅を隠せるツバ付きのほうが望ましい。これは、天井が石膏ボード仕上げの場合も同様。ツバなしを使用する際は、レールの角にアールが付いているので3㎜程度のチリを取るとよい。

1 針葉樹の規格寸法（造作材）

（単位：mm）

短辺＼長辺	15	18	21(20)	24	27	30	33	36	39(40)	45	50	55	60	72	75	85	90
7								●									
9								○							●		●
11															●		●
13										●					○		●
15	○									●							●
18		●								●							●
21(20)						●				○							○
24				○		●							○				●
27					○			○					○				●
30						○		○	●	○			●				●
33							○	○	●					○	○		○
36								○	○	●							○
39(40)									○	●			○				○
45								●				○	●		○		●
50											○				○		○
55																	○
60													●				○
72														○			
75															●		
85																○	
90																	●

●：流通材　○：非流通材（JAS規格のみ）　空欄：なし
長さ：1.8、1.9、2.0、3.0、3.65、3.8、4.0m。上表以外に、11×80mmも流通している。上記寸法にないものは加工材となる

2 集成材の規格寸法（造作材）

（単位：mm）

厚さ	長さ	幅											
		105	120	150	180	240	300	360	400	450	500	600	900
24	3,000		○	○	○	○	○						
	4,000		○	○	○	○	○						
	4,200										○		
30	2,000					◎	◎	◎	◎	◎		◎	
	3,000	○	○	○	○	◎	◎	◎	◎	◎		◎	
	4,000	○	○	○	○	◎	◎	◎	◎	◎		◎	
	4,200										○		
	4,500					◎	◎	◎	◎	◎		◎	
36	2,000					○	○		○	○		○	
	3,000					○	○		○	○		○	
	4,000					○	○		○	○		○	
	4,500								○	○		○	
40	2,000								○	○		○	○
	3,000								○	○		○	○
	4,000								○	○		○	○
	4,500								○	○		○	○

◎：タモ、ナラともに流通　○：タモ流通
24mm、30mm厚のもので上記寸法にないものは500mm幅のフリー材を加工使用する ［❶］

特記　❶フリー材とは必要な寸法に加工して販売される流通材の通称。30mm厚×240mm幅の集成材を2枚購入するより、30mm厚×500mm幅の集成材を1枚購入して加工するほうが安いなど、価格面でのメリットもある。ただし、地域の流通事情によって寸法や価格の体系は異なるので注意されたい

3　針葉樹の規格寸法（構造材）

（単位：mm）

短辺＼長辺	36	39	45	60	75	90
15			●			●
18			●			○
21						●
24						●
27			○	○	○	●
30			○	●	○	●
36	○	○	●	○	●	○
39		○	○	○	○	
45			●	●	○	●
60				●	○	○
75					●	○
90						○

●：流通材　○：非流通材（JAS規格のみ）　空欄：なし

表1、表3に示した材料は、主に羽柄材（胴縁、貫板など）として使用されるものである。樹種はベイマツやベイツガなど。JIS規格のものまで含めるとかなりの数になるが、実際に入手しやすいものとなると、黒丸（●）で示したものになる（ただし、地域や流通事情にもよるため、一概には言えない）。

寸法を表す現場用語の1つに「イーニッサン」がある。これは、断面寸法「一寸二分×一寸三分」を縮めたもので、一般に「垂木」というとこれを指すことが多い。一寸＝約30mm、一分＝約3mmなので、メートル法に直せば36×39mmの角材を意味する。だが、表では非流通材の扱いにしている。これは、国内の製材所ではまだ尺貫法が使われているが、大手ホームセンターなど輸入製材に頼っているところでは、尺貫法の規格寸法に合わせられなくなっているという背景があるためである。

4　鋼製枠の曲げ加工最小寸法

（単位：mm）

形状	材質	寸法							
A	アルミ鋼板	厚さ	1	1.5	2	2.5	3	4	5
		A	6.9	7.3	7.6	12	17.4	18.1	23.9
	電気亜鉛めっき鋼板	厚さ	0.8	1	1.2	1.6	2.3	3.2	4.5
		A	6.9	7	7.2	7.4	12	17.8	24
	ステンレス鋼板	厚さ	1.5	2	3				
		A	7.4	12	17.8				
A	アルミ鋼板	厚さ	1	1.5	2	2.5	3	4	5
		A	7.9	8.8	9.6	14.5	20.4	22.1	28.9
	電気亜鉛めっき鋼板	厚さ	0.8	1	1.2	1.6	2.3	3.2	4.5
		A	7.7	8	8.4	9	14.3	21	28.4
	ステンレス鋼板	厚さ	1.5	2	3				
		A	9	14.3	21				
A / B	アルミ鋼板	厚さ	1	1.5	2	2.5	3	4	
		A	8	9	10	11	12	14	
		B	16	16.5	17	17.5	18	19	
	電気亜鉛めっき鋼板	厚さ	0.8	1	1.2	1.6	2.3	3.2	4.5
		A	7.6	8	8.4	9.2	10.6	12.4	15
		B	15.8	16	16.2	16.6	17.3	18.2	19.5
	ステンレス鋼板	厚さ	1.5	2	3				
		A	9.5	11	13				
		B	16.6	17.3	18.2				

5　よく使用されるアルミアングル

❶ 等辺アングル

（単位：mm）

幅×高さ ＼ 厚さ	1.5	2	3	4	5
10×10					
12×12					
15×15	○	○	○		
19×19	○				
20×20	○	○	○		
25×25	○	○	○	○	
30×30	○	○	○		○
45×45	○				
40×40	(38×38)	○	○	○	○
50×50		○	○	○	○

❷ 不等辺アングル

（単位：mm）

幅×高さ ＼ 厚さ	1.5	2	3	4
9×20	○			
9×25	○			
9×30	○			
9×40	○			
10×15		○		
10×20	○			
10×25	○			
10×30	○			
10×40	○			
10×50		○		
15×20	○			
15×25	○	○		
15×30	○	○	○	
15×35		○		
15×40		○		
15×45	○			
20×30		○	○	
20×40		○	○	
20×50		○	○	
25×50		○	○	
35×50				○

18| 建具の基本寸法［1:2］

① フラッシュ扉（大手あり）

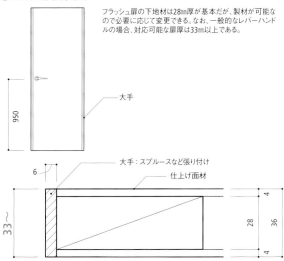

フラッシュ扉の下地材は28mm厚が基本だが、製材が可能なので必要に応じて変更できる。なお、一般的なレバーハンドルの場合、対応可能な扉厚は33mm以上である。

大手

大手：スプルースなど張り付け
仕上げ面材

② フラッシュ扉（大手なし）

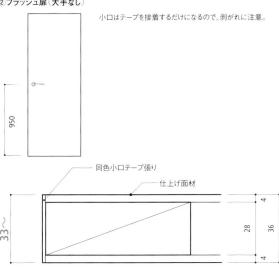

小口はテープを接着するだけになるので、剥がれに注意。

同色小口テープ張り
仕上げ面材

③ ガラス框戸

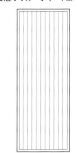

框の寸法は扉の大きさによって異なるが、錠を付ける場合の見込み寸法は33mm以上必要。ガラス厚は通常5mm以上（面積が小さい場合は3mm以上）。

押縁

ガラス
框
框の一方を押縁にしてガラスをはめる

④ 襖

芯材には木組子、ダンボール芯、発泡プラスチック芯などを使用。

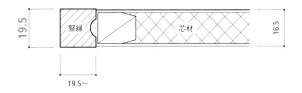

竪縁　芯材

⑤ 複層ポリカーボネート扉

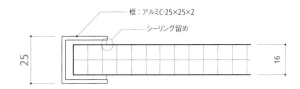

多湿な場所で使用する場合は、ポリカーボネート内に湿気が入らないよう小口をアルミテープなどでふさぐ。また、ポリカーボネートは切りくずなどのゴミが内部の隙間に入りやすく抜けにくいため、加工の際は要注意。

框：アルミC-25×25×2
シーリング留め

⑥ 強化ガラス扉

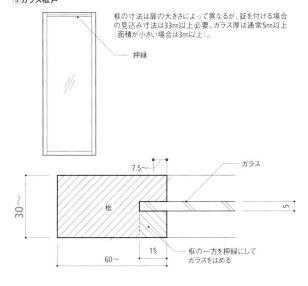

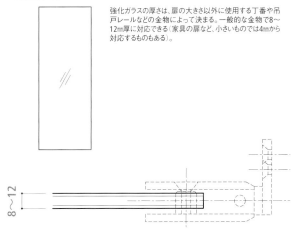

強化ガラスの厚さは、扉の大きさ以外に使用する丁番や吊戸レールなどの金物によって決まる。一般的な金物で8～12mm厚に対応できる（家具の扉など、小さいものでは4mmから対応するものもある）。

浴室

ユニットバスから在来工法まで
タイルの割り付け方、
排水の方法も含めた
浴室廻りのポイントを
解読する

1階は在来、2階以上はユニットが望ましい

木造

在来工法（現場造作）の浴室は、浴槽やタイルなどの仕上材から決まる寸法（主に平面方向）と、防水、配管など下地から決まる寸法（主に断面方向）を相互に検討しながら寸法を押さえていく。

木造の場合、浴室を基礎に載せる1階と、梁・桁に載せる2階以上とでは、寸法の押さえどころや防水の考え方が異なる。さらに、1階は在来工法でよいが、2階以上は主に防水の面からユニットバスやハーフユニットバスの使用が望ましい。それらを踏まえ、平面、断面の納まりを検討する［❶］。

下地の位置を調整しやすく納めやすい

S造

S造は、計画段階から排水経路（断面方向）を確認しておきたい。排水管をデッキ下へ抜く場合と、デッキ上で転がす場合とでは、必要な断面寸法が異なってくる。集合住宅など、下階の所有区分が異なる場合は、排水管は必然的にデッキ上に転がしとなる。そこで、配管経路を確保するため、デッキスラブには段差を設けたり、梁に配管を貫通させるなど、構造的な検討が必要になってくる。

なお、平面方向の下地位置をスタッドなどで比較的自由に設定できるというのもS造の特徴である。

タイル割りは打設前に済ませておく

RC造

RC造は他の構造に比べて防水しやすいという利点があるが、タイル仕上げなどでは、その割付けが躯体開口寸法に関係してくるため、打設前に平面・断面両方向の検討を済ませておく必要がある。開口部以外にも、特に配管をスラブ上で転がす場合は、排水勾配（1／50以上）の確保や、配管距離、経路、排水管径など、全体に余裕をもった計画が求められる。

なお、右の寸法は、必要最小限の配管距離で書かれている。実際は、これを目安に個々の配管距離に応じた検討を行ってほしい。

特記 ❶浴室の納まりは防水性能の保証にかかわるため、個々の納まりは施工者と相談のうえ決定すること

W S Rc 掲載された構造以外でも同じ納まりになるものには、このマークが付いています

※各事例の断熱材の厚みは一例を記載

1│在来浴室（1階）の必要寸法目安［1:50］

浴室の天井高2,200㎜の場合の必要寸法目安（スラブ上端から梁下まで）

高さは排水管の設置方法（縦引き、横引き）によって変わる［100頁上段図9参照］

洗濯機排水ユニットを設置する場合の必要寸法。最低でも200㎜は確保する

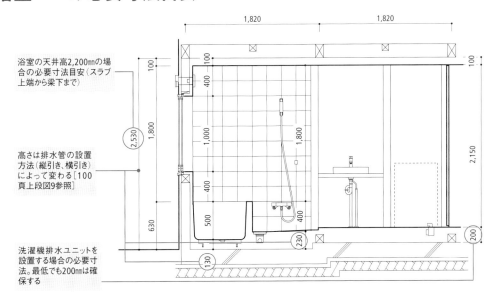

1│在来浴室の必要寸法目安［1:50］

浴室換気扇のサイズ・位置は、梁、ブレース、開口部の位置・寸法を確認したうえで決める。稀に梁のジョイントボルトにぶつかることもあるので注意

浴室の天井高2,200㎜の場合の必要寸法目安（スラブ上端からH形鋼下端まで）

この図では排水はスラブ下へ流している

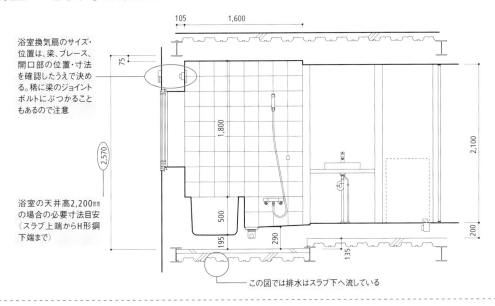

1│在来浴室の必要寸法目安［1:50］

浴室の天井高2,200㎜の場合の必要寸法目安（下階スラブ上端から上階スラブ下端まで）

この図では排水はスラブ上で横引きとしている

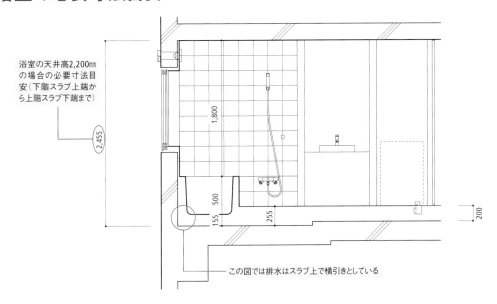

2｜ユニットバスの据え付け必要寸法［1:40］

①木造戸建て用

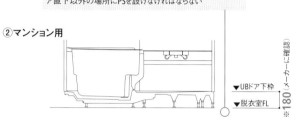

▼脱衣室FL
▼UBFL（水上）
※270（メーカーに確認）

給排水管のルートも把握しておく。階下の室内側にPSを設ける場合、ユニットバスの構造上、木造戸建て用であれば浴室エリア直下にPSを設けられるが、マンション用は浴室エリア直下以外の場所にPSを設けなければならない

②マンション用

▼UBドア下枠
▼脱衣室FL
※180（メーカーに確認）

③天井換気扇寸法

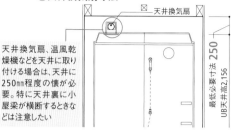

天井換気扇

天井換気扇、温風乾燥機などを天井に取り付ける場合は、天井に250mm程度の懐が必要。特に天井裏に小屋梁が横断するときなどは注意したい

最低必要寸法250
UB天井高2,156

木造戸建住宅の2階以上では、防水上の理由から既製品のユニットバスを使用することが望ましい。ユニットバスは、木造戸建住宅用とマンション用に大別されるが、両者はユニットバスを据え付ける際の必要高さが異なる。一般には、木造戸建住宅なら木造用のユニットバスを使用するが、同じ木造でも根太レス工法を採用し、ユニットバスを落とし込まない場合は、段差が小さなマンション用を使用すると180mm程度の段差で処理することができる。

COLUMN

浴室廻りの基本寸法 Ⓦ Ⓢ Ⓡⓒ

❶平面［1:60］

300mm角のタイルは割付けに半端が出やすい

浴室
200
800
1,400
800
800
800
洗濯機置場
洗面室

洗い場は800mm以上確保したい

❷展開［1:60］

浴室　　洗面室　　洗濯機置場

浴室CH=2,200
1,800
500　400　800
1,600

基本寸法といっても考え方は人それぞれだが、まずは図のような寸法で考えるとよい。床、壁ともに200mm角の磁器質タイル張り、浴槽は800×1,400mmを基本として、個々の事例に対応していく。タイル張り、板張りなどの仕上げは、その割付けや水栓との位置関係なども考慮しなければならない。

❸シャワー［1:60］

700
500
400

❹ライニング［1:60］

700
900
400
100〜200

❺洗面受け台［1:60］

600
300

❻排水ユニット深さ［1:10］

146

❼洗濯排水ユニット深さ［1:10］

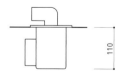

110

水栓芯はFL＋400mmが基本（❸）。ライニング（配管スペース）をつくる場合は、奥行きが深いとシャワーヘッドが遠くなるので注意する（❹）。洗面受け台をつくる場合は、水栓の位置を上げないと洗面器が入りにくくなる（❺）。既製品の排水ユニット（❻❼）などは、あらかじめその寸法を確認したうえで床下寸法を検討すること。

3 | 壁（モルタル）［1:10］

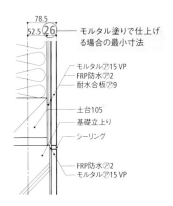

78.5
52.5 26 モルタル塗りで仕上げ
る場合の最小寸法
モルタルア15 VP
FRP防水ア2
耐水合板ア9
土台105
基礎立上り
シーリング
FRP防水ア2
モルタルア15 VP

モルタルは厚すぎても薄すぎても割れるので、15 mm前後が適切。基礎立上りと合板で下地が切り替わる部分は、モルタルにクラックが入りやすいため目地＋シーリングなどで見切ったほうがよい。

4 | 壁（タイル）［1:10］

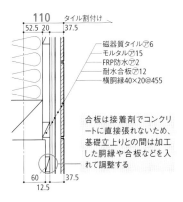

110　タイル割付け
52.5 20 37.5
磁器質タイルア6
モルタルア15
FRP防水ア2
耐水合板ア12
横胴縁40×20@455
合板は接着剤でコンクリートに直接張れないため、基礎立上りとの間は加工した胴縁や合板などを入れて調整する
60 37.5
12.5

柱の通り芯間が1,820 mmの場合、通り芯から仕上げ面までの寸法を110 mmにするとタイル割りがきれいにできる［❶］。芯から仕上げ面までを110 mmにすることで、基礎立上りとの段差も解消できる。

2 | ライニング（タイル）［1:10］

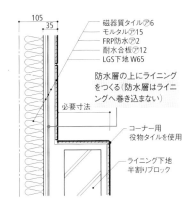

105
35
磁器質タイルア6
モルタルア15
FRP防水ア2
耐水合板ア12
LGS下地 W65
防水層の上にライニングをつくる（防水層はライニングへ巻き込まない）
必要寸法
コーナー用
役物タイルを使用
ライニング下地
半割りブロック

ライニングの下地に使用するブロックなどは、タイル割りに合わせて必要な寸法を調整する。シャンプーの容器などを置く場合は100 mm以上ほしい。

3 | 開口部廻り（タイル）［1:15］

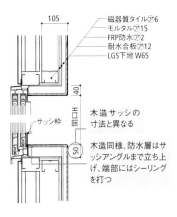

105
磁器質タイルア6
モルタルア15
FRP防水ア2
耐水合板ア12
LGS下地 W65
40
木造サッシの
寸法と異なる
サッシ枠
開口H
50
木造同様、防水層はサッシアングルまで立ち上げ、端部にはシーリングを打つ

木造同様、タイル割りに応じてサッシの幅と位置を決める。S造用サッシ（ビル用半外枠）は規格寸法がないためタイル割りから寸法を押さえる。

2 | 防水層の切り替え（タイル）［1:10］

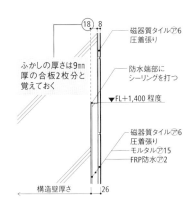

18 8
磁器質タイルア6
圧着張り
ふかしの厚さは9mm
厚の合板2枚分と
覚えておく
防水端部に
シーリングを打つ
▼FL+1,400程度
磁器質タイルア6
圧着張り
モルタルア15
FRP防水ア2
構造壁厚さ 26

RC造の防水層はFL＋1,400 mm程度まで立ち上げれば十分。それ以上の面は躯体をふかして壁厚をそろえる。構造壁を欠き込んで防水層をつくってはならないのは言うまでもない。

特記 ❶ 1,820 mm－110 mm－110 mm＝1,600 mm

3 | 開口部廻り（タイル）［1:15］

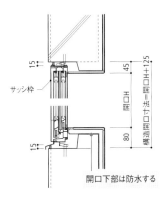

15
45
サッシ枠
開口H
構造開口寸法＝開口H＋125
15
80
開口下部は防水する

RC造は型枠を組む段階で躯体の開口寸法を決めておかなければならない。開口寸法を決めるためにはその前にタイル割りを終えておく必要があるため、他構造に比べ仕上げの選定は早めにする。

木造

5 | 開口部廻り（タイル）[1:10]

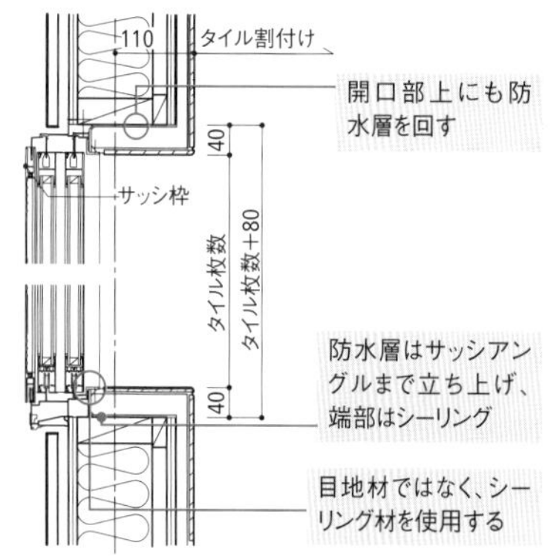

110
タイル割付け
開口部上にも防水層を回す
40
サッシ枠
タイル枚数
タイル枚数＋80
40
防水層はサッシアングルまで立ち上げ、端部はシーリング
目地材ではなく、シーリング材を使用する

開口部廻りは、タイル割りに応じてサッシの幅と位置を決める。規格寸法のサッシを入れるとほとんど割付けに合わないため、タイル割りを優先するならサッシは特注寸法となる。

6 | 天井（浴室天井材）[1:10]

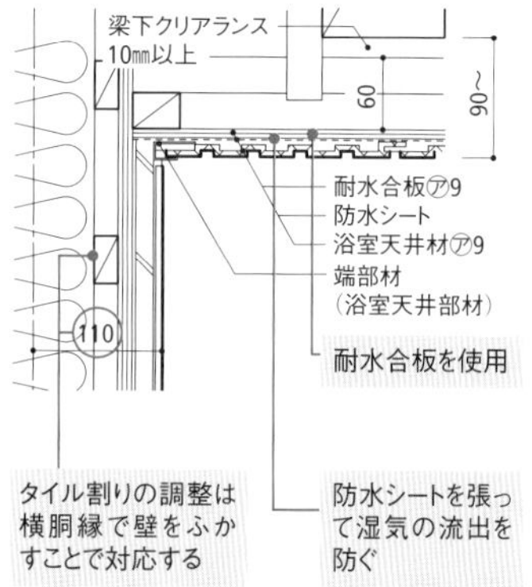

梁下クリアランス10㎜以上
60
90〜
耐水合板㋐9
防水シート
浴室天井材㋐9
端部材（浴室天井部材）
110
耐水合板を使用
タイル割りの調整は横胴縁で壁をふかすことで対応する
防水シートを張って湿気の流出を防ぐ

梁下から天井仕上げ面まで、木造では一般に100㎜以上必要になる。防水層はシャワーの水掛かりを考えFL＋1,400㎜を基本とするが、コストにそれほど影響しないこともあり、万全を期すなら天井面まで立ち上げておきたい。

S造

4 | 天井（フレキシブルボード）[1:10]

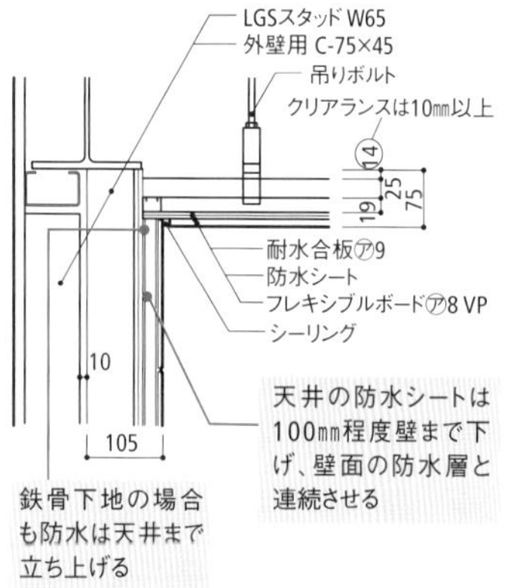

LGSスタッドW65
外壁用C-75×45
吊りボルト
クリアランスは10㎜以上
14
25
19
75
耐水合板㋐9
防水シート
フレキシブルボード㋐8 VP
シーリング
10
105
天井の防水シートは100㎜程度壁まで下げ、壁面の防水層と連続させる
鉄骨下地の場合も防水は天井まで立ち上げる

S造はタイル割りに合わせて必要な位置にLGSスタッド下地を設置できるため、スタッドからの寸法さえ押さえておけばよい。

5 | 壁／天井（羽目板）[1:10]

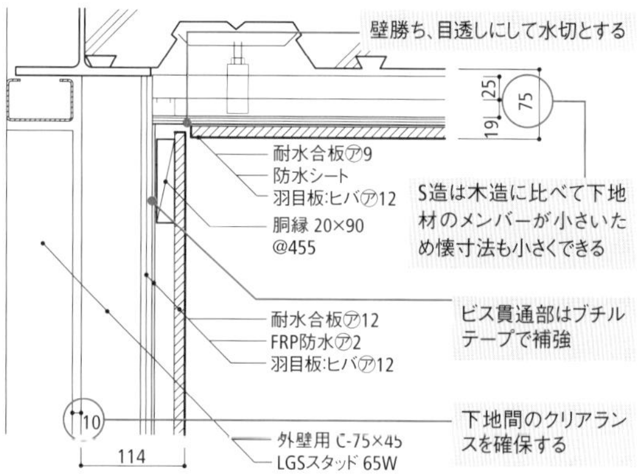

壁勝ち、目透しにして水切とする
25
75
19
耐水合板㋐9
防水シート
羽目板:ヒバ㋐12
胴縁 20×90 @455
S造は木造に比べて下地材のメンバーが小さいため懐寸法も小さくできる
耐水合板㋐12
FRP防水㋐2
羽目板:ヒバ㋐12
ビス貫通部はブチルテープで補強
10
114
外壁用C-75×45
LGSスタッド 65W
下地間のクリアランスを確保する

H形鋼梁の下端にデッキプレートを載せる場合でも、図4同様、天井仕上げ面まで75㎜をみておけば納まる。ただし、ダウンライトはこの寸法では入らないので要注意。S造でも、ムク板の張り方は木造と同じ。

RC造

4 | 壁（タイル）／天井（塗装）[1:10]

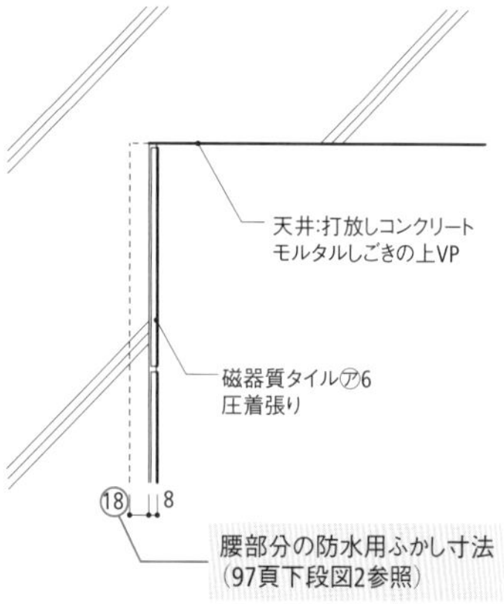

天井:打放しコンクリートモルタルしごきの上VP
磁器質タイル㋐6 圧着張り
18
8
腰部分の防水用ふかし寸法（97頁下段図2参照）

RC造は躯体に直接タイルを張ることができるので、壁厚は薄く納まる。天井面を塗装仕上げのみとする場合は、打放し面の不陸解消のため下地処理としてモルタルしごきが必要。

5 | 壁／天井（羽目板）[1:10]

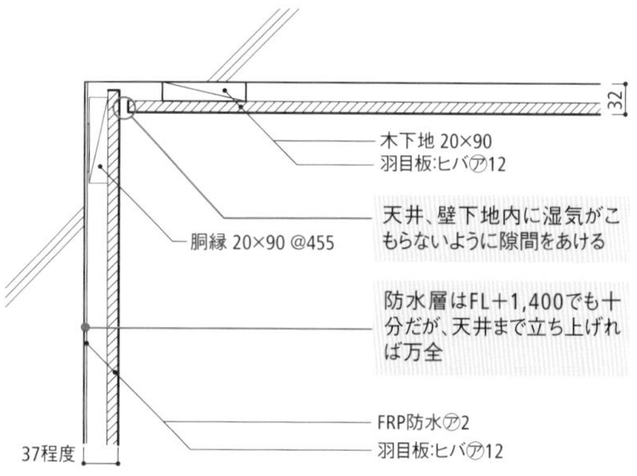

32
木下地 20×90
羽目板:ヒバ㋐12
胴縁 20×90 @455
天井、壁下地内に湿気がこもらないように隙間をあける
防水層はFL+1,400でも十分だが、天井まで立ち上げれば万全
FRP防水㋐2
羽目板:ヒバ㋐12
37程度

ほかの構造では必要になる下地の処理や天井面の防水シートは、RC造では不要。ただし、躯体とムク板の間に湿気がこもらないよう通気を取るなどの対策は必要になる。

7｜壁／天井（羽目板）［1:10］

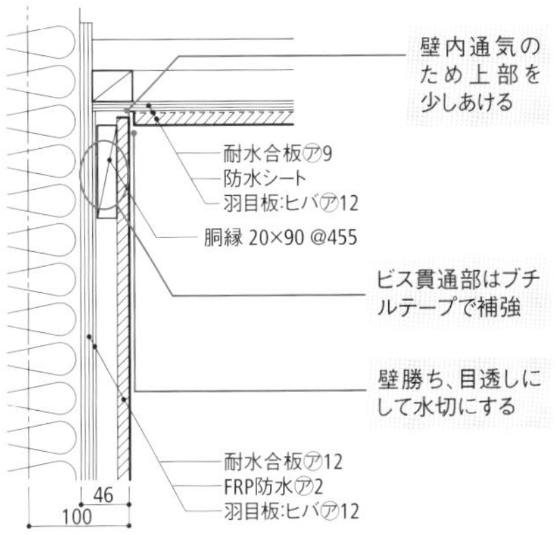
壁内通気のため上部を少しあける
耐水合板㋐9
防水シート
羽目板：ヒバ㋐12
胴縁 20×90 @455
ビス貫通部はブチルテープで補強
壁勝ち、目透しにして水切にする
耐水合板㋐12
FRP防水㋐2
羽目板：ヒバ㋐12
46
100

8｜開口部廻り（羽目板）［1:15］

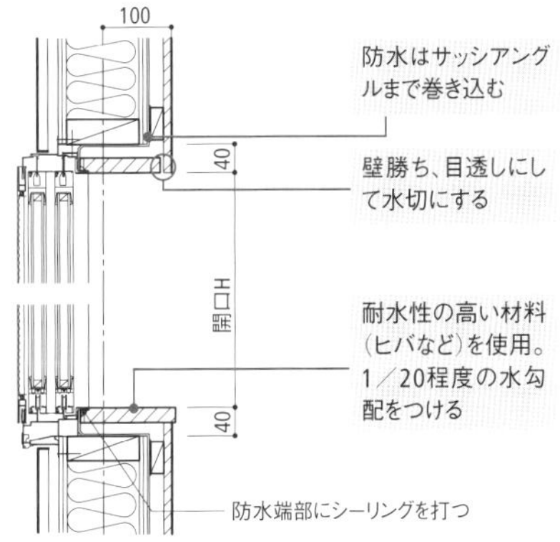
100
防水はサッシアングルまで巻き込む
40
壁勝ち、目透しにして水切にする
開口H
耐水性の高い材料（ヒバなど）を使用。1／20程度の水勾配をつける
40
防水端部にシーリングを打つ

ムク板で仕上げる場合は、天井入隅までFRP防水層を立ち上げ、胴縁を流したうえで板をビス留めする。防水層を貫通するビス部分はブチルテープで補強。板張りでは壁内通気を確保できるように納めるのがポイントで、開口部廻りは水切れをよくするため壁勝ちにして納める。

6｜ハーフユニット［1:8］[W][S][Rc]

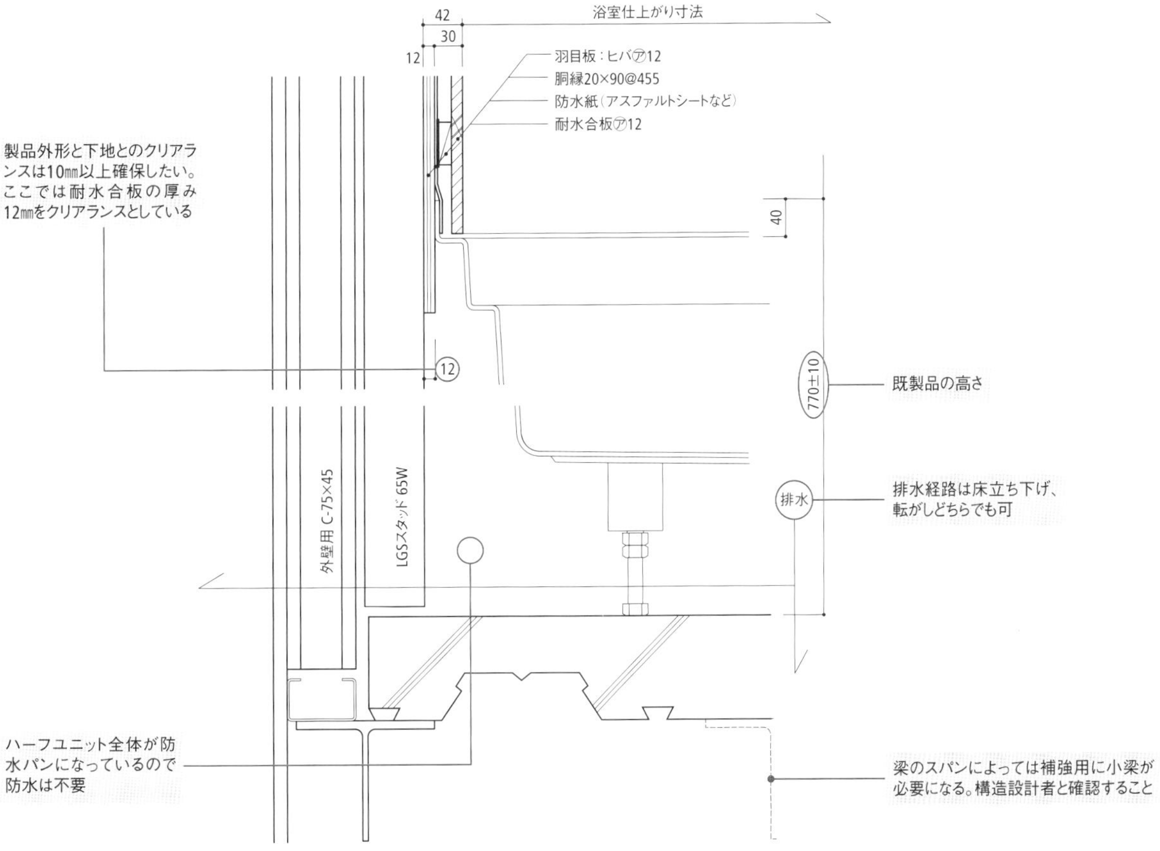
42
30
12
浴室仕上がり寸法
羽目板：ヒバ㋐12
胴縁20×90@455
防水紙（アスファルトシートなど）
耐水合板㋐12
製品外形と下地とのクリアランスは10㎜以上確保したい。ここでは耐水合板の厚み12㎜をクリアランスとしている
40
12
770±10
既製品の高さ
外壁用 C-75×45
LGSスタッド 65W
排水
排水経路は床立ち下げ、転がしどちらでも可
ハーフユニット全体が防水パンになっているので防水は不要
梁のスパンによっては補強用に小梁が必要になる。構造設計者と確認すること

壁載せ部（防水リム部）と羽目板の取合い

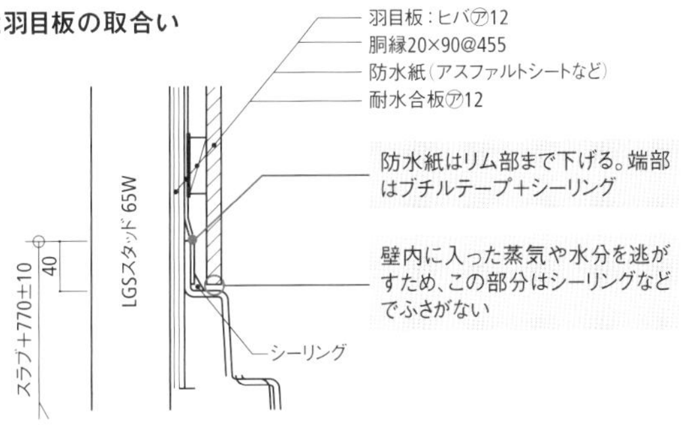
羽目板：ヒバ㋐12
胴縁20×90@455
防水紙（アスファルトシートなど）
耐水合板㋐12
防水紙はリム部まで下げる。端部はブチルテープ＋シーリング
壁内に入った蒸気や水分を逃がすため、この部分はシーリングなどでふさがない
LGSスタッド 65W
40
スラブ＋770±10
シーリング

2階以上の浴室で意匠性に優れた浴室を設計したい場合は、ハーフユニットの活用を検討したい。壁や天井の仕上げに木材やタイルなどを使用して自由にデザインできるメリットは大きい。

9｜排水の方法［1:30］

❶縦引き

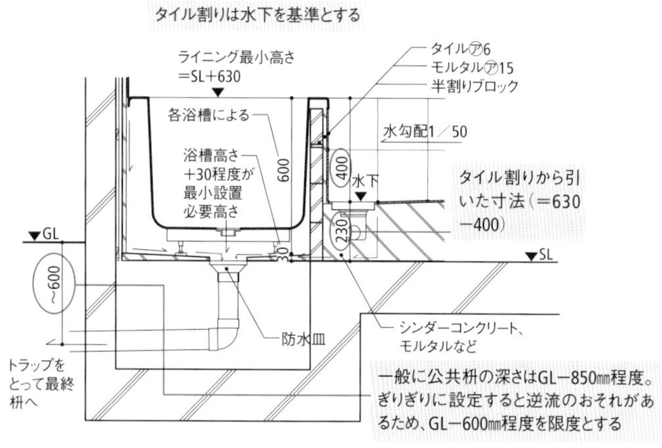
タイル割りは水下を基準とする
ライニング最小高さ
＝SL＋630
タイル㋐6
モルタル㋐15
半割りブロック
各浴槽による
水勾配1／50
浴槽高さ
＋30程度が
最小設置
必要高さ
600
400
水下
タイル割りから引
いた寸法（＝630
−400）
GL
230
30
SL
~600
防水皿
シンダーコンクリート、
モルタルなど
トラップを
とって最終
枡へ
一般に公共枡の深さはGL−850㎜程度。
ぎりぎりに設定すると逆流のおそれがあ
るため、GL−600㎜程度を限度とする

❷横引き

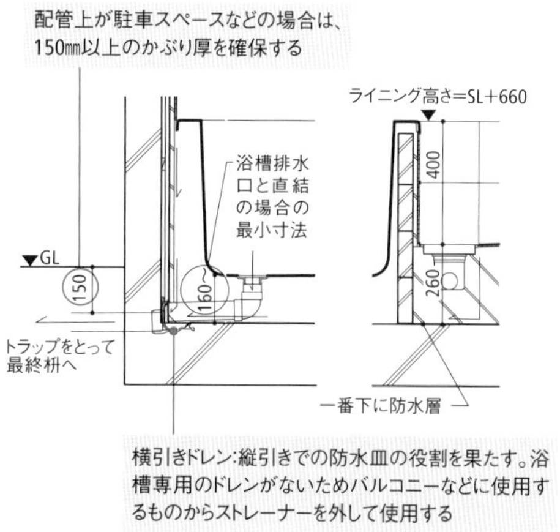
配管上が駐車スペースなどの場合は、
150㎜以上のかぶり厚を確保する
ライニング高さ＝SL＋660
浴槽排水
口と直結
の場合の
最小寸法
400
GL
150
160~
260
トラップをとって
最終枡へ
一番下に防水層
横引きドレン：縦引きでの防水皿の役割を果たす。浴
槽専用のドレンがないためバルコニーなどに使用す
るものからストレーナーを外して使用する

7｜排水の方法［1:25］

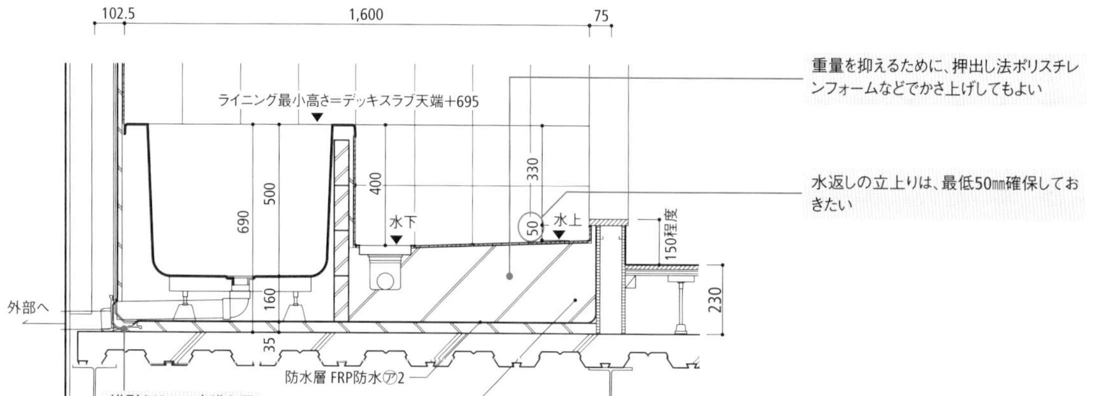
102.5
1,600
75
ライニング最小高さ＝デッキスラブ天端＋695
重量を抑えるために、押出し法ポリスチレ
ンフォームなどでかさ上げしてもよい
690
500
400
330
水下
50
水上
150程度
水返しの立上りは、最低50㎜確保してお
きたい
外部へ
160
35
230
防水層 FRP防水㋐2
横引きドレン：木造と同
様。ストレーナーは外
して使用する
シンダーコンクリート、
モルタルなど

浴槽の排水管はスラブ上に横引きする。排水管とドレンの高さが合わないので、スラブ上にはシンダーコンクリート（またはモルタル）を打って調整。

7｜排水の方法［1:25］

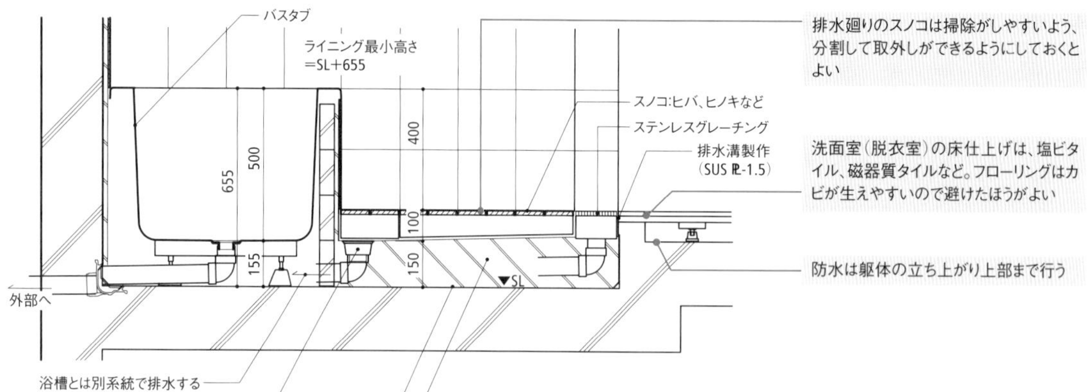
バスタブ
ライニング最小高さ
＝SL＋655
排水廻りのスノコは掃除がしやすいよう、
分割して取外しができるようにしておくと
よい
スノコ：ヒバ、ヒノキなど
ステンレスグレーチング
排水溝製作
（SUS PL-1.5）
655
500
400
100
155
150
洗面室（脱衣室）の床仕上げは、塩ビタ
イル、磁器質タイルなど。フローリングはカ
ビが生えやすいので避けたほうがよい
SL
外部へ
防水は躯体の立ち上がり上部まで行う
浴槽とは別系統で排水する
排水目皿
アスファルト防水または塗膜防水
シンダーコンクリート、モルタルなど

S造同様、排水管はスラブ上に横引きする。RC造の防水層はアスファルト防水か、塗膜防水が一般的（露出防水の場合はFRP防水が望ましい）。

10 | 浴室ドア（既製品）[1:15]

❶姿図[1:80]

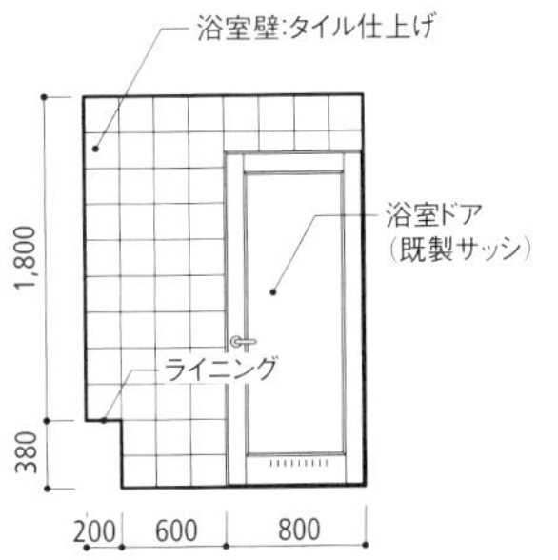
浴室壁：タイル仕上げ
浴室ドア
（既製サッシ）
ライニング
1,800
380
200
600
800

❷断面

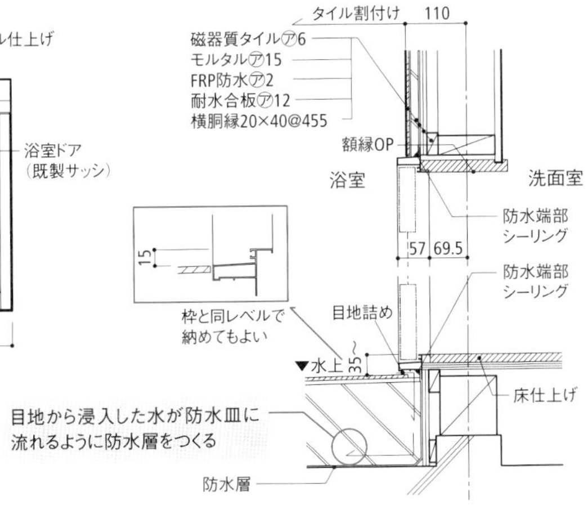
タイル割付け
110
磁器質タイル㋐6
モルタル㋐15
FRP防水㋐2
耐水合板㋐12
横胴縁20×40@455
額縁OP
浴室
洗面室
防水端部
シーリング
57
69.5
防水端部
シーリング
15
枠と同レベルで
納めてもよい
目地詰め
▼水上
35
床仕上げ
目地から浸入した水が防水皿に
流れるように防水層をつくる
防水層

❸断面

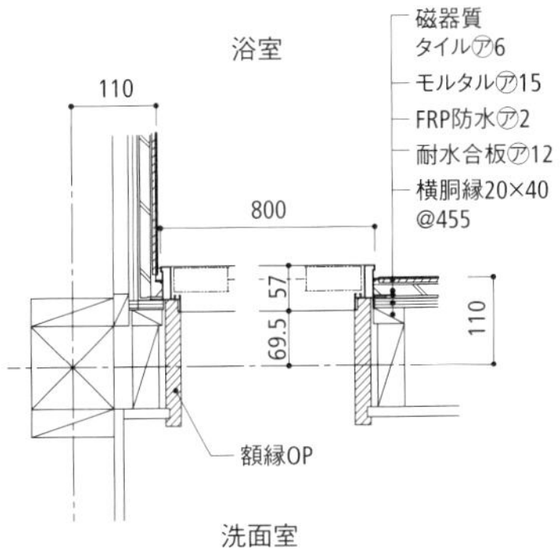
浴室
磁器質
タイル㋐6
モルタル㋐15
FRP防水㋐2
耐水合板㋐12
横胴縁20×40
@455
110
800
57
69.5
110
額縁OP
洗面室

8 | 浴室ドア（ガラス框戸）[1:15]

❶姿図[1:80]

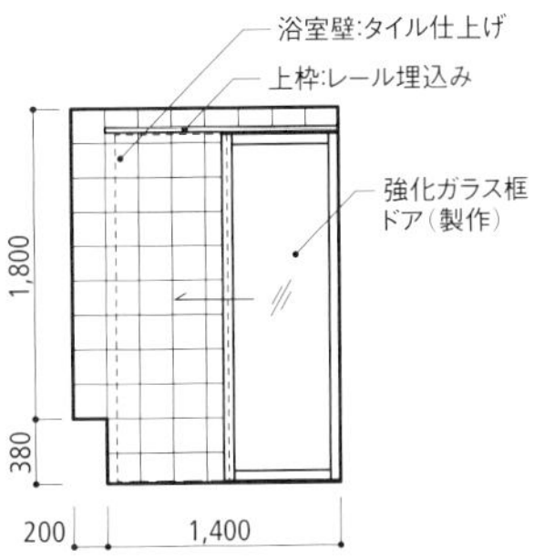
浴室壁：タイル仕上げ
上枠：レール埋込み
強化ガラス框
ドア（製作）
1,800
380
200
1,400

❷断面

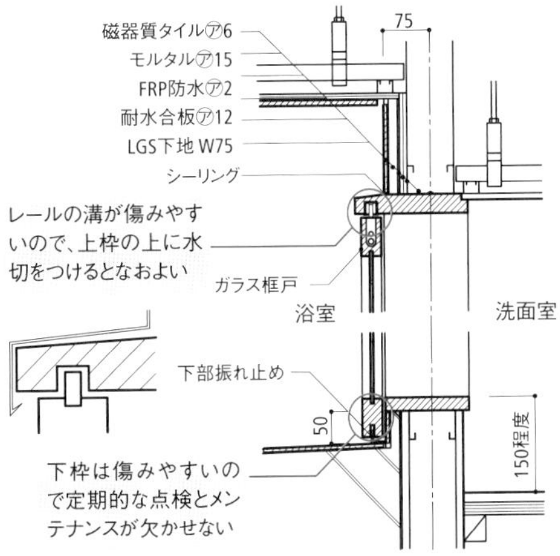
磁器質タイル㋐6
モルタル㋐15
FRP防水㋐2
耐水合板㋐12
LGS下地 W75
シーリング
75
レールの溝が傷みやす
いので、上枠の上に水
切をつけるとなおよい
ガラス框戸
浴室
洗面室
下部振れ止め
50
150程度
下枠は傷みやすいの
で定期的な点検とメン
テナンスが欠かせない

❸断面

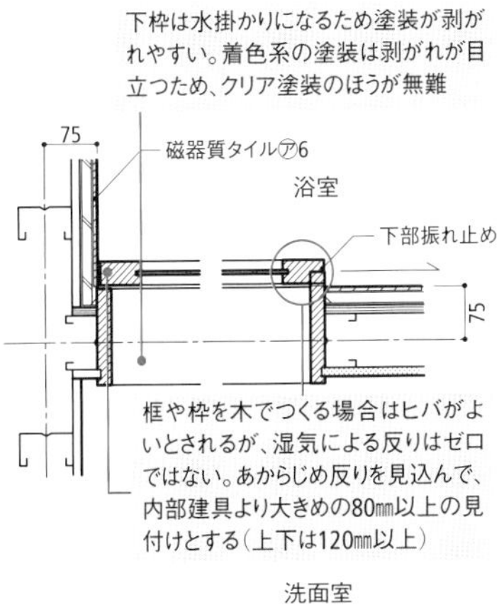
下枠は水掛かりになるため塗装が剥が
れやすい。着色系の塗装は剥がれが目
立つため、クリア塗装のほうが無難
75
磁器質タイル㋐6
浴室
下部振れ止め
75
框や枠を木でつくる場合はヒバがよ
いとされるが、湿気による反りはゼロ
ではない。あらかじめ反りを見込んで、
内部建具より大きめの80㎜以上の見
付けとする（上下は120㎜以上）
洗面室

8 | 浴室ドア（強化ガラスドア、腰壁）[1:15]

❶姿図[1:80]

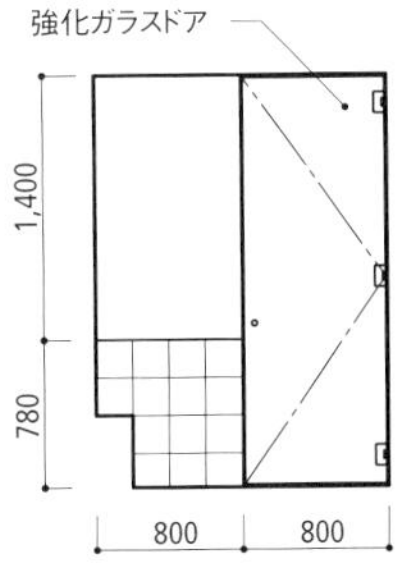
強化ガラスドア
1,400
780
800
800

❷断面

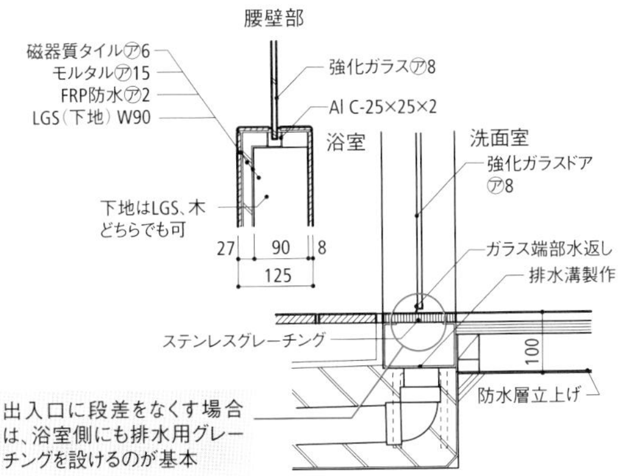
腰壁部
磁器質タイル㋐6
モルタル㋐15
FRP防水㋐2
LGS（下地）W90
強化ガラス㋐8
Al C-25×25×2
浴室
洗面室
強化ガラスドア
㋐8
下地はLGS、木
どちらでも可
27
90
8
125
ガラス端部水返し
排水溝製作
ステンレスグレーチング
100
防水層立上げ
出入口に段差をなくす場合
は、浴室側にも排水用グレー
チングを設けるのが基本

❸断面

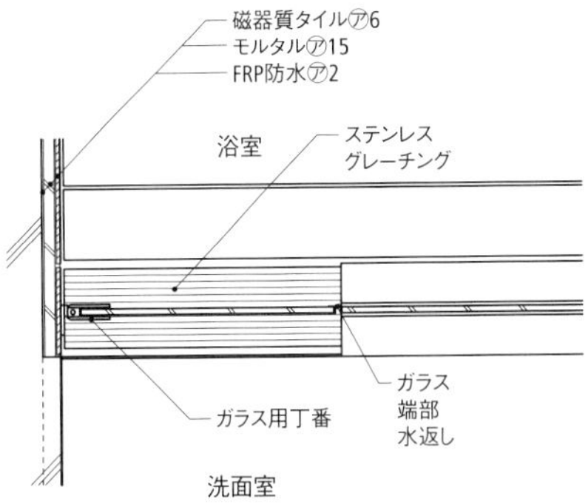
磁器質タイル㋐6
モルタル㋐15
FRP防水㋐2
浴室
ステンレス
グレーチング
ガラス用丁番
ガラス
端部
水返し
洗面室

階段

階段の設置方法から仕上材との納まり、幅木との取合いまで、意外と難解な施工のポイントを解説する

段板と側桁に隙間をつくらない

木造

階段にはさまざまな形式、意匠上の工夫が可能だが、ここでは側桁直進階段（蹴込み階段）を基本にその納まりを考えたい。階段で問題となることの1つに昇降時の「きしみ」がある。これは側桁に溝を彫って差し込んだ段板が乾燥によってがたついてくることが原因の1つといえる。そこで段板は、かつてはくさび留めとするのが主流であったが、最近はビス留めに接着剤を併用してくさびは入れないことも多い。いずれにしろ、段板と側桁には隙間をつくらない納まりを考えておく必要がある。

スチールのゆがみを吸収できる納まりに

S造

S造の建物に木製階段を納める場合は、木製の側桁を鉄骨のどこにどう取り付けるかから考える。鉄骨はビスや釘では固定できないため、梁に溶接したガセットプレートと側桁をボルト接合するのが一般的。ガセットプレートは、梁フランジの端から90mm程度出さないと接合部を確保できない。

また、木造と異なり、現場で削り位置を調整することが難しいため、各プレートと仕上材などとの間には10mmのクリアランス、いわゆる「逃げ」を見込んだ納まりにしておく必要がある。

接合用のボルトは先打ちが理想

RC造

RC造も、木製階段と躯体はボルト接合が基本となる。S造と異なるのは、階段を接合するためのアンカーボルトをスラブの打設前に設置しておくという点である。打設後にケミカルアンカーを打つ方法もあるが、後打ちにすると躯体内の鉄筋にアンカーが干渉して適切な位置に打てないケースもあるうえ、強度的にマイナスになるため、極力打設前に設置するのが望ましい。鉄骨階段を接合する場合は、躯体の不陸を想定して、ボルトを接合するプレートとの間に5〜10mm程度のクリアランスを確保する。

1｜木製側桁階段

❶上部［1:10］

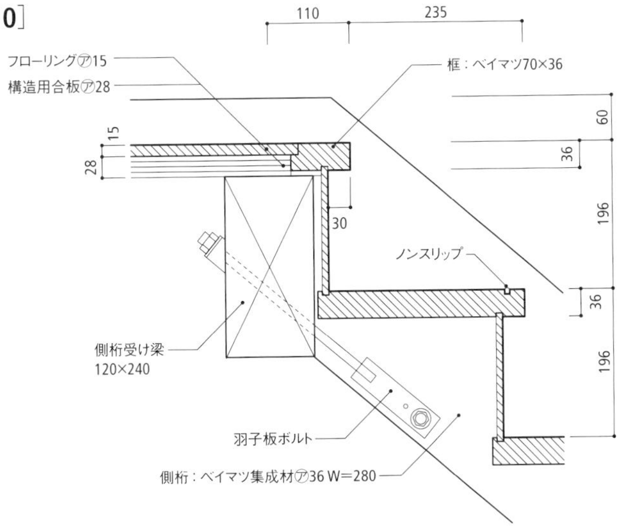
110
235
フローリング㋐15
構造用合板㋐28
框：ベイマツ70×36
15
28
60
36
30
196
ノンスリップ
36
196
側桁受け梁
120×240
羽子板ボルト
側桁：ベイマツ集成材㋐36 W=280

ノンスリップ［1:5］

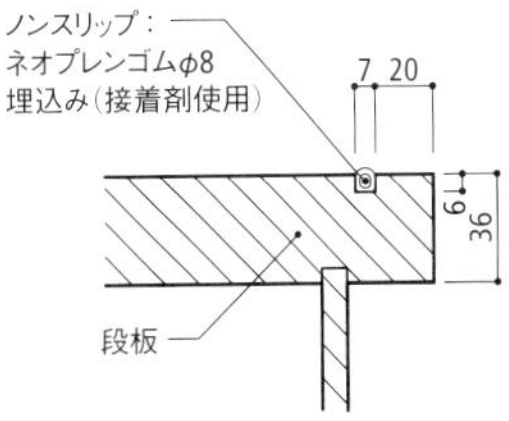
ノンスリップ：
ネオプレンゴムφ8
埋込み（接着剤使用）
7
20
19
36
段板

ドアのパッキン材としても使用される中空構造のネオプレンゴム（クロロプレンゴム）を溝に押し込んでいる

1｜木製側桁階段

❶上部［1:10］

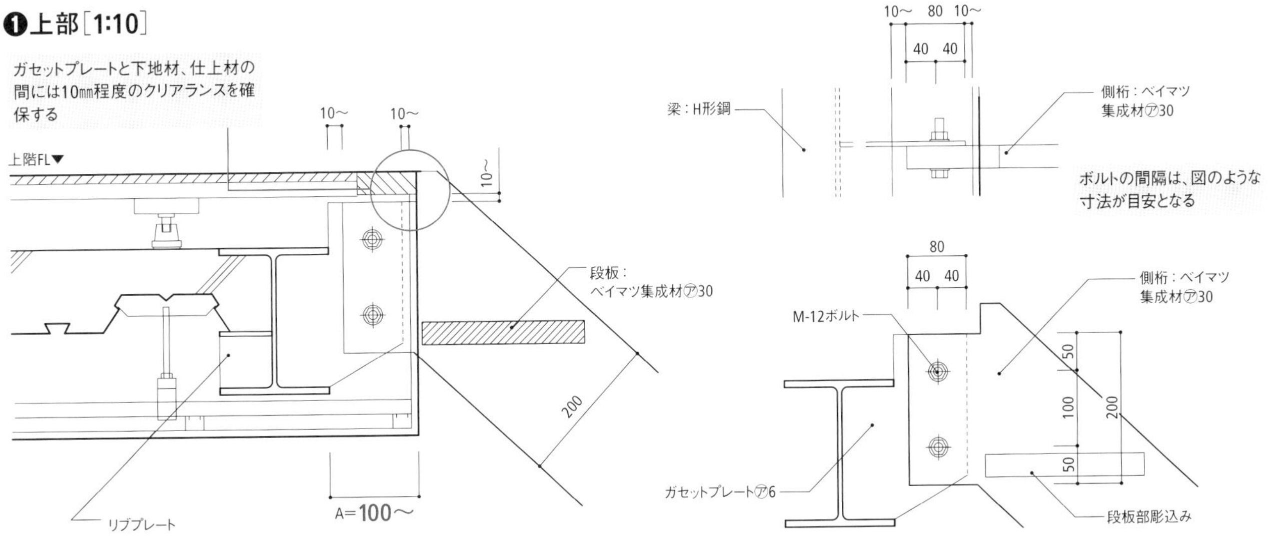
ガセットプレートと下地材、仕上材の間には10㎜程度のクリアランスを確保する
10～
10～
上階FL▼
10～
段板：
ベイマツ集成材㋐30
200
リブプレート
A=100～
10～
80
10～
40
40
梁：H形鋼
側桁：ベイマツ
集成材㋐30
ボルトの間隔は、図のような寸法が目安となる
80
40
40
M-12ボルト
側桁：ベイマツ
集成材㋐30
50
100
200
50
ガセットプレート㋐6
段板部彫込み

1｜木製側桁階段

❶上部［1:10］

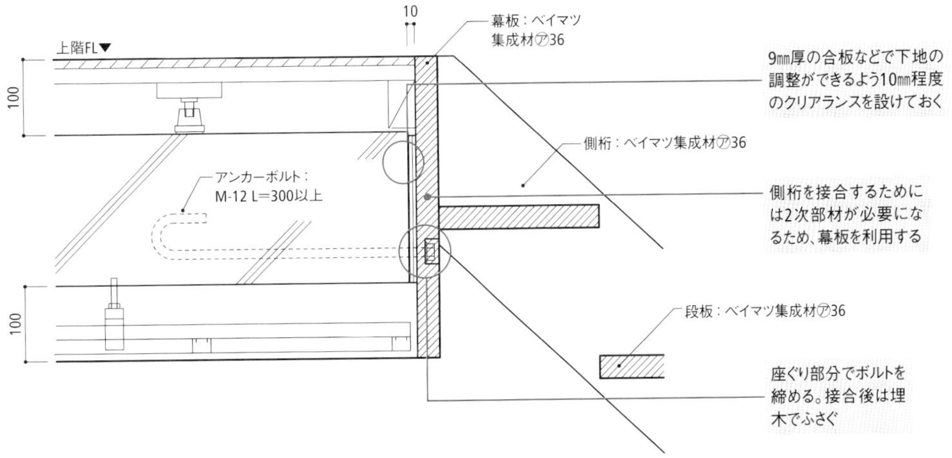
10
幕板：ベイマツ
集成材㋐36
上階FL▼
100
9㎜厚の合板などで下地の調整ができるよう10㎜程度のクリアランスを設けておく
側桁：ベイマツ集成材㋐36
アンカーボルト：
M-12 L=300以上
側桁を接合するためには2次部材が必要になるため、幕板を利用する
100
段板：ベイマツ集成材㋐36
座ぐり部分でボルトを締める。接合後は埋木でふさぐ

（1｜木製側桁階段）

❷下部［1:15］

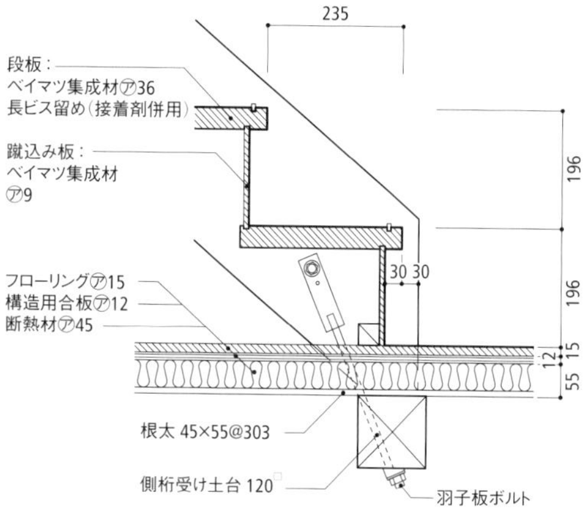
235
段板：
ベイマツ集成材㋐36
長ビス留め（接着剤併用）
蹴込み板：
ベイマツ集成材
㋐9
196
196
30 30
フローリング㋐15
構造用合板㋐12
断熱材㋐45
12
15
55
根太 45×55@303
側桁受け土台 120□
羽子板ボルト

❸縦断面［1:20］

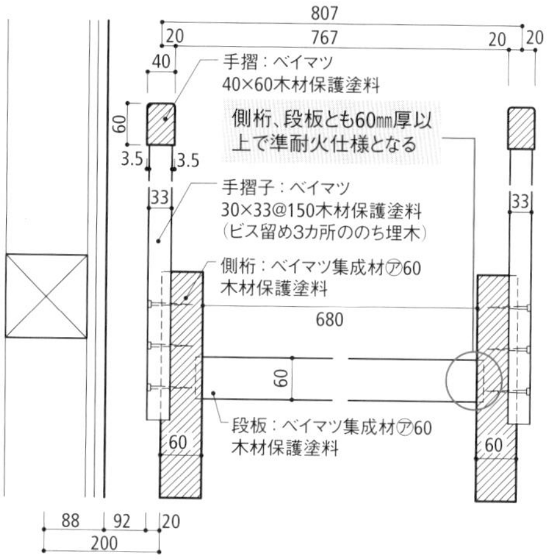
807
20
767
20
20
40
手摺：ベイマツ
40×60木材保護塗料
側桁、段板とも60mm厚以上で準耐火仕様となる
60
3.5
3.5
33
33
手摺子：ベイマツ
30×33@150木材保護塗料
（ビス留め3カ所ののち埋木）
側桁：ベイマツ集成材㋐60
木材保護塗料
680
60
段板：ベイマツ集成材㋐60
木材保護塗料
60
60
88
92
20
200

（1｜木製側桁階段）

❷ ❶のA寸法が確保できない場合［1:15］

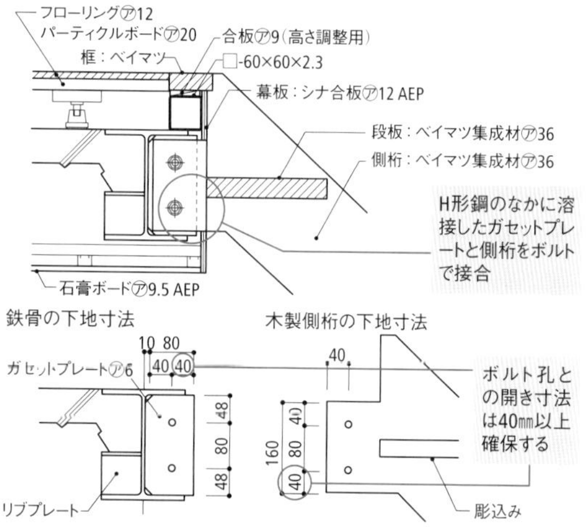
フローリング㋐12
パーティクルボード㋐20
合板㋐9（高さ調整用）
框：ベイマツ
□-60×60×2.3
幕板：シナ合板㋐12 AEP
段板：ベイマツ集成材㋐36
側桁：ベイマツ集成材㋐36
H形鋼のなかに溶接したガセットプレートと側桁をボルトで接合
石膏ボード㋐9.5 AEP
鉄骨の下地寸法
木製側桁の下地寸法
10 80
40 40
ガセットプレート㋐6
48
80
48
リブプレート
40
40
80
40
160
ボルト孔との開き寸法は40mm以上確保する
彫込み

❸下部［1:15］

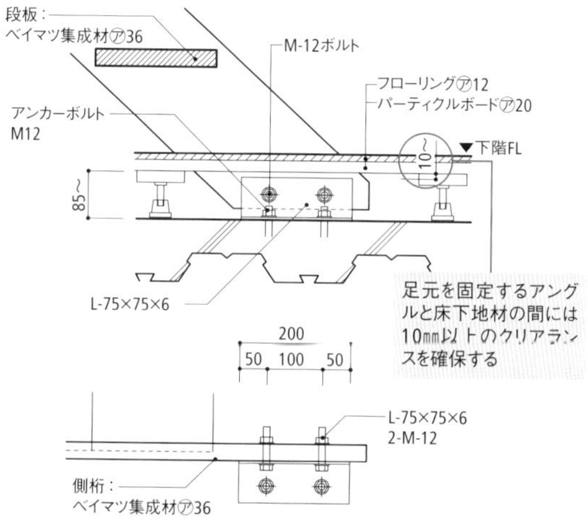
段板：
ベイマツ集成材㋐36
M-12ボルト
フローリング㋐12
パーティクルボード㋐20
アンカーボルト
M12
10〜
▼下階FL
85〜
L-75×75×6
足元を固定するアングルと床下地材の間には10mm以上のクリアランスを確保する
200
50 100 50
L-75×75×6
2-M-12
側桁：
ベイマツ集成材㋐36

（1｜木製側桁階段）

❷下部［1:15］

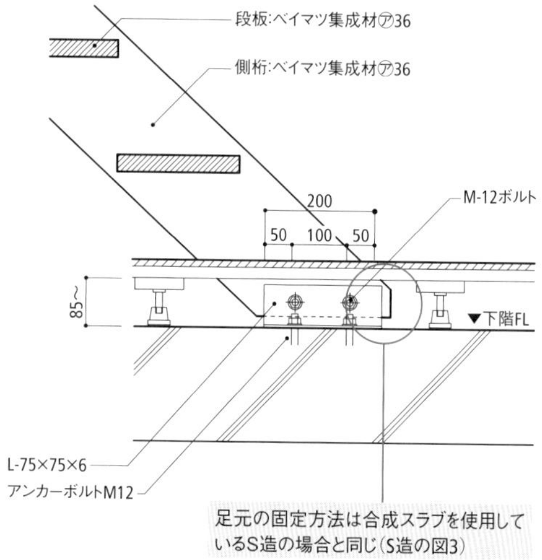
段板:ベイマツ集成材㋐36
側桁:ベイマツ集成材㋐36
200
50 100 50
M-12ボルト
85〜
▼下階FL
L-75×75×6
アンカーボルトM12
足元の固定方法は合成スラブを使用しているS造の場合と同じ（S造の図3）

階段の勾配目安

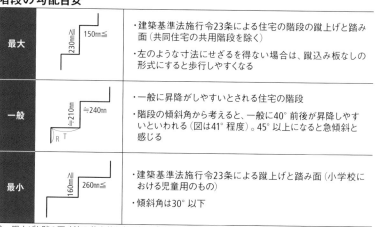

最大	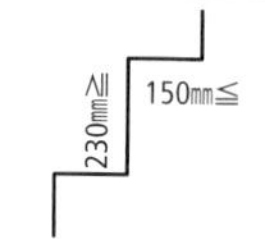230mm≧ 150mm≦	・建築基準法施行令23条による住宅の階段の蹴上げと踏み面（共同住宅の共用階段を除く） ・左のような寸法にせざるを得ない場合は、蹴込み板なしの形式にすると歩行しやすくなる
一般	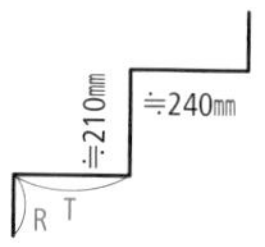≒210mm ≒240mm R T	・一般に昇降がしやすいとされる住宅の階段 ・階段の傾斜角から考えると、一般に40°前後が昇降しやすいといわれる（図は41°程度）。45°以上になると急傾斜と感じる
最小	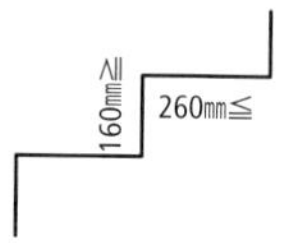160mm≧ 260mm≦	・建築基準法施行令23条による蹴上げと踏み面（小学校における児童用のもの） ・傾斜角は30°以下

注　蹴上げと踏み面寸法の基本的な考え方は「550mm<T+2R<650mm」である

2 | 木製ささら桁階段

❶上部[1:20]

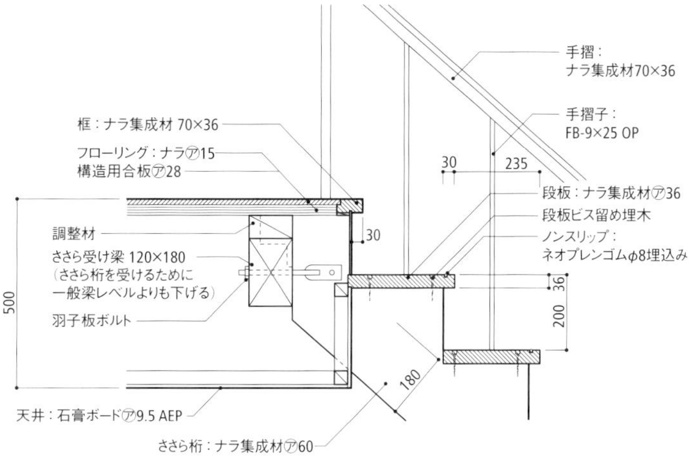
手摺：
ナラ集成材70×36
手摺子：
FB-9×25 OP
框：ナラ集成材 70×36
フローリング：ナラ㋐15
構造用合板㋐28
30
235
段板：ナラ集成材㋐36
段板ビス留め埋木
ノンスリップ：
ネオプレンゴムφ8埋込み
調整材
ささら受け梁 120×180
（ささら桁を受けるために
一般梁レベルよりも下げる）
羽子板ボルト
30
36
200
500
180
天井：石膏ボード㋐9.5 AEP
ささら桁：ナラ集成材㋐60

2 | 鉄骨ささら桁（稲妻）階段

❶上部[1:15]

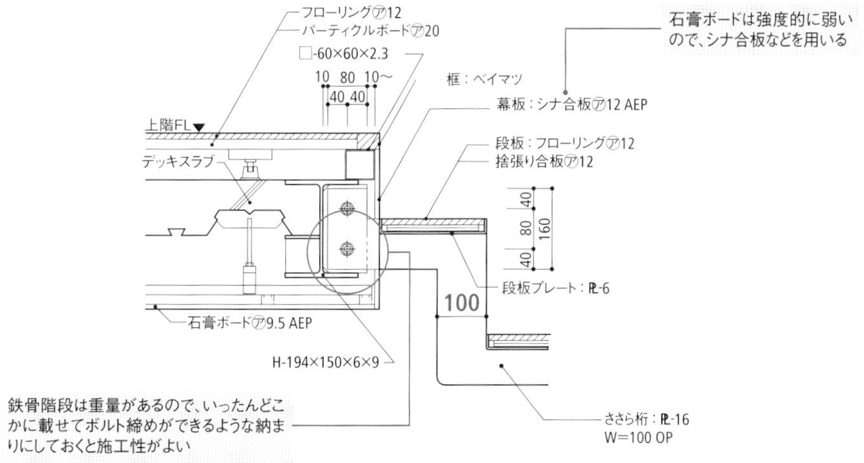
フローリング㋐12
パーティクルボード㋐20
□-60×60×2.3
10 80 10〜
40 40
框：ベイマツ
石膏ボードは強度的に弱いので、シナ合板などを用いる
幕板：シナ合板㋐12 AEP
上階FL
デッキスラブ
段板：フローリング㋐12
捨張り合板㋐12
40
80
40
160
段板プレート：PL-6
100
石膏ボード㋐9.5 AEP
H-194×150×6×9
鉄骨階段は重量があるので、いったんどこかに載せてボルト締めができるような納まりにしておくと施工性がよい
ささら桁：PL-16
W=100 OP

2 | 鉄骨ささら桁（稲妻）階段

❶上部[1:15]

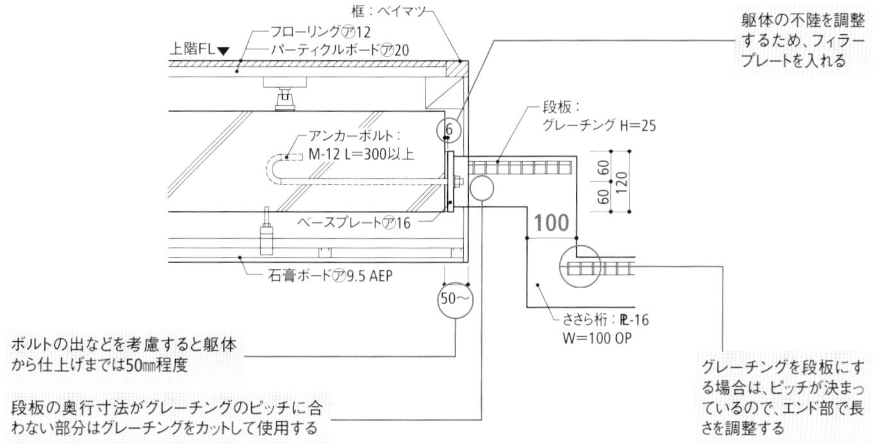
框：ベイマツ
上階FL
フローリング㋐12
パーティクルボード㋐20
躯体の不陸を調整するため、フィラープレートを入れる
6
アンカーボルト：
M-12 L=300以上
段板：
グレーチング H=25
60
60
120
ベースプレート㋐16
100
石膏ボード㋐9.5 AEP
50〜
ささら桁：PL-16
W=100 OP
ボルトの出などを考慮すると躯体から仕上げまでは50㎜程度
段板の奥行寸法がグレーチングのピッチに合わない部分はグレーチングをカットして使用する
グレーチングを段板にする場合は、ピッチが決まっているので、エンド部で長さを調整する

(2| 木製ささら桁階段)

❷手摺部［1:15］

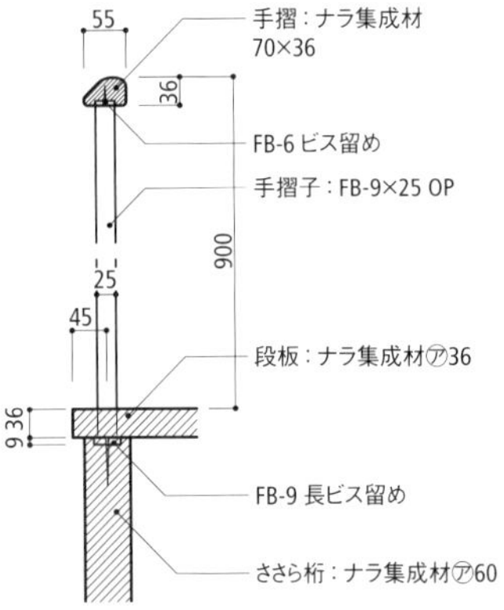
55
手摺：ナラ集成材
70×36
36
FB-6 ビス留め
手摺子：FB-9×25 OP
900
25
45
段板：ナラ集成材㋐36
9 36
FB-9 長ビス留め
ささら桁：ナラ集成材㋐60

段板は手摺子の厚み分（9㎜）切り込んで、ささら桁に載せてビス留めする。段板側面には9㎜の欠き込みが残るので埋木をする。

3| 鉄骨ささら桁（稲妻）階段

❶上部［1:20］

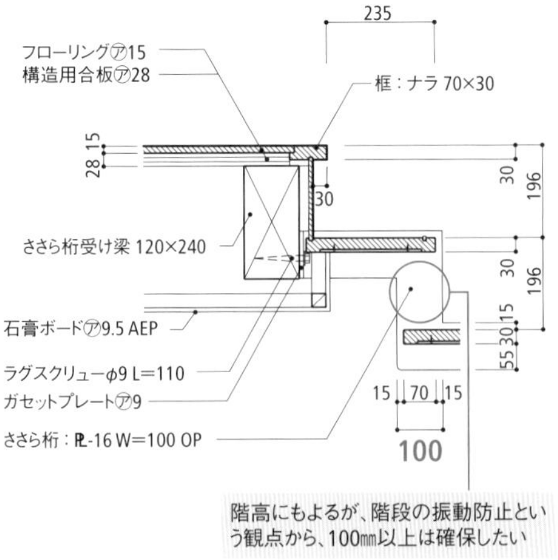
235
フローリング㋐15
構造用合板㋐28
框：ナラ 70×30
28 15
30
196
30
ささら桁受け梁 120×240
30
196
石膏ボード㋐9.5 AEP
15
55 30
ラグスクリューφ9 L=110
ガセットプレート㋐9
15 70 15
ささら桁：PL-16 W=100 OP
100
階高にもよるが、階段の振動防止という観点から、100㎜以上は確保したい

(2| 鉄骨ささら桁［稲妻］階段)

❷下部［1:15］

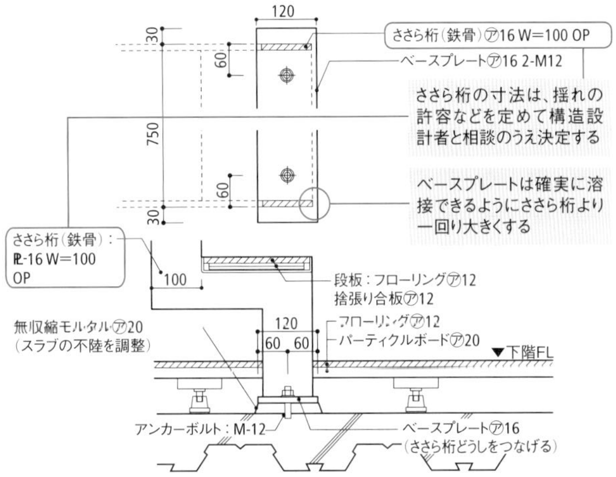
120
30
ささら桁（鉄骨）㋐16 W=100 OP
60
ベースプレート㋐16 2-M12
ささら桁の寸法は、揺れの許容などを定めて構造設計者と相談のうえ決定する
750
60
ベースプレートは確実に溶接できるようにささら桁より一回り大きくする
30
ささら桁（鉄骨）：PL-16 W=100 OP
100
段板：フローリング㋐12
捨張り合板㋐12
120
無収縮モルタル㋐20
（スラブの不陸を調整）
フローリング㋐12
パーティクルボード㋐20
60 60
▼下階FL
アンカーボルト：M-12
ベースプレート㋐16
（ささら桁どうしをつなげる）

鉄骨階段を取り付ける場合、側桁上部は梁に溶接したガセットプレートにボルト接合、下部は階下であれば床に埋め込んだアンカーボルトに接合する（図2）。木製階段と大きく異なるのは、階段自体に重量があるという点である。そのため、建方の際は階段をいったん梁などに仮置きできる納まりにしたり、側桁を梁上に載せ掛けるような形式にする方法も検討したい。

また、鉄骨どうしを納める場合は、現場での微調整が難しいうえ、材自体のゆがみも想定されることから、ボルト孔をルーズにしておくなど、ある程度余裕をもった納まりにしておく必要がある（ルーズホール）。

段板も鉄骨でつくる場合は、ささら桁と段板プレートは溶接するのが一般的。溶接の方法、向きによってはビードが目立ったり、仕上げに干渉することもあるため、最終的な仕上がりをイメージしたうえで溶接の指示を出すようにする。

(2| 鉄骨ささら桁［稲妻］階段)

❷下部［1:15］

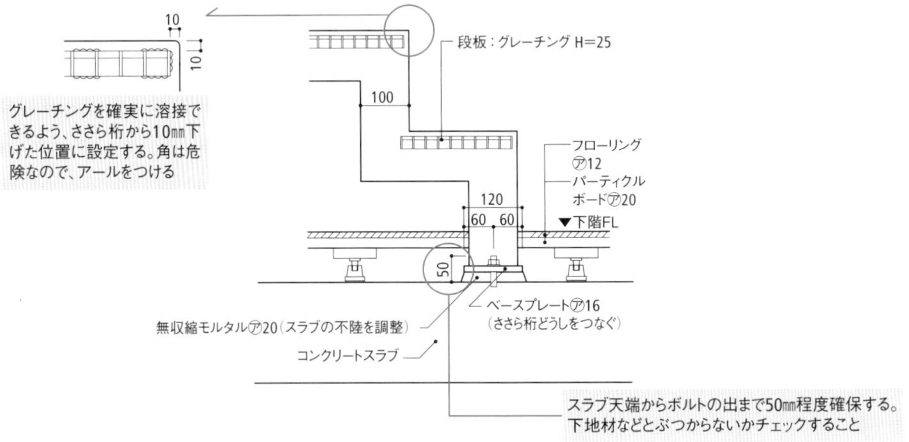
10
10
段板：グレーチング H=25
グレーチングを確実に溶接できるよう、ささら桁から10㎜下げた位置に設定する。角は危険なので、アールをつける
100
フローリング
㋐12
パーティクル
ボード㋐20
120
60 60
▼下階FL
50
ベースプレート㋐16
（ささら桁どうしをつなぐ）
無収縮モルタル㋐20（スラブの不陸を調整）
コンクリートスラブ
スラブ天端からボルトの出まで50㎜程度確保する。下地材などとぶつからないかチェックすること

❷下部［1:20］

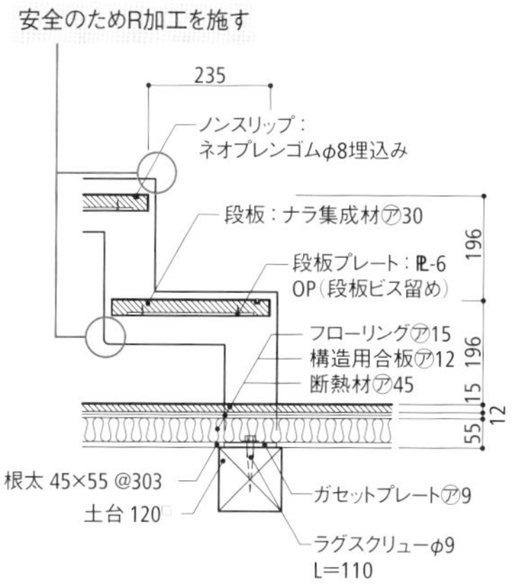

安全のためR加工を施す
235
ノンスリップ：
ネオプレンゴムφ8埋込み
段板：ナラ集成材㋐30
段板プレート：PL-6
OP（段板ビス留め）
196
196
フローリング㋐15
構造用合板㋐12
断熱材㋐45
15
12
55
根太 45×55 @303
土台 120□
ガセットプレート㋐9
ラグスクリューφ9
L=110

❸手摺部［1:20］

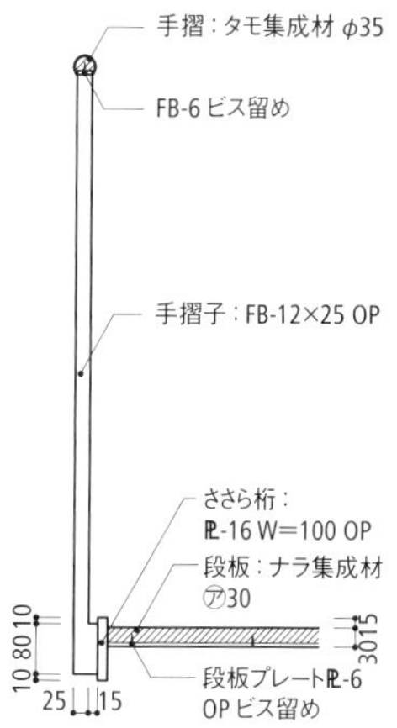

手摺：タモ集成材 φ35
FB-6 ビス留め
手摺子：FB-12×25 OP
ささら桁：
PL-16 W=100 OP
段板：ナラ集成材
㋐30
10 80 10
30 15
25
15
段板プレートPL-6
OP ビス留め

3｜段板の厚みと仕上げの関係［1:6］

①スチールプレート+塗装

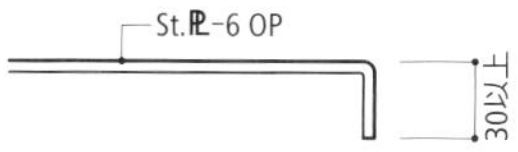

St.PL-6 OP
30以上

30㎜の立ち下げをつくりたくない場合は、16㎜厚程度のプレートを使用してもよい。このままではすべりやすいので、段鼻部にノンスリップ用の孔（φ10程度）をあけるとよい。

②モルタル

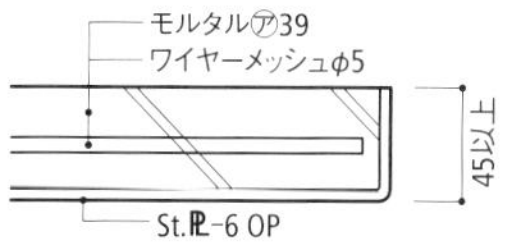

モルタル㋐39
ワイヤーメッシュφ5
45以上
St.PL-6 OP

折り曲げた段板プレートにモルタルを流し込む方法。割れやすいので必ずワイヤーメッシュを入れる。

③塩ビシート、Pタイルなど

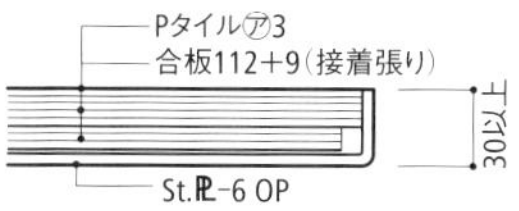

Pタイル㋐3
合板112+9（接着張り）
30以上
St.PL-6 OP

下地を乾式にしたもの。厚みを確保するために合板は2重張りにする。踏み面の感触は変わるが下地をモルタルにしてもよい。

④フローリング

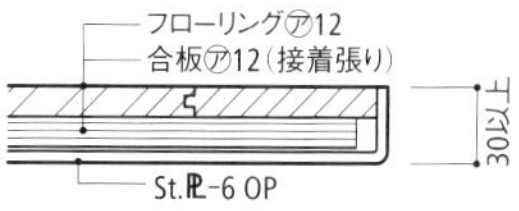

フローリング㋐12
合板㋐12（接着張り）
30以上
St.PL-6 OP

フローリングはエアタッカーで取り付けるため、下地の合板を捨張りする。段板の厚みは下地合板の厚みで調整。

COLUMN

ボルト孔には余裕をもたせる

RC造の建物に鉄骨階段を設置するとき、105・106頁の方法では納まらないことがある。一般的な階高をつなぐ13段程度の階段であれば、スパンにある分余裕があるので問題ないが、スキップフロアなどの小階段では、躯体から縦方向（階下）と横方向（階上）に突き出たアンカーボルトが干渉して、一方のボルト孔に通らなくなる。

この場合は、あらかじめ上下ともアンカーボルトに落とし込む納まりにして、そのうえで上下階の床の下地、仕上げを検討するという方法がある。

もしくは、ボルト孔を最初からルーズホール、あるいはスリット状に加工しておくことである。床仕上げなどの関係で落とし込む方法が取れない場合には有効である。ただし、ボルトがぐらつきやすくなるので、ワッシャー、ボルトともに溶接で固定する。

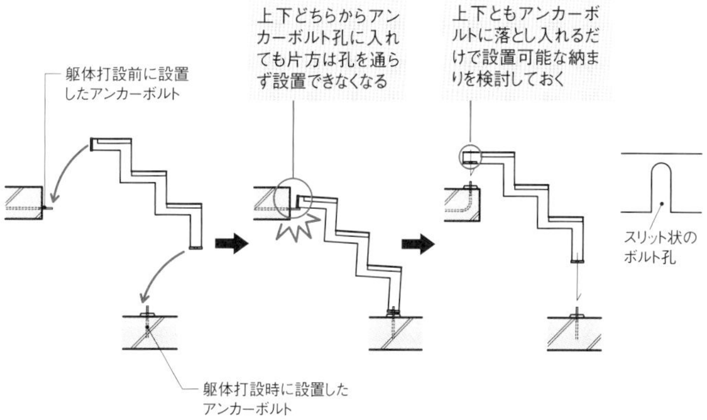

躯体打設前に設置
したアンカーボルト
上下どちらからアン
カーボルト孔に入れ
ても片方は孔を通ら
ず設置できなくなる
上下ともアンカーボ
ルトに落とし入れるだ
けで設置可能な納ま
りを検討しておく
スリット状の
ボルト孔
躯体打設時に設置した
アンカーボルト

手摺子の断面寸法目安

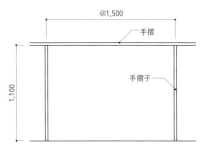

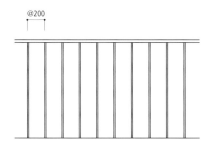

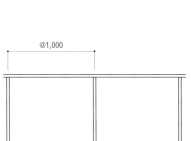

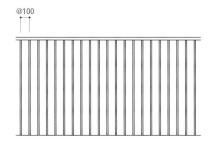

❶変形角1／200を許容範囲とした場合

材料	スパン(mm)	断面(mm) d	断面(mm) b(t)
スチールフラットバー(平鋼)	1,500	50	16
	1,000	44	16
	200	32	9
	100	25	9
スチールロッド(丸鋼)	1,500	42	—
	1,000	38	—
	200	25	—
	100	22	—
スチールパイプ(鋼管)	1,500	60.5	2.3
	1,000	48.6	3.2
	200	34	2.3
	100	27.2	1.9
木材(タモ)	1,500	90	45
	1,000	80	45
	200	55	25
	100	45	25

❷許容応力度内とした場合

材料	スパン(mm)	断面(mm) d	断面(mm) b(t)
スチールフラットバー(平鋼)	1,500	44	12
	1,000	38	12
	200	25	6
	100	20	4
スチールロッド(丸鋼)	1,500	34	—
	1,000	30	—
	200	19	—
	100	16	—
スチールパイプ(鋼管)	1,500	48.6	3.2
	1,000	42.7	3.2
	200	27.2	1.9
	100	21.7	1.9
木材(タモ)	1,500	80	45
	1,000	60	45
	200	35	25
	100	25	25

注　手摺子の高さは1,100mmと想定。木材以外は規格寸法
階段形状、手摺形状、固定方法など、さまざまな要因によって実際の断面寸法は変化する。表はあくまで寸法の目安として使用していただきたい

3 | RC階段

❶上部[1:15]

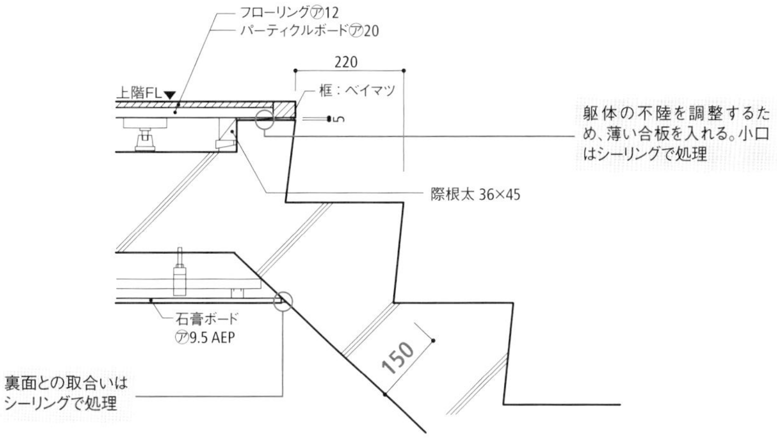
フローリング㋐12
パーティクルボード㋐20
220
上階FL
框：ベイマツ
5
躯体の不陸を調整するため、薄い合板を入れる。小口はシーリングで処理
際根太 36×45
石膏ボード
㋐9.5 AEP
150
裏面との取合いは
シーリングで処理

❷下部[1:15]

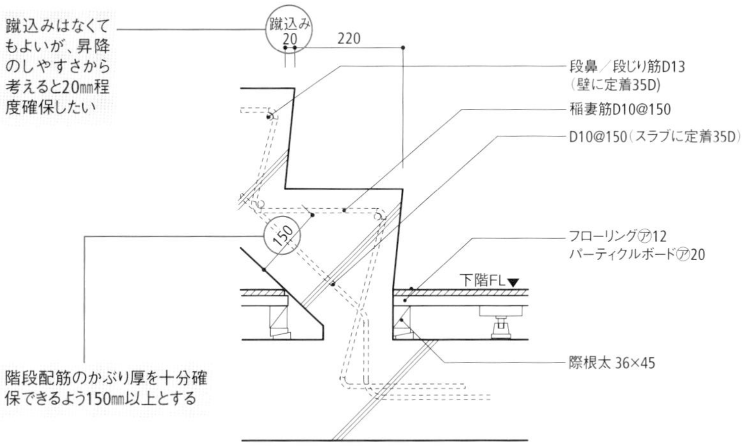
蹴込みはなくても良いが、昇降のしやすさから考えると20㎜程度確保したい
蹴込み
20
220
段鼻／段じり筋D13
（壁に定着35D）
稲妻筋D10@150
D10@150（スラブに定着35D）
150
フローリング㋐12
パーティクルボード㋐20
下階FL
際根太 36×45
階段配筋のかぶり厚を十分確保できるよう150㎜以上とする

4 | RC階段の代表的仕上げ[1:10]

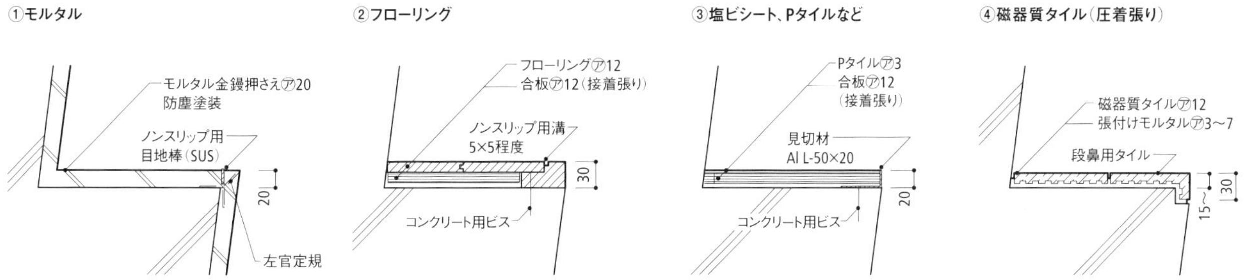
①モルタル
モルタル金鏝押さえ㋐20
防塵塗装
ノンスリップ用
目地棒（SUS）
20
左官定規
②フローリング
フローリング㋐12
合板㋐12（接着張り）
ノンスリップ用溝
5×5程度
30
コンクリート用ビス
③塩ビシート、Pタイルなど
Pタイル㋐3
合板㋐12
（接着張り）
見切材
Al L-50×20
20
コンクリート用ビス
④磁器質タイル（圧着張り）
磁器質タイル㋐12
張付けモルタル㋐3〜7
段鼻用タイル
30
15〜

床・基礎断熱

床断熱、基礎断熱はそれぞれ納まりの注意点が異なる。断熱材の種類とともに、気密性を確保するポイントを紹介する

木造	111 XPS／EPS
S造	111 XPS
RC造	111 現場発泡硬質ウレタンフォーム

※各事例の断熱材の厚みは一例を記載

基礎断熱で気密性を高める

木造

　構造的に床組を大きくすることは難しいので、木造の床断熱は90または105mm角大引間にグラスウールまたはXSPをはめ込むのが基本。床下が熱的に外部空間となるので、基礎外周部の通気パッキンにより床下換気を行う。

　寒冷地では床断熱よりも気密性の高い、基礎外断熱[❶]が普及している。現在では温暖地域でも基礎断熱が広まりつつあるが、温暖地域で採用する場合にはシロアリ被害のリスクがあるため、基礎内断熱[❷]を採用するケースが多い。

スラブ下での断熱が望ましい

S造

　地面に接地する床に限らず、上階床であってもスラブの下で断熱することが望ましい。ただしスラブ下が下階から見える場合は、その部分だけ仕上げを施すなどの工夫が必要。なお倉庫や工場などの用途では、重量物を直接床に置いたり台車やフォークリフトなどが走ったりすることで床が傷つきやすいため、外周床には断熱材を施工せず、表面強化剤・塗床仕上等を施すか、もしくは土間床とする場合が多い。外周部の立ち上がりにのみボード状断熱材を施工する場合もある。

ピット内の結露に注意

RC造

　土中温度は年間を通して12〜19℃で、ピット内に湿った暖かい空気が流入すると結露が発生してしまう。耐圧盤下は、全面にXPSを敷き詰めるのが主流。透水係数の小さいXPS3bAⅡ（スキン槽有り）がお薦め。また土間専用の断熱材を選択することも。ピットはボード状断熱材の型枠打込工法が一般的。結露が発生しやすいため、断熱層を設け、湿気が室内に入り込まないようにする。またピット内の排水機械設備[❼]の点検のために取り付ける点検口は防水防臭型断熱材付きフロアーハッチを取り付けるとよい。

1 | XPS／EPS

❶剛床［1:30］

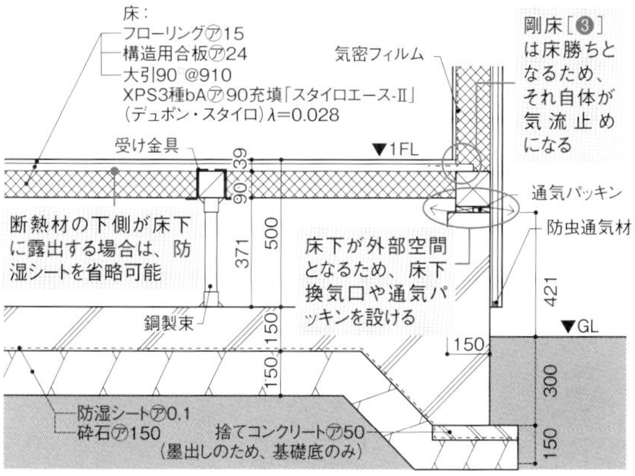
床：
フローリング㋐15
構造用合板㋐24
大引90 @910
XPS3種bA㋐90充填「スタイロエース-Ⅱ」
（デュポン・スタイロ）λ=0.028
気密フィルム
剛床［❸］は床勝ちとなるため、それ自体が気流止めになる
受け金具
▼1FL
通気パッキン
防虫通気材
断熱材の下側が床下に露出する場合は、防湿シートを省略可能
床下が外部空間となるため、床下換気口や通気パッキンを設ける
鋼製束
▼GL
防湿シート㋐0.1
砕石㋐150
捨てコンクリート㋐50
（墨出しのため、基礎底のみ）
39
90
371
500
150
150
421
150
300
150

❷根太床［1:30］

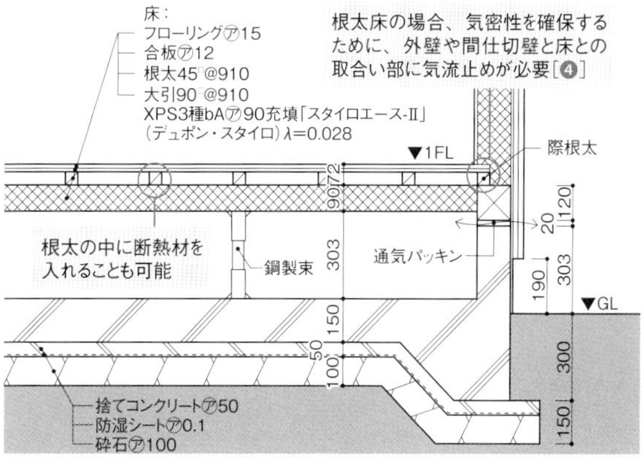
床：
フローリング㋐15
合板㋐12
根太45 @910
大引90 @910
XPS3種bA㋐90充填「スタイロエース-Ⅱ」
（デュポン・スタイロ）λ=0.028
根太床の場合、気密性を確保するために、外壁や間仕切壁と床との取合い部に気流止めが必要［❹］
▼1FL
際根太
根太の中に断熱材を入れることも可能
鋼製束
通気パッキン
▼GL
捨てコンクリート㋐50
防湿シート㋐0.1
砕石㋐100
72
90
303
150
50
100
120
20
190
303
300
150

1 | XPS

❶直床［1:15］

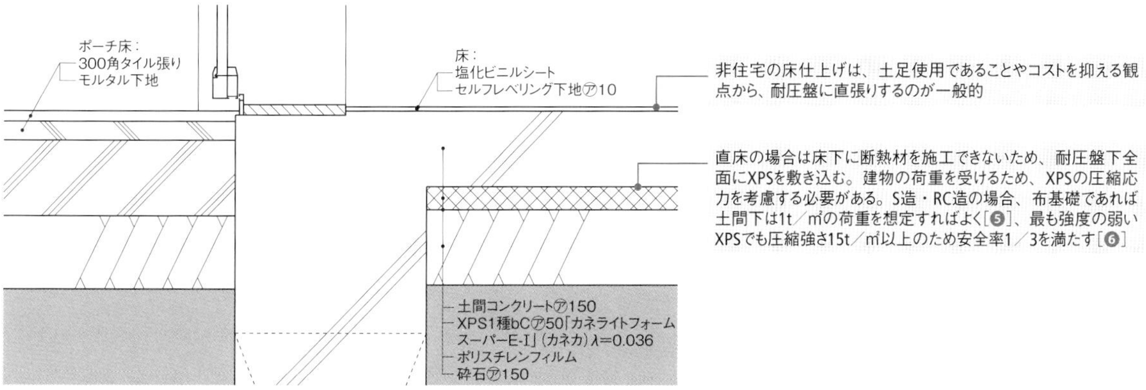
ポーチ床：
300角タイル張り
モルタル下地
床：
塩化ビニルシート
セルフレベリング下地㋐10
非住宅の床仕上げは、土足使用であることやコストを抑える観点から、耐圧盤に直張りするのが一般的
直床の場合は床下に断熱材を施工できないため、耐圧盤下全面にXPSを敷き込む。建物の荷重を受けるため、XPSの圧縮応力を考慮する必要がある。S造・RC造の場合、布基礎であれば土間下は1t／㎡の荷重を想定すればよく［❺］、最も強度の弱いXPSでも圧縮強さ15t／㎡以上のため安全率1／3を満たす［❻］
土間コンクリート㋐150
XPS1種bC㋐50「カネライトフォーム スーパーE-Ⅰ」（カネカ）λ=0.036
ポリスチレンフィルム
砕石㋐150

1 | 現場発泡硬質ウレタンフォーム

❶2重床［1:25］

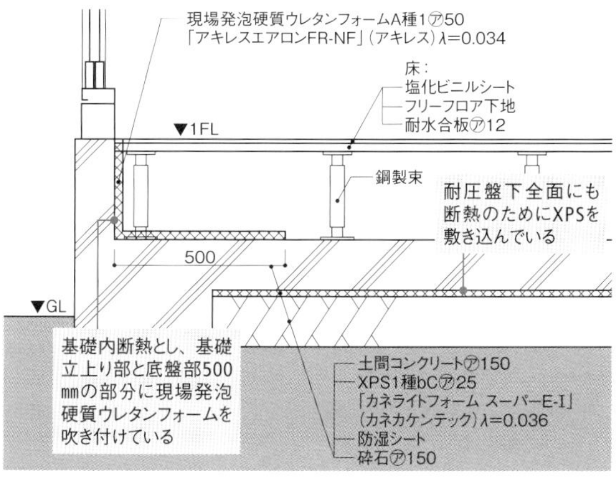
現場発泡硬質ウレタンフォームA種1㋐50
「アキレスエアロンFR-NF」（アキレス）λ=0.034
床：
塩化ビニルシート
フリーフロア下地
耐水合板㋐12
▼1FL
鋼製束
耐圧盤下全面にも断熱のためにXPSを敷き込んでいる
500
▼GL
基礎内断熱とし、基礎立上り部と底盤部500㎜の部分に現場発泡硬質ウレタンフォームを吹き付けている
土間コンクリート㋐150
XPS1種bC㋐25
「カネライトフォーム スーパーE-Ⅰ」
（カネカケンテック）λ=0.036
防湿シート
砕石㋐150

❷ピット［1:60］

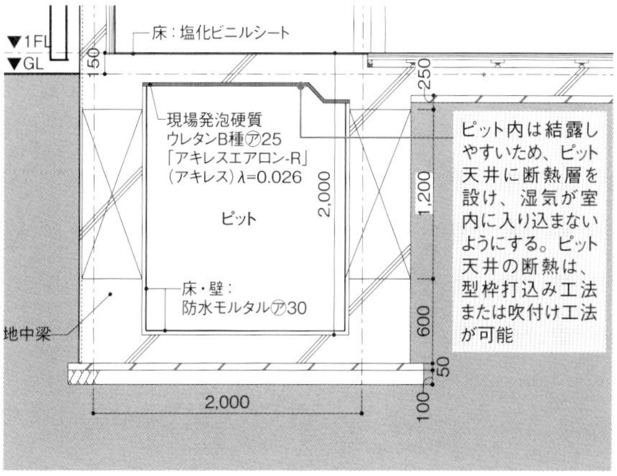
▼1FL
▼GL
床：塩化ビニルシート
50
250
現場発泡硬質ウレタンB種㋐25
「アキレスエアロン-R」
（アキレス）λ=0.026
ピット
2,000
1,200
ピット内は結露しやすいため、ピット天井に断熱層を設け、湿気が室内に入り込まないようにする。ピット天井の断熱は、型枠打込み工法または吹付け工法が可能
床・壁：
防水モルタル㋐30
地中梁
600
50
100
2,000

特記
❶床下で気密化を図るため、基礎の外側を断熱材で包む断熱工法。床下が熱的に室内と同じ環境になるため、配管が凍結しにくい　❷基礎の立ち上がりの内側に断熱材を貼る断熱工法　❸剛構造とした床　❹ここでは、際根太（壁際の部分に設ける根太）を土台上に設置して気流止めとしている。ほかにも、乾燥木材や気密テープ、袋入り断熱材、現場発泡断熱材などが用いられる。この例では、壁断熱の現場発泡硬質ウレタンフォームも気流止めとなる　❺工場などで上部に機械が載る場合は除く　❻一般的な木造の場合は、想定荷重 5t／㎡とすると安全率 1／3 を満たす　❼汚水ポンプ・雨水ポンプなど

❸基礎内断熱［1:30］

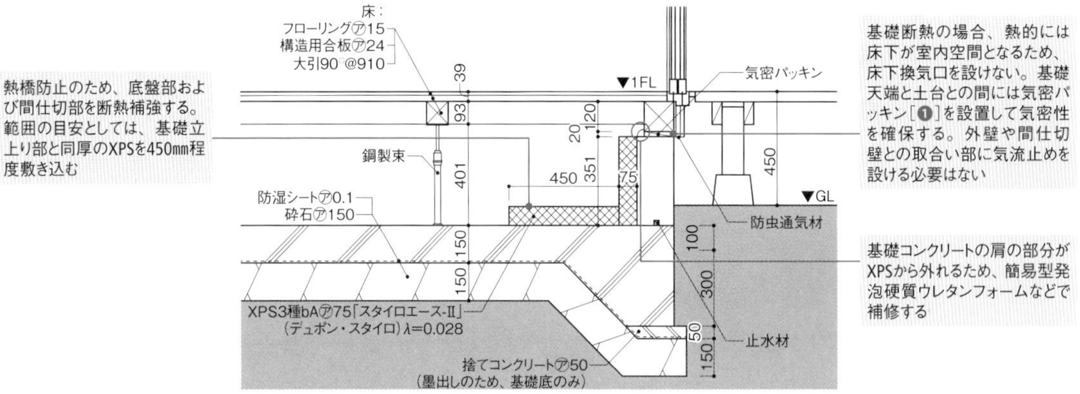

床：
フローリング㋐15
構造用合板㋐24
大引90 @910
熱橋防止のため、底盤部および間仕切部を断熱補強する。範囲の目安としては、基礎立上り部と同厚のXPSを450㎜程度敷き込む
鋼製束
防湿シート㋐0.1
砕石㋐150
XPS3種bA㋐75「スタイロエース-Ⅱ」（デュポン・スタイロ）λ=0.028
捨てコンクリート㋐50（墨出しのため、基礎底のみ）
▼1FL
気密パッキン
▼GL
防虫通気材
止水材
基礎断熱の場合、熱的には床下が室内空間となるため、床下換気口を設けない。基礎天端と土台との間には気密パッキン［❶］を設置して気密性を確保する。外壁や間仕切壁との取合い部に気流止めを設ける必要はない
基礎コンクリートの肩の部分がXPSから外れるため、簡易型発泡硬質ウレタンフォームなどで補修する
39
93
120
20
401
351
450
75
450
150
150
100
300
50
150

❺土間床（ベタ基礎）［1:30］

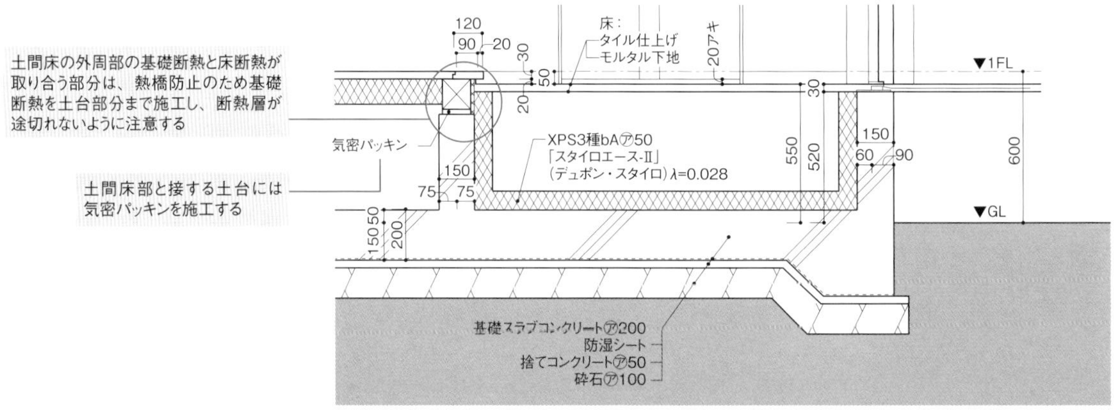

土間床の外周部の基礎断熱と床断熱が取り合う部分は、熱橋防止のため基礎断熱を土台部分まで施工し、断熱層が途切れないように注意する
気密パッキン
土間床部と接する土台には気密パッキンを施工する
120
90
20
30
50
20
床：
タイル仕上げ
モルタル下地
207キ
▼1FL
30
XPS3種bA㋐50
「スタイロエース-Ⅱ」
（デュポン・スタイロ）λ=0.028
150
75
75
150
50
200
550
520
150
60
90
600
▼GL
基礎スラブコンクリート㋐200
防湿シート
捨てコンクリート㋐50
砕石㋐100

❼基礎内断熱+基礎外断熱［1:30］

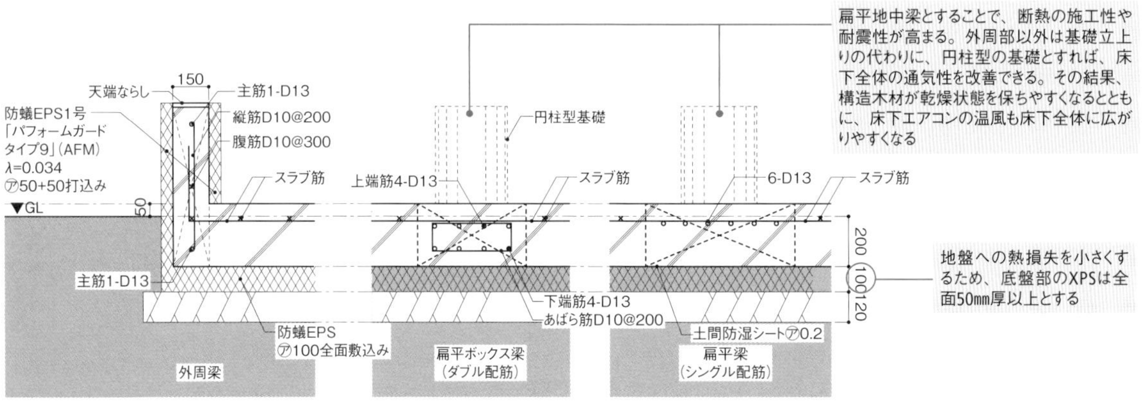

天端ならし
150
主筋1-D13
防蟻EPS1号
「パフォームガード
タイプ9」（AFM）
λ=0.034
㋐50+50打込み
縦筋D10@200
腹筋D10@300
スラブ筋
▼GL
50
主筋1-D13
防蟻EPS
㋐100全面敷込み
外周梁
円柱型基礎
上端筋4-D13
スラブ筋
下端筋4-D13
あばら筋D10@200
扁平ボックス梁
（ダブル配筋）
6-D13
スラブ筋
土間防湿シート㋐0.2
扁平梁
（シングル配筋）
200
100
120
扁平地中梁とすることで、断熱の施工性や耐震性が高まる。外周部以外は基礎立上りの代わりに、円柱型の基礎とすれば、床下全体の通気性を改善できる。その結果、構造木材が乾燥状態を保ちやすくなるとともに、床下エアコンの温風も床下全体に広がりやすくなる
地盤への熱損失を小さくするため、底盤部のXPSは全面50mm厚以上とする

❹基礎外断熱［1:25］

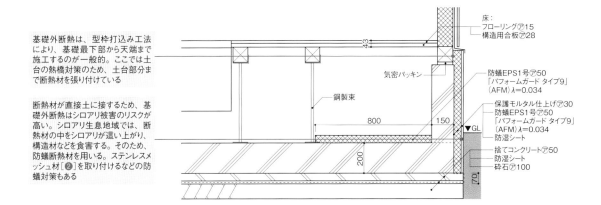

基礎外断熱は、型枠打込み工法により、基礎最下部から天端まで施工するのが一般的。ここでは土台の熱橋対策のため、土台部分まで断熱材を張り付けている

断熱材が直接土に接するため、基礎外断熱はシロアリ被害のリスクが高い。シロアリ生息地域では、断熱材の中をシロアリが這い上がり、構造材などを食害する。そのため、防蟻断熱材を用いる。ステンレスメッシュ材［❷］を取り付けるなどの防蟻対策もある

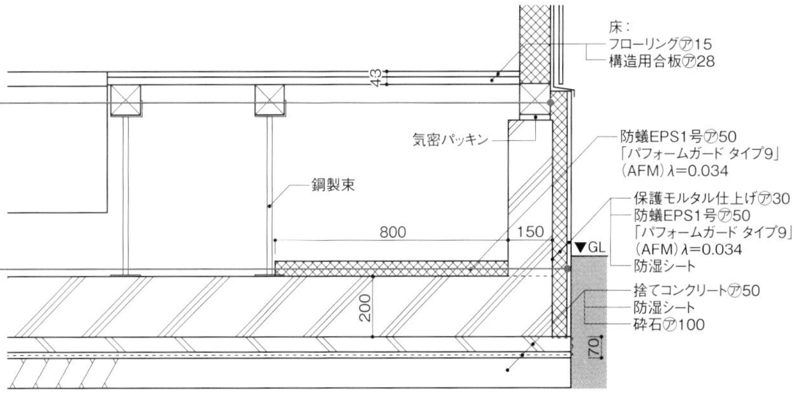
床：
フローリング㋐15
構造用合板㋐28
43
気密パッキン
防蟻EPS1号㋐50
「パフォームガード タイプ9」
（AFM）λ=0.034
鋼製束
保護モルタル仕上げ㋐30
防蟻EPS1号㋐50
「パフォームガード タイプ9」
（AFM）λ=0.034
防湿シート
800
150
▼GL
200
捨てコンクリート㋐50
防湿シート
砕石㋐100
70

❻土間床（布基礎）［1:30］

住宅省エネ基準では、外気等に接する土間床等およびその他の土間床等の外周部の基礎に、断熱構造が求められる。玄関や勝手口などの土間床部分は、断熱材は省エネに加えて表面温度の安定にも寄与するため、総合的に判断する

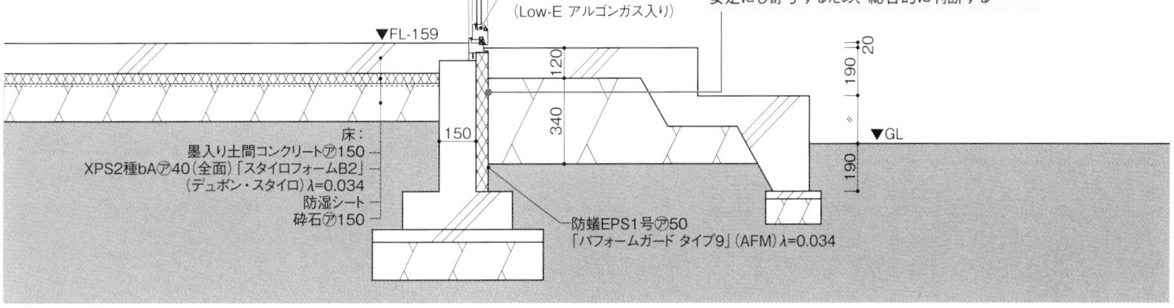
樹脂サッシ ペアガラス
（Low-E アルゴンガス入り）
▼FL-159
120
340
150
20
190
190
▼GL
床：
墨入り土間コンクリート㋐150
XPS2種bA㋐40（全面）「スタイロフォームB2」
（デュポン・スタイロ）λ=0.034
防湿シート
砕石㋐150
防蟻EPS1号㋐50
「パフォームガード タイプ9」（AFM）λ=0.034

COLUMN

1FLが土台より低い場合の断熱

敷地内に高低差があり、高い地盤側で土台高さを決めるなどで1FLが一部土台より低くなる場合がある。1FLが土台よりも低いと床下の通気をとれないので、基礎断熱を選択することになる。基礎立上り部の熱橋を防ぐため、壁をふかすなどして断熱材を土台まで施工することが望ましい。

基礎断熱［1:30］

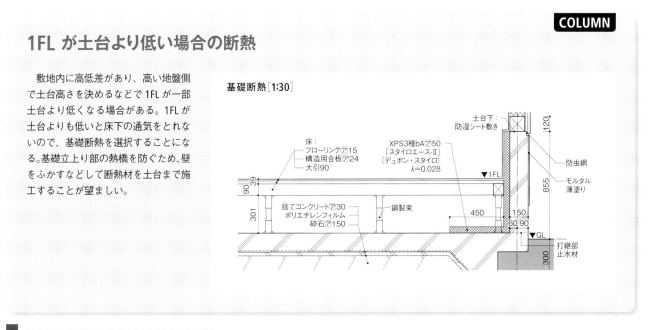

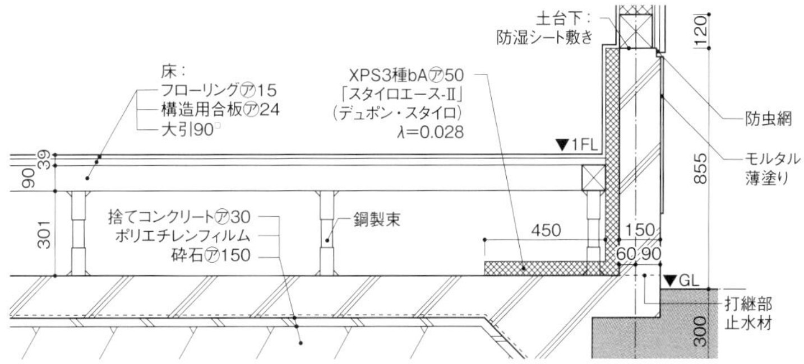
土台下：
防湿シート敷き
120
床：
フローリング㋐15
構造用合板㋐24
大引90□
XPS3種bA㋐50
「スタイロエース-Ⅱ」
（デュポン・スタイロ）
λ=0.028
防虫網
▼1FL
モルタル
薄塗り
39
90
855
301
捨てコンクリート㋐30
ポリエチレンフィルム
砕石㋐150
鋼製束
450
150
60
90
▼GL
打継部
止水材
300

特記
❶床下を外部と遮断した状態にするために使われる部材
❷シロアリが通過できず、シロアリの分泌物に侵されない、ステンレス製の細かい網目のシート材

壁断熱

スラブや梁との取り合いが多く、熱橋対策が肝要。構造種別に適した断熱材や工法、熱橋が生じやすい部分の納まりなどを解説する

壁体内の障害物に注意

木造

　壁体内は筋かいや配管・配線など、断熱層にとっての障害物が多い。フェルト状断熱材やボード状断熱材は障害物の形状に合わせて加工する必要があるが、ばら状のセルロースファイバーやグラスウール、現場発泡硬質ウレタンフォームなどの充填断熱であれば、障害物のある部分にも隙間なく施工できる。

　一方、外張り断熱は充填断熱よりも気密・熱橋対策が容易に可能。ただしコストが高く、また外壁が厚くなるため建蔽率が厳しい場合には採用が難しいケースもある。

ALC外壁に現場発泡ウレタンが最適

S造

　S造の外壁にはALCや押出成形セメント板を用いるのが主流。特にALCは内部に気泡を有し、断熱材ではないものの一定の断熱効果[❷]があるとされているため、温暖な地域や倉庫・工場などでは断熱材を施工しないことも多い。住宅では、ALCなどに室内側から現場発泡硬質ウレタンフォームを吹き付ける充填断熱とするのが最適。外壁を貫通する鉄骨（屋外階段など）を設ける場合は屋内側の鉄骨に現場発泡ウレタンを吹き付けるなどの熱橋対策が必要だ。

高性能な外断熱と高精度な施工ができる内断熱

RC造

　RC造の壁断熱は、内断熱よりも外断熱のほうが結露しにくい。ただし断熱材の厚みの分だけ外壁が厚くなるため敷地に余裕がない場合は注意が必要である。なお、躯体の外側が風雨にさらされ続けるのとそうでないのとでは躯体へのダメージがかなり異なる[❻]。

　対して内断熱は、熱橋部分の施工が外断熱よりも複雑になる。したがって、入り組んだ部位にも満遍なく施工できるよう、コンクリート躯体に直接接着する現場発泡硬質ウレタンフォームの吹付けを採用するのが一般的である。

※各事例の断熱材の厚みは一例を記載

1 | グラスウール

❶充填工法[1:30]

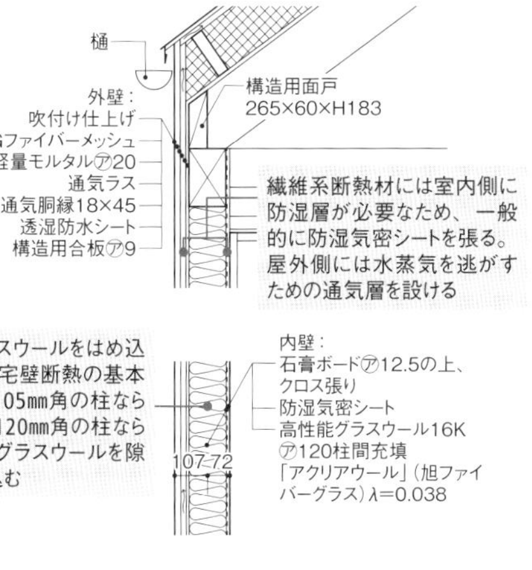
樋
外壁：
吹付け仕上げ
Gファイバーメッシュ
軽量モルタル㋐20
通気ラス
通気胴縁18×45
透湿防水シート
構造用合板㋐9
構造用面戸
265×60×H183
内壁：
石膏ボード㋐12.5の上、
クロス張り
防湿気密シート
高性能グラスウール16K
㋐120柱間充填
「アクリアウール」（旭ファイバーグラス）λ=0.038
107.72

繊維系断熱材には室内側に防湿層が必要なため、一般的に防湿気密シートを張る。屋外側には水蒸気を逃がすための通気層を設ける

柱間にグラスウールをはめ込む、木造住宅壁断熱の基本の納まり。105㎜角の柱なら100㎜厚、120㎜角の柱なら120㎜厚のグラスウールを隙間なくはめ込む

❷充填工法+外張り工法[1:50]

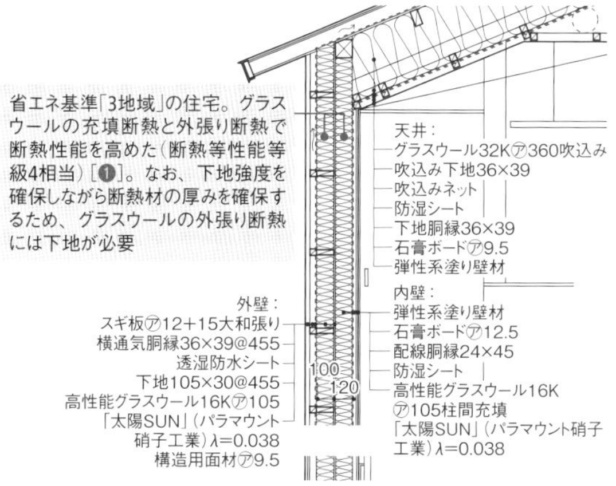
天井：
グラスウール32K㋐360吹込み
吹込み下地36×39
吹込みネット
防湿シート
下地胴縁36×39
石膏ボード㋐9.5
弾性系塗り壁材
内壁：
弾性系塗り壁材
石膏ボード㋐12.5
配線胴縁24×45
防湿シート
高性能グラスウール16K
㋐105柱間充填
「太陽SUN」（パラマウント硝子工業）λ=0.038
外壁：
スギ板㋐12+15大和張り
横通気胴縁36×39@455
透湿防水シート
下地105×30@455
高性能グラスウール16K㋐105
「太陽SUN」（パラマウント硝子工業）λ=0.038
構造用面材㋐9.5
100
120

省エネ基準「3地域」の住宅。グラスウールの充填断熱と外張り断熱で断熱性能を高めた（断熱等性能等級4相当）[❶]。なお、下地強度を確保しながら断熱材の厚みを確保するため、グラスウールの外張り断熱には下地が必要

1 | 現場発泡硬質ウレタンフォーム

❶吹付け工法（20㎜厚）[1:40]

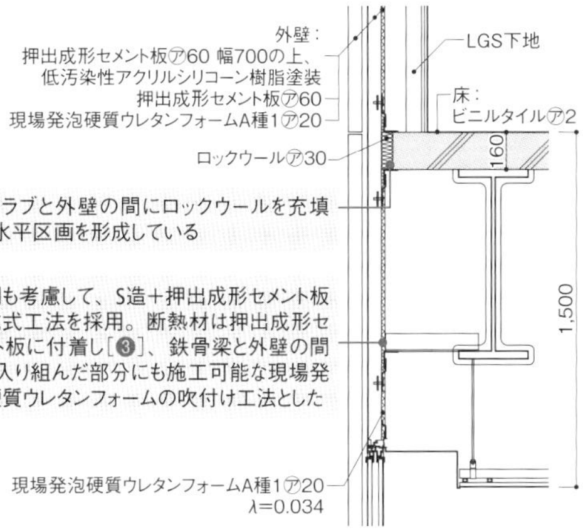
外壁：
押出成形セメント板㋐60 幅700の上、
低汚染性アクリルシリコーン樹脂塗装
押出成形セメント板㋐60
現場発泡硬質ウレタンフォームA種1㋐20
LGS下地
床：
ビニルタイル㋐2
ロックウール㋐30
160
1,500
現場発泡硬質ウレタンフォームA種1㋐20
λ=0.034

床スラブと外壁の間にロックウールを充填し、水平区画を形成している

工期も考慮して、S造+押出成形セメント板の乾式工法を採用。断熱材は押出成形セメント板に付着し[❸]、鉄骨梁と外壁の間など入り組んだ部分にも施工可能な現場発泡硬質ウレタンフォームの吹付け工法とした

❷吹付け工法（80㎜厚）[1:20]

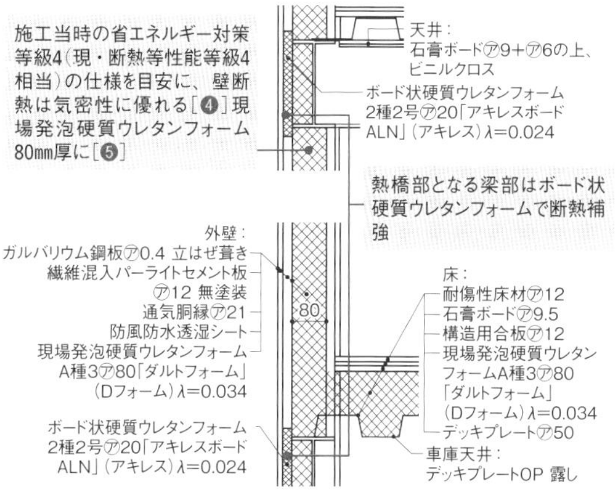
天井：
石膏ボード㋐9+㋐6の上、
ビニルクロス
ボード状硬質ウレタンフォーム
2種2号㋐20「アキレスボードALN」（アキレス）λ=0.024
外壁：
ガルバリウム鋼板㋐0.4 立はぜ葺き
繊維混入パーライトセメント板
㋐12 無塗装
通気胴縁㋐21
防風防水透湿シート
現場発泡硬質ウレタンフォーム
A種3㋐80「ダルトフォーム」
（Dフォーム）λ=0.034
ボード状硬質ウレタンフォーム
2種2号㋐20「アキレスボード
ALN」（アキレス）λ=0.024
80
床：
耐傷性床材㋐12
石膏ボード㋐9.5
構造用合板㋐12
現場発泡硬質ウレタン
フォームA種3㋐80
「ダルトフォーム」
（Dフォーム）λ=0.034
デッキプレート㋐50
車庫天井：
デッキプレートOP 露し

施工当時の省エネルギー対策等級4（現・断熱等性能等級4相当）の仕様を目安に、壁断熱は気密性に優れる[❹]現場発泡硬質ウレタンフォーム80㎜厚に[❺]

熱橋部となる梁部はボード状硬質ウレタンフォームで断熱補強

1 | 現場発泡硬質ウレタンフォーム[1:25]

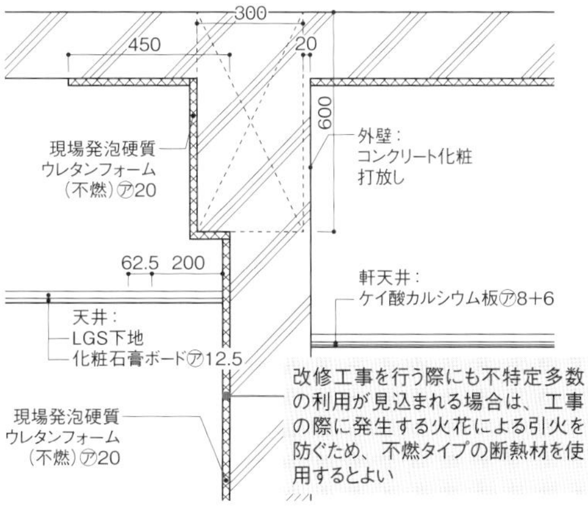
300
450
20
600
現場発泡硬質
ウレタンフォーム
（不燃）㋐20
外壁：
コンクリート化粧
打放し
62.5
200
軒天井：
ケイ酸カルシウム板㋐8+6
天井：
LGS下地
化粧石膏ボード㋐12.5
現場発泡硬質
ウレタンフォーム
（不燃）㋐20

改修工事を行う際にも不特定多数の利用が見込まれる場合は、工事の際に発生する火花による引火を防ぐため、不燃タイプの断熱材を使用するとよい

2 | XPS[1:10]

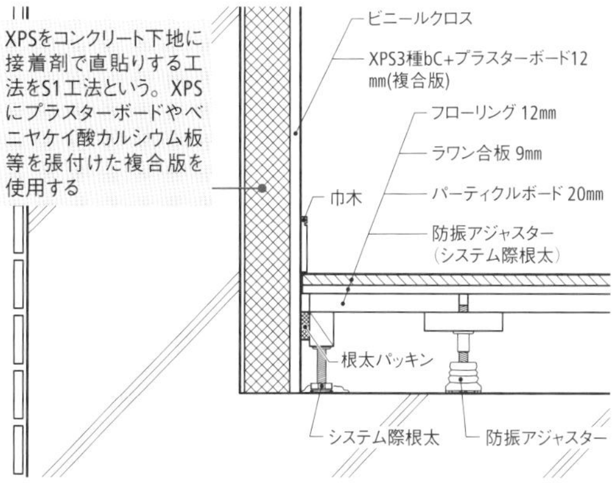
ビニールクロス
XPS3種bC+プラスターボード12
mm（複合版）
フローリング 12mm
ラワン合板 9mm
巾木
パーティクルボード 20mm
防振アジャスター
（システム際根太）
根太パッキン
システム際根太
防振アジャスター

XPSをコンクリート下地に接着剤で直貼りする工法をS1工法という。XPSにプラスターボードやベニヤケイ酸カルシウム板等を張付けた複合版を使用する

特記 ❶高性能のサッシ・ガラスを使い、断熱材が厚さ120+120㎜あれば室内は快適になる　❷熱伝導率は0.19W／（m・K）（「住宅金融支援機構の工事仕様書（平成28年版）」および「平成25年省エネルギー基準に準拠した算定・判断の方法及び解説」による　❸地震時、建物の鉄骨が変形すると、揺れに追従して押出成形セメント板が動く。その際、断熱材の付着が悪いと剥がれ落ちるおそれがある　❹追従性の高い製品のため、躯体が動いても隙間ができず、気密性を維持できる　❺屋根は現場発泡硬質ウレタンフォーム140㎜+ボード状硬質ウレタンフォーム20㎜　❻止水ラインを担保するため、メーカーの責任施工による外断熱システム（EPSやロックウールなど）を選ぶと安心

木造

2| XPS [1:30]

発泡プラスチック系と繊維系の断熱材を併用した付加断熱。一般的に、XPSなどボード状の発泡プラスチック系断熱材は繊維系断熱材よりも断熱性能が高く、外張りとする場合も壁厚を抑えられる

柱内側に透湿抵抗の高い防湿シートを張ることで、壁内結露を防いでいる

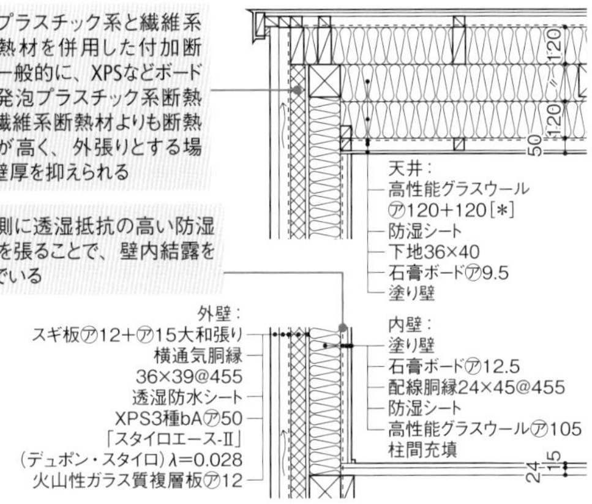

天井：
高性能グラスウール
㋐120+120[*]
防湿シート
下地36×40
石膏ボード㋐9.5
塗り壁
内壁：
塗り壁
石膏ボード㋐12.5
配線胴縁24×45@455
防湿シート
高性能グラスウール㋐105
柱間充填
外壁：
スギ板㋐12+㋐15大和張り
横通気胴縁
36×39@455
透湿防水シート
XPS3種bA㋐50
「スタイロエース-Ⅱ」
（デュポン・スタイロ）λ=0.028
火山性ガラス質複層板㋐12
120
120
50
24
15

3| EPS [1:30]

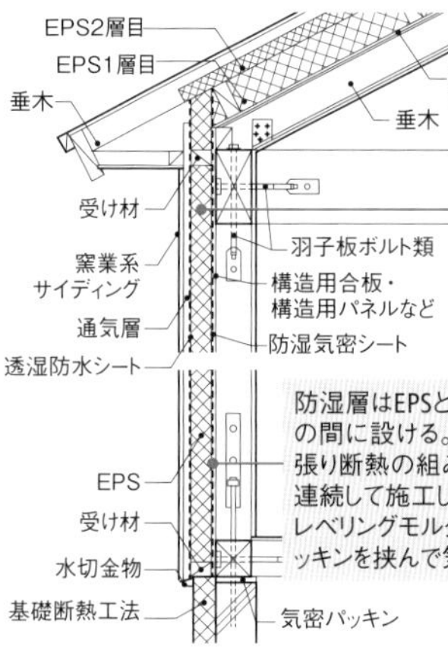

EPS2層目
EPS1層目
垂木
野地板合板
（継手は気密テープ張り）
垂木
受け材
羽子板ボルト類
窯業系
サイディング
構造用合板・
構造用パネルなど
通気層
防湿気密シート
透湿防水シート
EPS
受け材
水切金物
基礎断熱工法
気密パッキン

一般的に、外張り断熱は充填断熱よりも断熱層を連続させやすい。土台の受け材は、断熱材の厚さなどに応じて任意で施工する

防湿層はEPSと構造用合板・構造用パネルなどの間に設ける。外壁の外張り断熱と基礎の外張り断熱の組み合わせは、防湿層（気密層）が連続して施工しやすい[❶]。基礎天端はセルフレベリングモルタルなどで水平に施工し、気密パッキンを挟んで気密を確保する

S造

2| 断熱サンドイッチパネル [1:10]

断熱サンドイッチパネルとは、断熱材を2枚の金属パネルで挟み込んだ外装材。強度・断熱性に優れ、熱損失が少ない。従来、工場や倉庫などの生産施設での採用が多かったが、近年では施工性の高さからオフィスや商業施設、住宅など幅広い用途で採用例が増えつつある

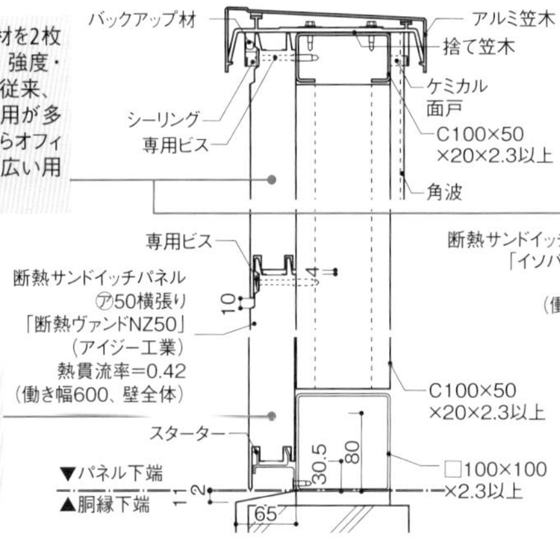

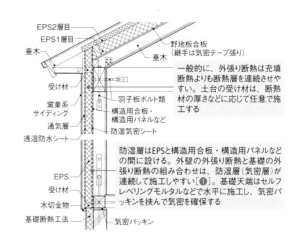

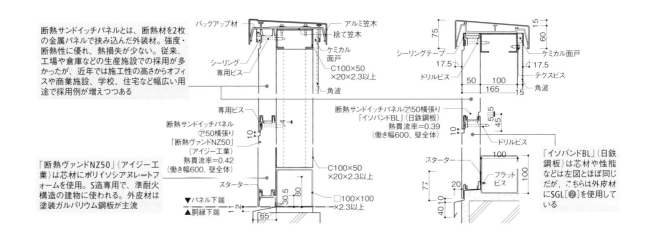

バックアップ材
アルミ笠木
捨て笠木
ケミカル
面戸
シーリング
専用ビス
C100×50
×20×2.3以上
角波
専用ビス
断熱サンドイッチパネル
㋐50横張り
「断熱ヴァンドNZ50」
（アイジー工業）
熱貫流率=0.42
（働き幅600、壁全体）
10
4
C100×50
×20×2.3以上
スターター
▼パネル下端
▲胴縁下端
30.5
80
□100×100
×2.3以上
65
11
2

「断熱ヴァンドNZ50」（アイジー工業）は芯材にポリイソシアヌレートフォームを使用。S造専用で、準耐火構造の建物に使われる。外皮材は塗装ガルバリウム鋼板が主流

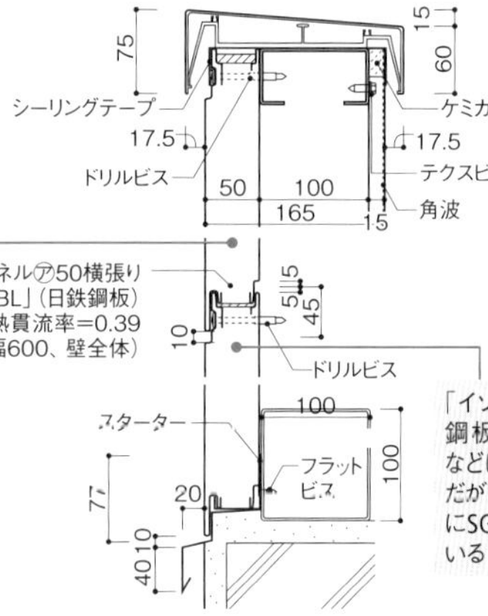

75
15
60
シーリングテープ
ケミカル面戸
17.5
17.5
ドリルビス
テクスビス
50
100
165
15
角波
断熱サンドイッチパネル㋐50横張り
「イソバンドBL」（日鉄鋼板）
熱貫流率=0.39
（働き幅600、壁全体）
5
15
45
10
ドリルビス
スターター
100
フラット
ビス
100
77
20
10
40

「イソバンドBL」（日鉄鋼板）は芯材や性能などは左図とほぼ同じだが、こちらは外皮材にSGL[❷]を使用している

RC造

3| ロックウール [1:30]

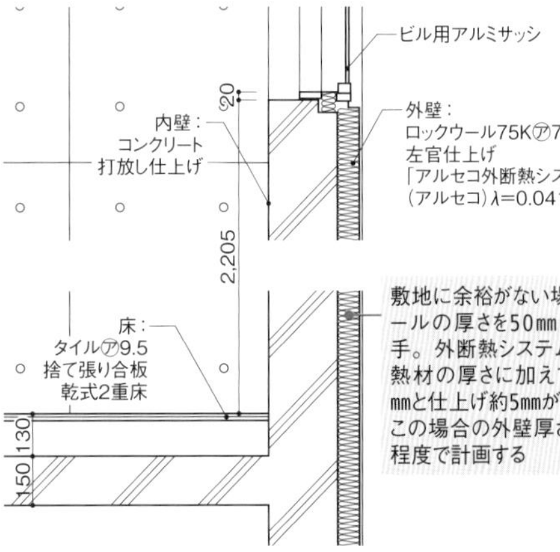

ビル用アルミサッシ
20
内壁：
コンクリート
打放し仕上げ
外壁：
ロックウール75K㋐70
左官仕上げ
「アルセコ外断熱システム」
（アルセコ）λ=0.041
2,205
床：
タイル㋐9.5
捨て張り合板
乾式2重床
130
150

敷地に余裕がない場合はロックウールの厚さを50㎜とするのも一手。外断熱システム[❸]では断熱材の厚さに加えて下地材約5㎜と仕上げ約5㎜が加わるので、この場合の外壁厚さは60〜70㎜程度で計画する

4| ボード状硬質ウレタンフォーム [1:40]

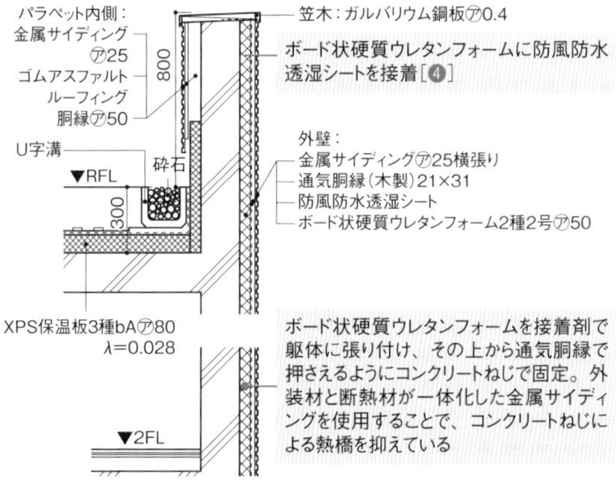

パラペット内側：
金属サイディング
㋐25
ゴムアスファルト
ルーフィング
胴縁㋐50
800
笠木：ガルバリウム鋼板㋐0.4
U字溝
▼RFL
碎石
300
外壁：
金属サイディング㋐25横張り
通気胴縁（木製）21×31
防風防水透湿シート
ボード状硬質ウレタンフォーム2種2号㋐50
XPS保温板3種bA㋐80
λ=0.028
▼2FL

ボード状硬質ウレタンフォームに防風防水透湿シートを接着[❹]

ボード状硬質ウレタンフォームを接着剤で躯体に張り付け、その上から通気胴縁で押さえるようにコンクリートねじで固定。外装材と断熱材が一体化した金属サイディングを使用することで、コンクリートねじによる熱橋を抑えている

[特記] ❶ただし、EPSは透湿性能が高いため、外張り断熱の場合は防湿気密シートを施工しないこともある ❷ガルバリウム鋼板にマグネシウムを混合し、耐久性を高めた鋼板。SはSuperior、Special、Superなどの頭文字で、優れた性能のGL（ガウバリウム）鋼板であることを意味する ❸外断熱システムの断熱材は、耐水性に優れるEPS ❹ボード状硬質ウレタンフォームには、両面にアルミクラフト紙複合面材が張られている製品もある。これを用いる場合、防風防水透湿シートは不要で、ボードの継目と小口にアルミテープや気

4| セルロースファイバー[1:30]

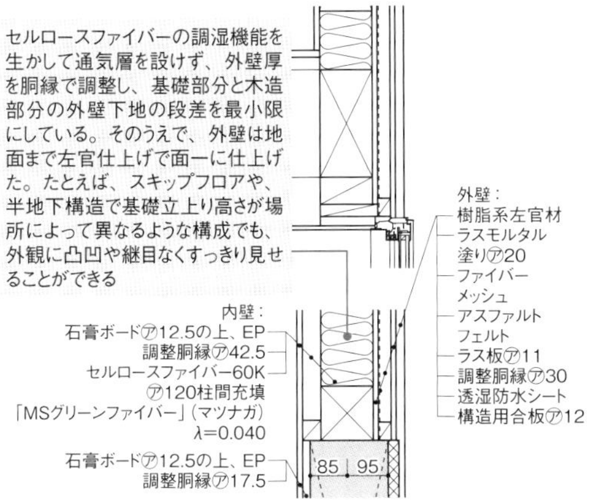
セルロースファイバーの調湿機能を生かして通気層を設けず、外壁厚を胴縁で調整し、基礎部分と木造部分の外壁下地の段差を最小限にしている。そのうえで、外壁は地面まで左官仕上げで面一に仕上げた。たとえば、スキップフロアや、半地下構造で基礎立上り高さが場所によって異なるような構成でも、外観に凸凹や継目なくすっきり見せることができる
外壁：
樹脂系左官材
ラスモルタル
塗り㋐20
ファイバー
メッシュ
アスファルト
フェルト
ラス板㋐11
調整胴縁㋐30
透湿防水シート
構造用合板㋐12
内壁：
石膏ボード㋐12.5の上、EP
調整胴縁㋐42.5
セルロースファイバー60K
㋐120柱間充填
「MSグリーンファイバー」（マツナガ）
λ=0.040
石膏ボード㋐12.5の上、EP
調整胴縁㋐17.5
85
95

COLUMN

土壁の断熱

自然素材を大切にして壁に防湿気密シート（ポリエチレンシート）を張りたくない場合、土壁にすれば防湿層は不要に。熱伝導率が高い土壁（λ＝0.69）でも、断熱材を施工すれば低炭素住宅や長期優良住宅の認定要件である断熱・防露性能を確保できる。

立断面[1:10]

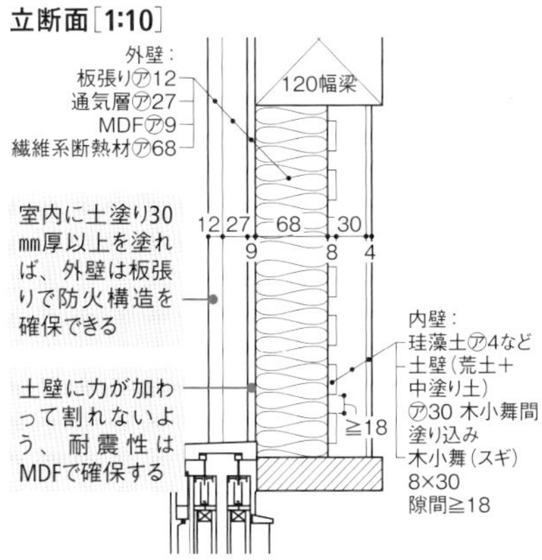
外壁：
板張り㋐12
通気層㋐27
MDF㋐9
繊維系断熱材㋐68
120幅梁
室内に土塗り30㎜厚以上を塗れば、外壁は板張りで防火構造を確保できる
土壁に力が加わって割れないよう、耐震性はMDFで確保する
12
27
68
30
9
8
4
≧18
内壁：
珪藻土㋐4など
土壁（荒土＋中塗り土）
㋐30 木小舞間
塗り込み
木小舞（スギ）
8×30
隙間≧18

3| 高性能グラスウール

❶はめ込み工法（50㎜）[1:15]

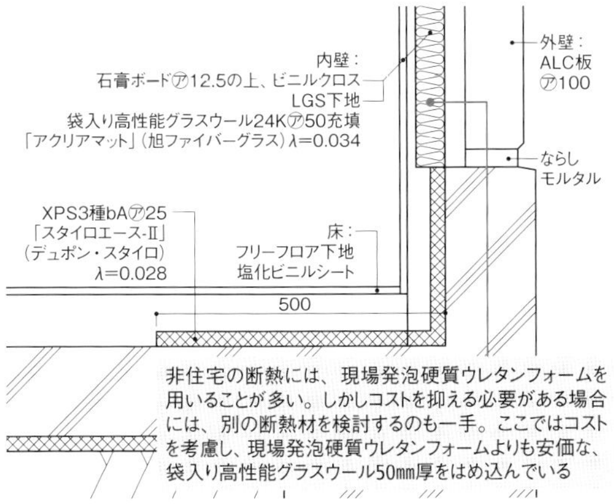
内壁：
石膏ボード㋐12.5の上、ビニルクロス
LGS下地
袋入り高性能グラスウール24K㋐50充填
「アクリアマット」（旭ファイバーグラス）λ=0.034
外壁：
ALC板
㋐100
ならし
モルタル
XPS3種bA㋐25
「スタイロエース-Ⅱ」
（デュポン・スタイロ）
λ=0.028
床：
フリーフロア下地
塩化ビニルシート
500
非住宅の断熱には、現場発泡硬質ウレタンフォームを用いることが多い。しかしコストを抑える必要がある場合には、別の断熱材を検討するのも一手。ここではコストを考慮し、現場発泡硬質ウレタンフォームよりも安価な、袋入り高性能グラスウール50㎜厚をはめ込んでいる

❷はめ込み工法（100㎜）[1:40]

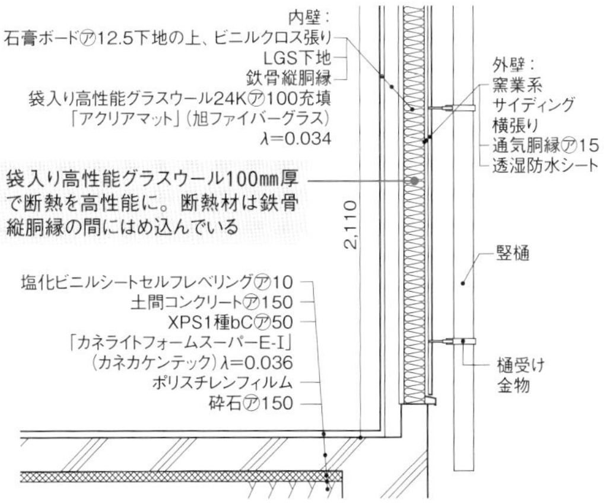
内壁：
石膏ボード㋐12.5下地の上、ビニルクロス張り
LGS下地
鉄骨縦胴縁
袋入り高性能グラスウール24K㋐100充填
「アクリアマット」（旭ファイバーグラス）
λ=0.034
袋入り高性能グラスウール100㎜厚で断熱を高性能に。断熱材は鉄骨縦胴縁の間にはめ込んでいる
2,110
塩化ビニルシートセルフレベリング㋐10
土間コンクリート㋐150
XPS1種bC㋐50
「カネライトフォームスーパーE-Ⅰ」
（カネカケンテック）λ=0.036
ポリスチレンフィルム
砕石㋐150
外壁：
窯業系
サイディング
横張り
通気胴縁㋐15
透湿防水シート
竪樋
樋受け
金物

COLUMN

一部内断熱で意匠と性能を両立

RC造の場合、室内の温熱環境を考慮すると、外気の影響を受けにくい外断熱が有利。特に冬期は、室内側がコンクリート打放し仕上げだと暖房によって熱が蓄えられ、室内が冷えにくい[❺]。ここでは意匠上、外壁はファサード部分のみコンクリート打放しとし、その部分だけ内断熱に。外気に面している部分と折返し部分に現場発泡硬質ウレタンフォームを吹き付けている。折返し部分まで断熱材を施工することで、熱橋を防いでいる。

平面図[1:80]

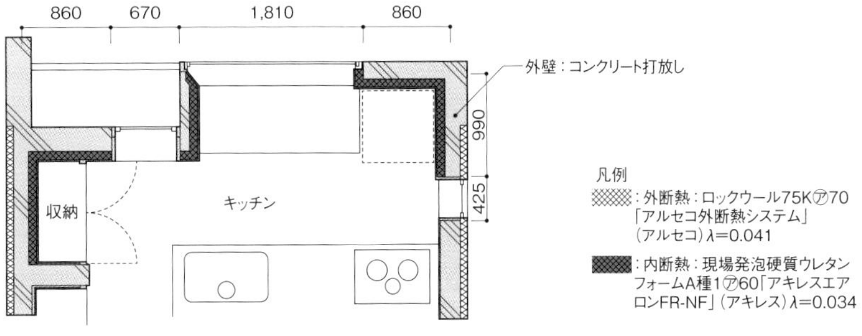
860
670
1,810
860
外壁：コンクリート打放し
990
425
収納
キッチン

凡例
：外断熱：ロックウール75K㋐70「アルセコ外断熱システム」（アルセコ）λ=0.041
：内断熱：現場発泡硬質ウレタンフォームA種1㋐60「アキレスエアロンFR-NF」（アキレス）λ=0.034

特記 密テープを張る。防湿シートを張る場合は、シート上端を折り返し、笠木を留める下地材で留め付ける ❺RC造は蓄熱できるメリットがあり、温水ヒーターと組み合わせれば室内を均一に温められる。温水ヒーターはコストがかかる点や、適温を超えて暑くなりやすく、すぐに冷やせないといった難点があるため、導入にあたってはそれらも考慮すること

天井断熱

屋根断熱よりも施工が簡単であること、断熱材の厚みの制限を受けないことの2つがメリット。配管スペースや天井下地との位置関係とともに構成を紹介する

小屋裏空間を利用する

木造

屋根断熱が登り梁や垂木の成に断熱材厚さが制約されるのに対し、天井断熱は構造の制約を受けず、断熱材を厚くしやすい。見上げでの敷込みは大変なので、吹込み工法も適する。吊り木部分やダウンライト部分の断熱欠損に注意し、隙間なく断熱材を詰める。

また勾配天井の場合、垂木間に換気ダクトや電気配線のスペースが必要になる。防湿気密シートよりも室内側に天井を設け、その空間をダクト・配線スペースとすれば、防湿気密シートを貫通させることなく気密を確保できる。

屋根断熱と組み合わせて性能を確保

S造

S造の天井断熱は、野縁を組んだ後にグラスウールなどの繊維系断熱材の敷込みを行う。S造は天井断熱だけで断熱性能を満たすのが難しいため、基本的に屋根断熱と組み合わせる。もし屋根で断熱を行わない場合は、結露対策として、デッキプレートや折板屋根に室内側から結露防止用の断熱シートを張る。

天井設備による断熱欠損が生じやすい非住宅のようなケースでは、天井断熱ではなく屋根断熱とすることが主流である。

新築とリフォームで断熱材を使い分ける

RC造

新築の場合は、施工が容易な現場発泡硬質ウレタンフォームを使用するのが一般的。一方でリフォームの場合は、現場発泡硬質ウレタンフォームを用いると養生の手間がかかるため、XPSが多く用いられる。他の断熱材に比べ、工期が短く施工のコストも抑えられる。ただし材同士の隙間などに結露が発生するリスクが高いので、継ぎ目には気密テープによる処理が必須。なお天井高を確保するために、野縁を天井に直張りすると、野縁とXPSの熱抵抗値が異なるので結露が生じやすい。野縁と躯体は、なるべく縁を切るのが望ましい。

木造　119　グラスウール
119　高性能グラスウール

S造　119　高性能グラスウール

RC造　119　XPS

※各事例の断熱材の厚みは一例を記載

1 | グラスウール [1:20]

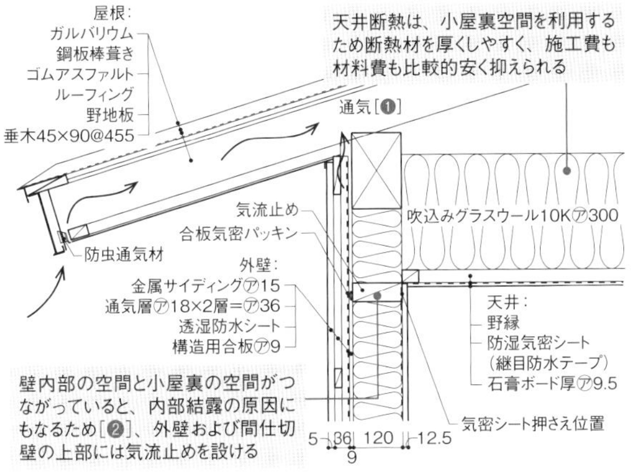
屋根：
ガルバリウム
鋼板棒葺き
ゴムアスファルト
ルーフィング
野地板
垂木45×90@455
天井断熱は、小屋裏空間を利用するため断熱材を厚くしやすく、施工費も材料費も比較的安く抑えられる
通気[1]
吹込みグラスウール10K㋐300
気流止め
合板気密パッキン
防虫通気材
外壁：
金属サイディング㋐15
通気層㋐18×2層=㋐36
透湿防水シート
構造用合板㋐9
天井：
野縁
防湿気密シート
（継目防水テープ）
石膏ボード厚㋐9.5
壁内部の空間と小屋裏の空間がつながっていると、内部結露の原因にもなるため[2]、外壁および間仕切壁の上部には気流止めを設ける
気密シート押さえ位置
5 36 120 12.5
9

2 | 高性能グラスウール [1:20]

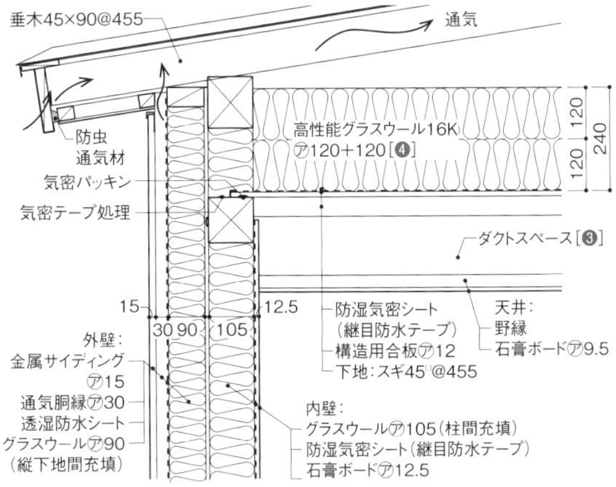
垂木45×90@455
通気
防虫
通気材
気密パッキン
気密テープ処理
高性能グラスウール16K
㋐120+120[4]
120
120
240
ダクトスペース[3]
15
30 90
105
12.5
外壁：
金属サイディング
㋐15
通気胴縁㋐30
透湿防水シート
グラスウール㋐90
（縦下地間充填）
防湿気密シート
（継目防水テープ）
構造用合板㋐12
下地：スギ45□@455
天井：
野縁
石膏ボード㋐9.5
内壁：
グラスウール㋐105（柱間充填）
防湿気密シート（継目防水テープ）
石膏ボード㋐12.5

1 | 高性能グラスウール [1:40]

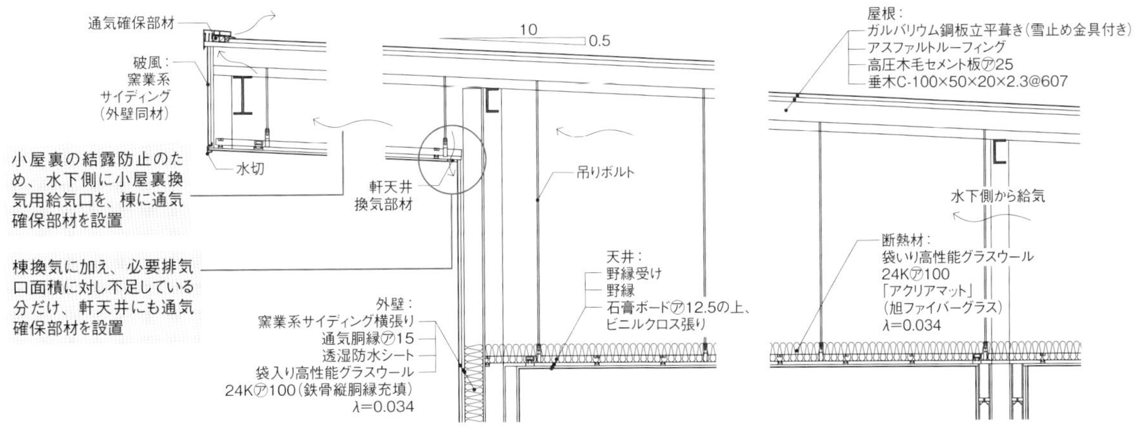
通気確保部材
破風：
窯業系
サイディング
（外壁同材）
小屋裏の結露防止のため、水下側に小屋裏換気用給気口を、棟に通気確保部材を設置
水切
軒天井
換気部材
棟換気に加え、必要排気口面積に対し不足している分だけ、軒天井にも通気確保部材を設置
10
0.5
吊りボルト
天井：
野縁受け
野縁
石膏ボード㋐12.5の上、
ビニルクロス張り
外壁：
窯業系サイディング横張り
通気胴縁㋐15
透湿防水シート
袋入り高性能グラスウール
24K㋐100（鉄骨縦胴縁充填）
λ=0.034
屋根：
ガルバリウム鋼板立平葺き（雪止め金具付き）
アスファルトルーフィング
高圧木毛セメント板㋐25
垂木C-100×50×20×2.3@607
水下側から給気
断熱材：
袋いり高性能グラスウール
24K㋐100
「アクリアマット」
（旭ファイバーグラス）
λ=0.034

1 | XPS [1:5]

天井懐に配線スペースを設ける場合

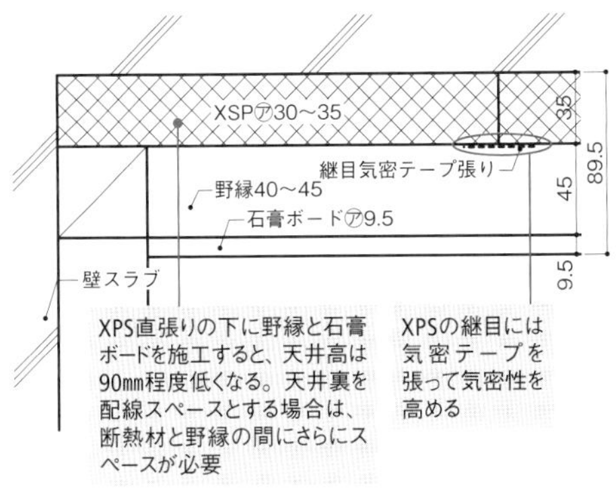
XSP㋐30～35
35
継目気密テープ張り
野縁40～45
45
89.5
石膏ボード㋐9.5
9.5
壁スラブ
XPS直張りの下に野縁と石膏ボードを施工すると、天井高は90mm程度低くなる。天井裏を配線スペースとする場合は、断熱材と野縁の間にさらにスペースが必要
XPSの継目には気密テープを張って気密性を高める

天井高を確保する場合

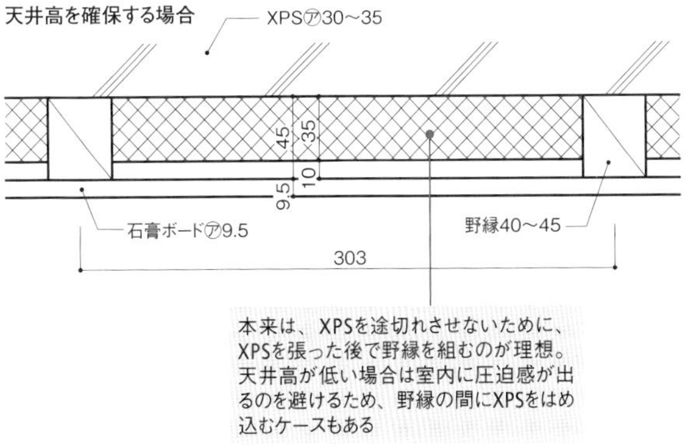
XPS㋐30～35
45
35
10
9.5
石膏ボード㋐9.5
野縁40～45
303
本来は、XPSを途切れさせないために、XPSを張った後で野縁を組むのが理想。天井高が低い場合は室内に圧迫感が出るのを避けるため、野縁の間にXPSをはめ込むケースもある

特記 ❶断熱層の外側となる小屋裏の熱気や湿気を滞留させないように、独立した小屋裏ごとに2カ所以上、小屋裏の天井面積に応じた大きさの小屋裏換気口を設ける。「木造住宅工事仕様書」（独立行政法人 住宅金融普及協会 編著）には、妻壁吸排気、軒裏吸排気、軒裏吸気、軒裏吸気・入母屋妻壁排気のそれぞれの場合について、有効換気孔面積の合計の基準が示されている ❷壁内に外気が流入して断熱性能の低下を引き起こすため ❸桁上合板と天井の間をダクトスペースとして利用できる ❹合板に天井を張ったり、合板露しにしたりすれば、さらに施工を簡略化できる。ただしダウンライトや設備貫通部の気密処理に手間がかかるため、高断熱・高気密住宅に慣れた現場向き

外気に接する床の断熱

室内の床が外気に接する床（屋外デッキやピロティ上部の床など）まで連続することもある。外部に接する床の断熱性能を高めるポイントを解説する

通気層も断熱が連続するように

木造

木造の外気に接する床はS造、RC造に比べると熱橋は少ない。ただし内部の床と比べて熱損失が大きいので、断熱材をしっかり入れないと床の表面温度が下がってしまう。また壁との通気層と連続させる必要があり、透湿防水シートの張り方にも注意したい。断熱材は繊維系、発泡プラスチック系どちらも可能だが、繊維系の場合は室内側の防湿シートも連続させるよう床合板を敷く前に処理が必要である。

冬期の冷えが室内床に伝わりやすいので注意

S造

S造では外壁、軒天井ともに乾式工法となるため、気密性の確保が難しい場合も多い。ピロティ上部など外気にさらされる床は、特に冬期の対策に注意。鉄骨梁は熱伝導率が高いので、冬期に冷えると室内床面が結露してしまう。また外部の冷たさが室内に伝わって居住性の悪化にも繋がる。これらの対策として、耐火被覆のない天井内の小梁にも断熱材を巻いておくとよい。

外部側での断熱が肝

RC造

外部に接する床の断熱方法は室内側で断熱する工法と外部側で断熱する工法がある。RC造の場合はコンクリート躯体が蓄熱するため、外部側で断熱する事が大切である。また断熱欠損によるヒートブリッジを発生させないよう、外気温度の影響を躯体に伝達させないことが肝要。1階が駐車場の上階や、エントランスホールの上部の居室は見落としがちなので、断熱を入れ忘れることのないように注意。

構造	厚み	断熱材
木造	121	高性能グラスウール
	121	現場発泡硬質ウレタンフォーム
S造	121	XPS
	121	現場発泡硬質ウレタンフォーム
RC造	121	XPS
	121	XPS＋EPS（外断熱システム）

※各事例の断熱材の厚みは一例を記載

1 | 高性能グラスウール [1:50]

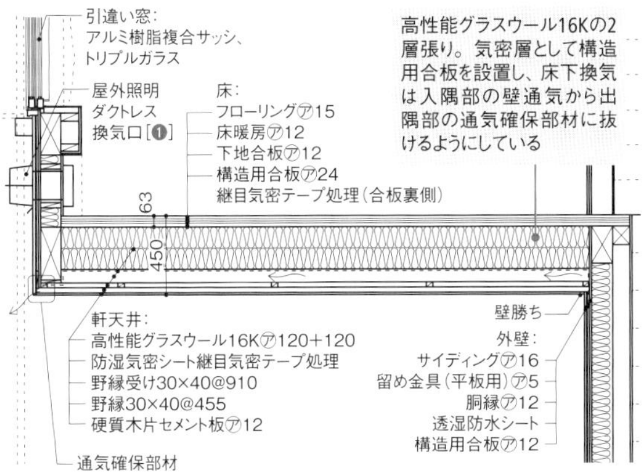

引違い窓：
アルミ樹脂複合サッシ、
トリプルガラス
屋外照明
ダクトレス
換気口[❶]
床：
フローリング㋐15
床暖房㋐12
下地合板㋐12
構造用合板㋐24
継目気密テープ処理（合板裏側）
高性能グラスウール16Kの2層張り。気密層として構造用合板を設置し、床下換気は入隅部の壁通気から出隅部の通気確保部材に抜けるようにしている
63
450
軒天井：
高性能グラスウール16K㋐120+120
防湿気密シート継目気密テープ処理
野縁受け30×40@910
野縁30×40@455
硬質木片セメント板㋐12
通気確保部材
壁勝ち
外壁：
サイディング㋐16
留め金具（平板用）㋐5
胴縁㋐12
透湿防水シート
構造用合板㋐12

2 | 現場発泡硬質ウレタンフォーム [1:30]

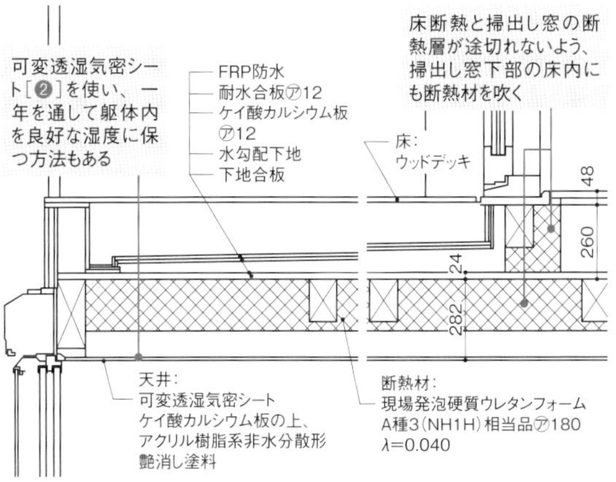

可変透湿気密シート[❷]を使い、一年を通して躯体内を良好な湿度に保つ方法もある
FRP防水
耐水合板㋐12
ケイ酸カルシウム板
㋐12
水勾配下地
下地合板
床断熱と掃出し窓の断熱層が途切れないよう、掃出し窓下部の床内にも断熱材を吹く
床：
ウッドデッキ
48
260
24
282
天井：
可変透湿気密シート
ケイ酸カルシウム板の上、
アクリル樹脂系非水分散形
艶消し塗料
断熱材：
現場発泡硬質ウレタンフォーム
A種3（NH1H）相当品㋐180
λ=0.040

1 | XPS [1:20]

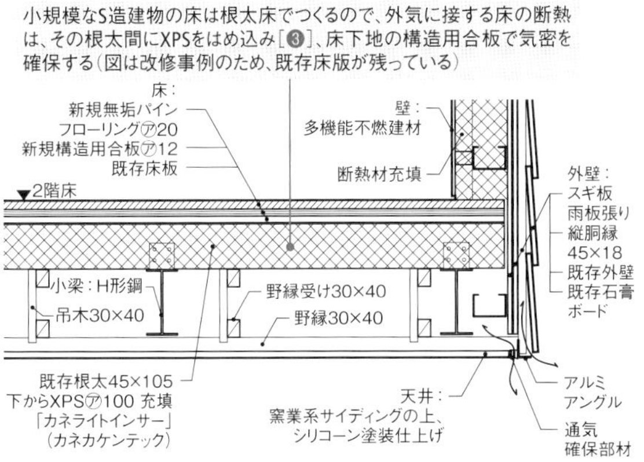

小規模なS造建物の床は根太床でつくるので、外気に接する床の断熱は、その根太間にXPSをはめ込み[❸]、床下地の構造用合板で気密を確保する（図は改修事例のため、既存床版が残っている）
床：
新規無垢パイン
フローリング㋐20
新規構造用合板㋐12
既存床板
壁：
多機能不燃建材
断熱材充填
2階床
外壁：
スギ板
雨板張り
縦胴縁
45×18
既存外壁
既存石膏
ボード
小梁：H形鋼
吊木30×40
野縁受け30×40
野縁30×40
既存根太45×105
下からXPS㋐100 充填
「カネライトインサー」
（カネカケンテック）
天井：
窯業系サイディングの上、
シリコーン塗装仕上げ
アルミ
アングル
通気
確保部材

2 | 現場発泡硬質ウレタンフォーム [1:60]

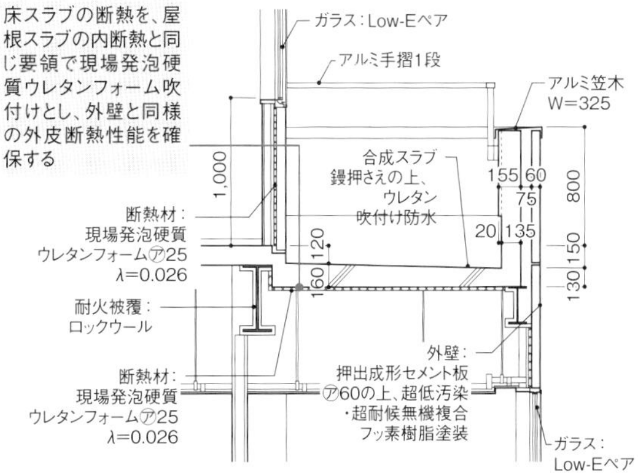

床スラブの断熱を、屋根スラブの内断熱と同じ要領で現場発泡硬質ウレタンフォーム吹付けとし、外壁と同様の外皮断熱性能を確保する
ガラス：Low-Eペア
アルミ手摺1段
アルミ笠木
W=325
1,000
合成スラブ
鋲押さえの上、
ウレタン
吹付け防水
155
60
75
20
135
800
150
130
120
160
断熱材：
現場発泡硬質
ウレタンフォーム㋐25
λ=0.026
耐火被覆：
ロックウール
断熱材：
現場発泡硬質
ウレタンフォーム㋐25
λ=0.026
外壁：
押出成形セメント板
㋐60の上、超低汚染
・超耐候無機複合
フッ素樹脂塗装
ガラス：
Low-Eペア

1 | XPS [1:50]

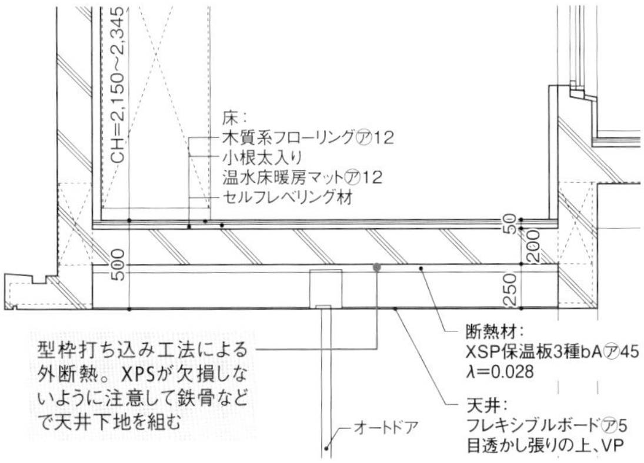

CH=2,150〜2,345
床：
木質系フローリング㋐12
小根太入り
温水床暖房マット㋐12
セルフレベリング材
50
200
250
500
型枠打ち込み工法による外断熱。XPSが欠損しないように注意して鉄骨などで天井下地を組む
断熱材：
XSP保温板3種bA㋐45
λ=0.028
天井：
フレキシブルボード㋐5
目透かし張りの上、VP
オートドア

2 | XPS+EPS（外断熱システム） [1:50]

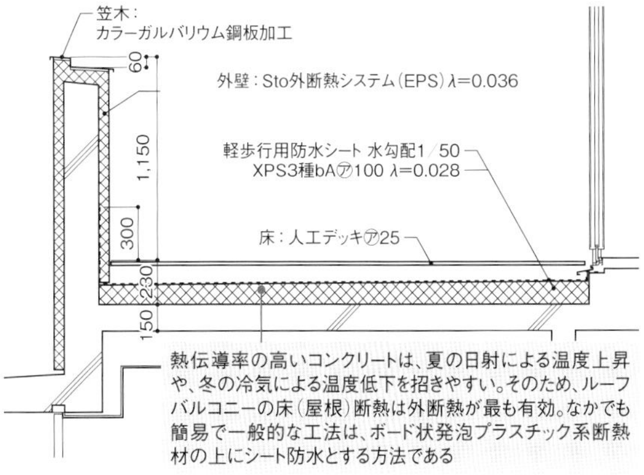

笠木：
カラーガルバリウム鋼板加工
60
外壁：Sto外断熱システム（EPS）λ=0.036
1,150
軽歩行用防水シート 水勾配1／50
XPS3種bA㋐100 λ=0.028
300
床：人工デッキ㋐25
230
150
熱伝導率の高いコンクリートは、夏の日射による温度上昇や、冬の冷気による温度低下を招きやすい。そのため、ルーフバルコニーの床（屋根）断熱は外断熱が最も有効。なかでも簡易で一般的な工法は、ボード状発泡プラスチック系断熱材の上にシート防水とする方法である

特記

❶熱交換型のダクトレス換気の利用や気密シートなどによる気密の徹底により、C値を小さく抑えた。暖房をほとんど使わなくても快適な室内環境を実現している
❷壁体内の湿度に応じて透湿性が変化するシート
❸下階の天井側を断熱する方法もあるが、外壁側が断熱欠損しやすく、気密層を連続させることも困難になる

屋根断熱

天井断熱よりも内部空間を自由にデザインすることができるが、断熱材の厚みに制約が発生する。限られた寸法のなかで、熱橋や結露を防ぐ方法を解説

木造

厚手化・高性能化が基本

建物の断熱性能を高めたい場合はまず屋根断熱を厚くすることを検討する[❶]。登り梁間に施工する充填断熱と野地板の上に施工する外張り断熱があり、屋根形状や小屋組の見せ方などに応じて工法を選択する。

なお勾配天井の場合、垂木間に換気ダクトや電気配線のスペースが必要になる。防湿気密シートよりも室内側に天井を設け、その空間をダクト・配線スペースとすれば、防湿気密シートを貫通させることなく気密を確保できる。

S造

ボード状断熱が好適

S造の屋根は、デッキプレートや折板を用いるのが主流である。デッキプレートの場合、コンクリート打設後にボード状断熱材を乗せる。ただしフラットデッキ（凹凸のないデッキプレート）の場合は、直接ボード状断熱材を張り付けた上からコンクリートを打設する。折板の場合は、二重折板にして間にグラスウールを充填する。もし単板で使用する場合は、室内側に断熱シートを張るとよい。

RC造

屋上は露出防水工法が一般的

RC造は発泡硬質ウレタンフォーの吹付けによる内断熱が一般的。通常、壁断熱よりも日射の影響が大きい屋根の断熱は、壁の1.5〜2倍程度に厚くする。

屋根（屋上）を外断熱とする場合は、防水層を断熱材の下に設ける方法と、断熱材の上に設ける方法に分かれる。屋上に人が立ち入らないマンションなどの建物では、断熱材の上に防水層を設ける屋上露出防水工法が一般的。断熱材が濡れるのを防ぎ、断熱材の劣化や断熱性能の低下を予防する。この場合は防水施工業者による責任施工となる。

※各事例の断熱材の厚みは一例を記載

1 | セルロースファイバー［1:30］

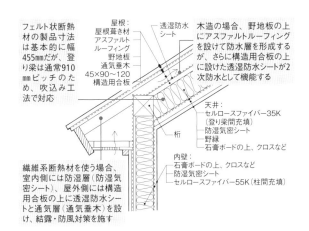

フェルト状断熱材の製品寸法は基本的に幅455mmだが、登り梁は通常910mmピッチのため、吹込み工法で対応

木造の場合、野地板の上にアスファルトルーフィングを設けて防水層を形成するが、さらに上に設けた透湿防水シートが2次防水として機能する

屋根：
屋根葺き材
アスファルトルーフィング
野地板
通気垂木
45×90〜120
構造用合板

透湿防水シート

天井：
セルロースファイバー35K
（登り梁間充填）
防湿気密シート
野縁
石膏ボードの上、クロスなど

桁

内壁：
石膏ボードの上、クロスなど
防湿気密シート
セルロースファイバー55K（柱間充填）

繊維系断熱材を使う場合、室内側には防湿層（防湿気密シート）、屋外側には構造用合板の上に透湿防水シートと通気層（通気垂木）を設け、結露・防風対策を施す

2 | 高性能グラスウール［1:50］

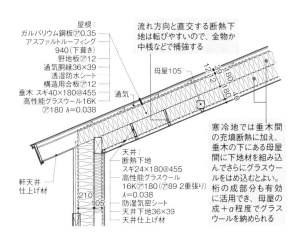

屋根：
ガルバリウム鋼板ア0.35
アスファルトルーフィング940（下葺き）
野地板ア12
通気胴縁36×39
透湿防水シート
構造用合板ア12
垂木 スギ40×180@455
高性能グラスウール16K
ア180 λ=0.038

流れ方向と直交する断熱下地は転びやすいので、金物か中桟などで補強する

母屋105

通気

天井：
断熱下地
スギ24×180@455
高性能グラスウール
16Kア180（ア89 2重張り）
λ=0.038
防湿気密シート
天井下地36×39
天井仕上げ材

軒天井
仕上げ材

寒冷地では垂木間の充填断熱に加え、垂木の下にある母屋間に下地材を組み込んでさらにグラスウールをはめ込むとよい。桁の成部分も有効に活用でき、母屋の成＋α程度でグラスウールを納められる

1 | 現場発泡硬質ウレタンフォーム

❶ 吹付け工法（25mm厚）［1:50］

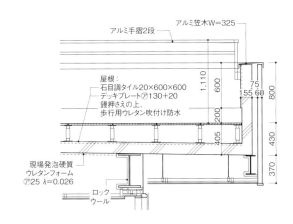

アルミ手摺2段

アルミ笠木W=325

屋根：
石目調タイル20×600×600
デッキプレートア130+20
錆押さえの上、
歩行用ウレタン吹付け防水

現場発泡硬質
ウレタンフォーム
ア25 λ=0.026

ロックウール

❷ 吹付け工法（100mm厚）［1:30］

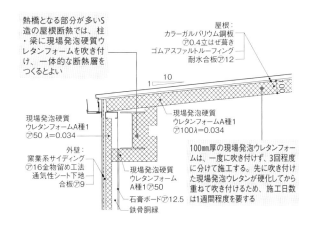

熱橋となる部分が多いS造の屋根断熱では、柱・梁に現場発泡硬質ウレタンフォームを吹き付け、一体的な断熱層をつくるとよい

屋根：
カラーガルバリウム鋼板
ア0.4立はぜ葺き
ゴムアスファルトルーフィング
耐水合板ア12

現場発泡硬質
ウレタンフォームA種1
ア100λ=0.034

現場発泡硬質
ウレタンフォームA種1
ア50 λ=0.034

外壁：
窯業系サイディング
ア16金物留め工法
通気性シート下地
合板ア9

現場発泡硬質
ウレタンフォーム
A種1ア50

石膏ボードア12.5

鉄骨胴縁

100mm厚の現場発泡ウレタンフォームは、一度に吹き付けず、3回程度に分けて施工する。先に吹き付けた現場発泡ウレタンが硬化してから重ねて吹き付けるため、施工日数は1週間程度を要する

1 | EPS（外断熱システム）［1:20］

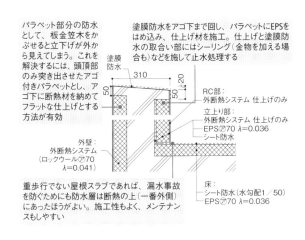

パラペット部分の防水として、板金笠木をかぶせると立下げが外から見えてしまう。これを解決するには、頭頂部のみ突き出させたアゴ付きパラペットとし、アゴ下に断熱材を納めてフラットな仕上げとする方法が有効

塗膜防水をアゴ下まで回し、パラペットにEPSをはめ込み、仕上げ材を施工。仕上げと塗膜防水の取合い部にはシーリング（金物を加える場合も）などを施して止水処理する

塗膜防水

RC部：
外断熱システム 仕上げのみ

立上り部：
外断熱システム 仕上げのみ
EPSア70 λ=0.036
シート防水

外壁：
外断熱システム
（ロックウールア70
λ=0.041）

床：
シート防水（水勾配1／50）
EPSア70 λ=0.036

重歩行でない屋根スラブであれば、漏水事故を防ぐためにも防水層は断熱の上（一番外側）にあったほうがよい。施工性もよく、メンテナンスもしやすい

2 | XPS［1:40］

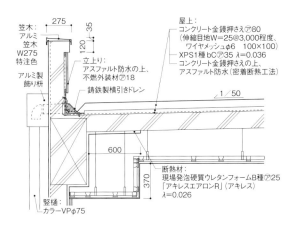

笠木
アルミ
笠木
W275
特注色

アルミ製
飾り枠

立上り：
アスファルト防水の上、
不燃外装材ア18

鋳鉄製横引きドレン

屋上：
コンクリート金鏝押さえア80
（伸縮目地W=25@3,000程度、
ワイヤメッシュφ6 100×100）
XPS1種 bCア35 λ=0.036
コンクリート金鏝押さえの上、
アスファルト防水（密着断熱工法）

1／50

断熱材：
現場発泡硬質ウレタンフォームB種25
「アキレスエアロンR」（アキレス）
λ=0.026

竪樋：
カラーVPφ75

特記 ❶グラスウール100mm厚と300mm厚を比べると、室内の天井表面温度は300mm厚のほうが1.2℃低くなる。1.2℃の差で室内環境はかなり良好になる

木造

3 | フェノールフォーム [1:25]

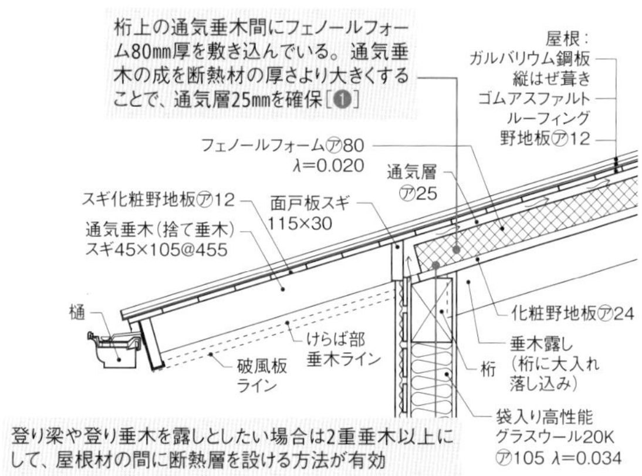

桁上の通気垂木間にフェノールフォーム80mm厚を敷き込んでいる。通気垂木の成を断熱材の厚さより大きくすることで、通気層25mmを確保[❶]
屋根：
ガルバリウム鋼板
縦はぜ葺き
ゴムアスファルト
ルーフィング
野地板㋐12
フェノールフォーム㋐80
λ=0.020
通気層
㋐25
スギ化粧野地板㋐12
面戸板スギ
115×30
通気垂木（捨て垂木）
スギ45×105@455
樋
けらば部
垂木ライン
破風板
ライン
化粧野地板㋐24
垂木露し
（桁に大入れ
落し込み）
桁
袋入り高性能
グラスウール20K
㋐105 λ=0.034
登り梁や登り垂木を露しとしたい場合は2重垂木以上にして、屋根材の間に断熱層を設ける方法が有効

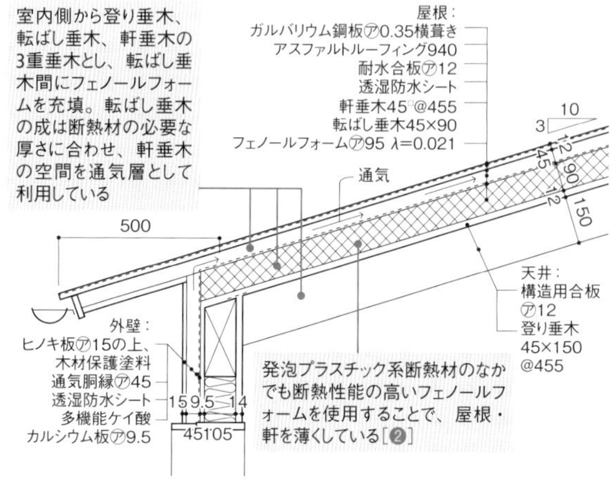

室内側から登り垂木、転ばし垂木、軒垂木の3重垂木とし、転ばし垂木間にフェノールフォームを充填。転ばし垂木の成は断熱材の必要な厚さに合わせ、軒垂木の空間を通気層として利用している
屋根：
ガルバリウム鋼板㋐0.35横葺き
アスファルトルーフィング940
耐水合板㋐12
透湿防水シート
軒垂木45 @455
転ばし垂木45×90
フェノールフォーム㋐95 λ=0.021
通気
10
3
12
45
90
12
150
500
天井：
構造用合板
㋐12
登り垂木
45×150
@455
外壁：
ヒノキ板㋐15の上、
木材保護塗料
通気胴縁㋐45
透湿防水シート
多機能ケイ酸
カルシウム板㋐9.5
15 9.5 14
45 105
発泡プラスチック系断熱材のなかでも断熱性能の高いフェノールフォームを使用することで、屋根・軒を薄くしている[❷]

S造

2 | ボード状硬質ウレタンフォーム [1:20]

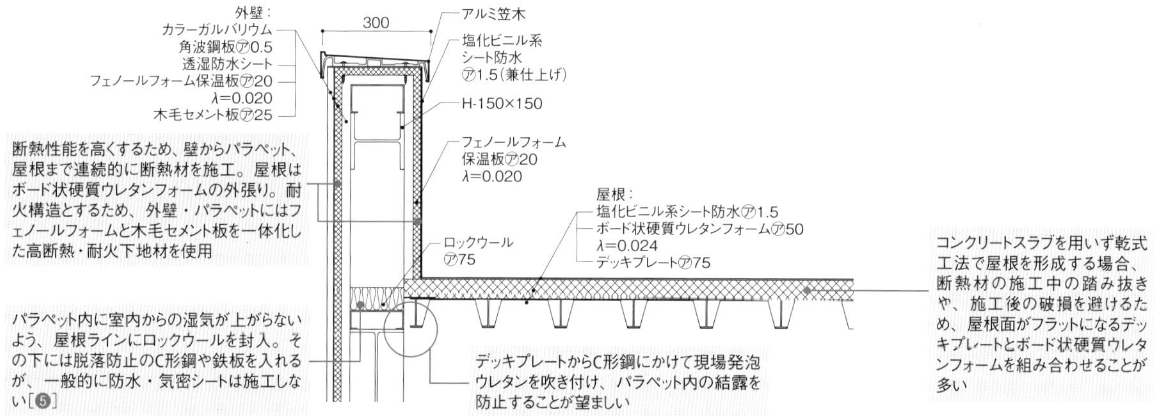

外壁：
カラーガルバリウム
角波鋼板㋐0.5
透湿防水シート
フェノールフォーム保温板㋐20
λ=0.020
木毛セメント板㋐25
300
アルミ笠木
塩化ビニル系
シート防水
㋐1.5（兼仕上げ）
H-150×150
フェノールフォーム
保温板㋐20
λ=0.020
断熱性能を高くするため、壁からパラペット、屋根まで連続的に断熱材を施工。屋根はボード状硬質ウレタンフォームの外張り。耐火構造とするため、外壁・パラペットにはフェノールフォームと木毛セメント板を一体化した高断熱・耐火下地材を使用
屋根：
塩化ビニル系シート防水㋐1.5
ボード状硬質ウレタンフォーム㋐50
λ=0.024
デッキプレート㋐75
ロックウール
㋐75
コンクリートスラブを用いず乾式工法で屋根を形成する場合、断熱材の施工中の踏み抜きや、施工後の破損を避けるため、屋根面がフラットになるデッキプレートとボード状硬質ウレタンフォームを組み合わせることが多い
パラペット内に室内からの湿気が上がらないよう、屋根ラインにロックウールを封入。その下には脱落防止のC形鋼や鉄板を入れるが、一般的に防水・気密シートは施工しない[❺]
デッキプレートからC形鋼にかけて現場発泡ウレタンを吹き付け、パラペット内の結露を防止することが望ましい

RC造

3 | ボード状硬質ウレタンフォーム [1:50]

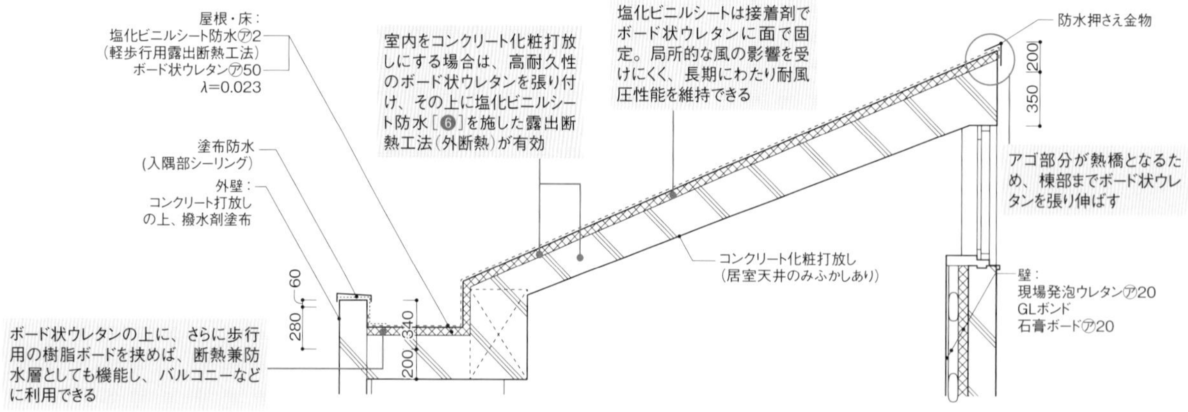

屋根・床：
塩化ビニルシート防水㋐2
（軽歩行用露出断熱工法）
ボード状ウレタン㋐50
λ=0.023
室内をコンクリート化粧打放しにする場合は、高耐久性のボード状ウレタンを張り付け、その上に塩化ビニルシート防水[❻]を施した露出断熱工法（外断熱）が有効
塩化ビニルシートは接着剤でボード状ウレタンに面で固定。局所的な風の影響を受けにくく、長期にわたり耐風圧性能を維持できる
防水押さえ金物
200
350
アゴ部分が熱橋となるため、棟部までボード状ウレタンを張り伸ばす
塗布防水
（入隅部シーリング）
外壁：
コンクリート打放し
の上、撥水剤塗布
コンクリート化粧打放し
（居室天井のみふかしあり）
壁：
現場発泡ウレタン㋐20
GLボンド
石膏ボード㋐20
60
280
340
200
ボード状ウレタンの上に、さらに歩行用の樹脂ボードを挟めば、断熱兼防水層としても機能し、バルコニーなどに利用できる

特記
❶野地板に現場発泡硬質ウレタンフォームを直接吹き付け、結露発生場所となる屋根の隙間をなくす
❷たとえば高性能グラスウール 32K で同様の断熱性能を実現する場合、厚さ 170㎜相当となる
❸同様の性能をグラスウールで実現する場合、250㎜相当の厚みが必要となる

4| XPS［1:50］

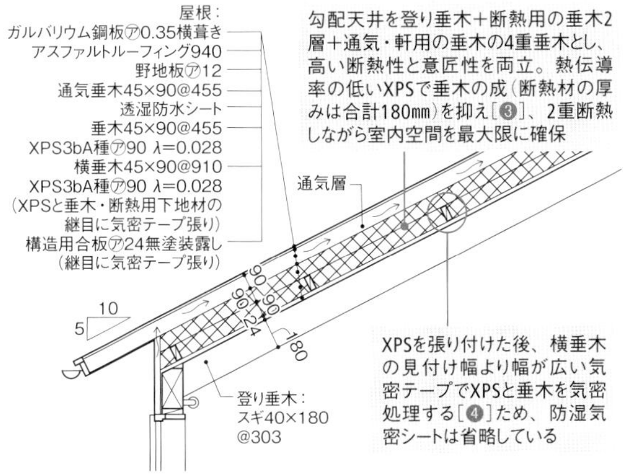
屋根：
ガルバリウム鋼板㋐0.35横葺き
アスファルトルーフィング940
野地板㋐12
通気垂木45×90@455
透湿防水シート
垂木45×90@455
XPS3bA種㋐90 λ=0.028
横垂木45×90@910
XPS3bA種㋐90 λ=0.028
（XPSと垂木・断熱用下地材の継目に気密テープ張り）
構造用合板㋐24無塗装露し
（継目に気密テープ張り）
勾配天井を登り垂木＋断熱用の垂木2層＋通気・軒用の垂木の4重垂木とし、高い断熱性と意匠性を両立。熱伝導率の低いXPSで垂木の成（断熱材の厚みは合計180㎜）を抑え［❸］、2重断熱しながら室内空間を最大限に確保
通気層
10
5
90
90
90
24
180
登り垂木：
スギ40×180
@303
XPSを張り付けた後、横垂木の見付け幅より幅が広い気密テープでXPSと垂木を気密処理する［❹］ため、防湿気密シートは省略している

5| 現場発泡硬質ウレタンフォーム［1:10］

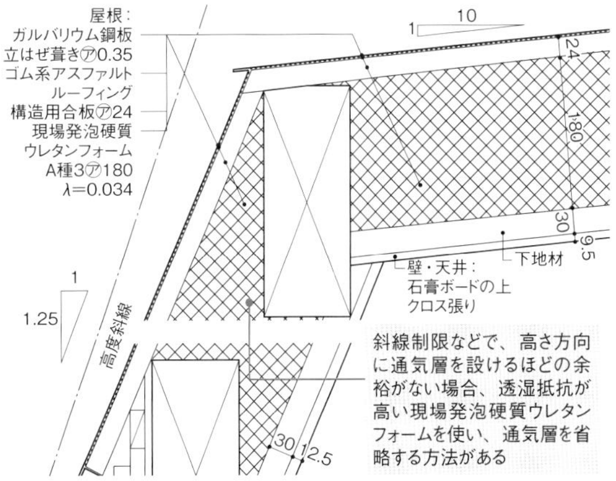
屋根：
ガルバリウム鋼板
立はぜ葺き㋐0.35
ゴム系アスファルト
ルーフィング
構造用合板㋐24
現場発泡硬質
ウレタンフォーム
A種3㋐180
λ=0.034
1
10
24
180
30
9.5
下地材
壁・天井：
石膏ボードの上
クロス張り
1
1.25
高度斜線
30
12.5
斜線制限などで、高さ方向に通気層を設けるほどの余裕がない場合、透湿抵抗が高い現場発泡硬質ウレタンフォームを使い、通気層を省略する方法がある

3| 現場発泡硬質ウレタンフォーム＋ボード状硬質ウレタンフォーム［1:15］

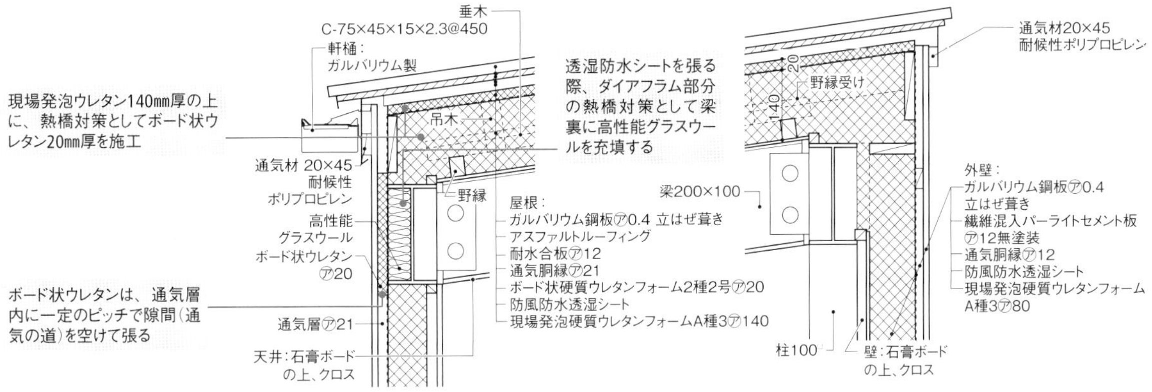
垂木
C-75×45×15×2.3@450
軒樋：
ガルバリウム製
現場発泡ウレタン140㎜厚の上に、熱橋対策としてボード状ウレタン20㎜厚を施工
吊木
通気材 20×45
耐候性
ポリプロピレン
野縁
高性能
グラスウール
ボード状ウレタン
㋐20
ボード状ウレタンは、通気層内に一定のピッチで隙間（通気の道）を空けて張る
通気層㋐21
天井：石膏ボード
の上、クロス
透湿防水シートを張る際、ダイアフラム部分の熱橋対策として梁裏に高性能グラスウールを充填する
屋根：
ガルバリウム鋼板㋐0.4 立はぜ葺き
アスファルトルーフィング
耐水合板㋐12
通気胴縁㋐21
ボード状硬質ウレタンフォーム2種2号㋐20
防風防水透湿シート
現場発泡硬質ウレタンフォームA種3㋐140
20
140
野縁受け
梁200×100
通気材20×45
耐候性ポリプロピレン
外壁：
ガルバリウム鋼板㋐0.4
立はぜ葺き
繊維混入パーライトセメント板
㋐12無塗装
通気胴縁㋐12
防風防水透湿シート
現場発泡硬質ウレタンフォーム
A種3㋐80
柱100
壁：石膏ボード
の上、クロス

4| 現場発泡硬質ウレタンフォーム（＋屋上緑化）［1:50］

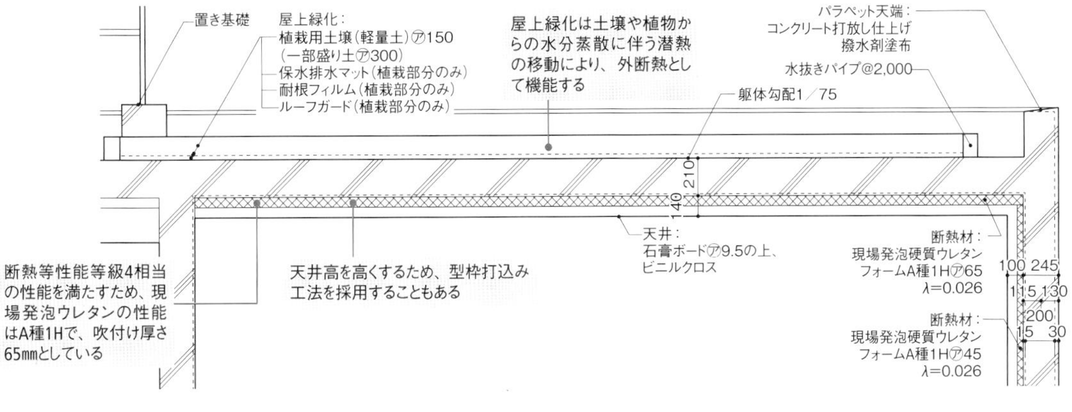
置き基礎
屋上緑化：
植栽用土壌（軽量土）㋐150
（一部盛り土㋐300）
保水排水マット（植栽部分のみ）
耐根フィルム（植栽部分のみ）
ルーフガード（植栽部分のみ）
屋上緑化は土壌や植物からの水分蒸散に伴う潜熱の移動により、外断熱として機能する
パラペット天端：
コンクリート打放し仕上げ
撥水剤塗布
水抜きパイプ@2,000
躯体勾配1／75
210
140
天井：
石膏ボード㋐9.5の上、
ビニルクロス
断熱等性能等級4相当の性能を満たすため、現場発泡ウレタンの性能はA種1Hで、吹付け厚さ65㎜としている
天井高を高くするため、型枠打込み工法を採用することもある
断熱材：
現場発泡硬質ウレタン
フォームA種1H㋐65
λ=0.026
100 245
115 130
200
15 30
断熱材：
現場発泡硬質ウレタン
フォームA種1H㋐45
λ=0.026

特記
❹袋入りグラスウールを用いる場合は、耳の部分を垂木にステープルで留め付け、気密テープで隙間をふさぐ
❺局所的にシート材を入れるだけでは気密・防水ラインを形成できないため
❻塩化ビニル樹脂を原料とした防水シートを接着剤などで固定し、ジョイント部を溶融、一体化して連続被膜を形成する防水工法

執筆者プロフィール（五十音順）

アールデザイン
千葉県浦安市の新浦安エリアを中心に、自然素材 や健康住宅リフォーム、マンションのリノベーション工事、断熱改修工事、高気密高断熱住宅、環境に配慮した省エネ注文住宅などの提案を行う
＞天井断熱（RC造）

池田浩和［いけだ・ひろかず］ 岡庭建設
1967年東京生まれ。設計事務所等を経て、岡庭建設入社、同社専務取締役。東京家造り工務店の会、JBN全国工務店協会、TBN、SAREXなどに所属
＞外壁、開口部（木造）

磯村一司［いそむら・かずし］ ギルド・デザイン
1957年愛知県生まれ。'84年明治大学大学院修士課程修了、同年水澤工務店入社。'93年ギルド・デザイン設立。現在に至る
＞外壁・開口部（木造）、床（RC造）

伊藤雅春［いとう・まさはる］ アトリエGACOO
1962年静岡県生まれ。'85年名古屋工業大学建築学科卒業、同年東レ建設入社。2003年アトリエGACOO伊藤雅春一級建築士事務所設立、現在に至る
＞屋根（RC造）

稲継豊毅［いなつぎ・とよき］ 稲継豊毅計画工房
1958年生まれ。'81年神奈川大学工学部建築学科卒業。同年神奈川大学工学部建築学科志水研究室勤務。'82年高田弘建築工房入所。'98年稲継豊毅計画工房設立、現在に至る
＞床、内壁、天井（S造、RC造）

臼井 徹［うすい・とおる］ U建築設計室
1973年神奈川県生まれ。2001年U設計室設立。'05年U建築設計室に改称
＞壁断熱・外気に接する床の断熱、屋根断熱（RC造）

江中建設［えなかけんせつ］
1836年創業。「建築に向き合い未来を拓く」を理念に掲げ、地域に住まう人の「家のホームドクター」として、施工時だけでなくその後のメンテナンスやリフォーム、建替えまでをサポートするために、常に学ぶ姿勢を大切にしている
＞床・基礎断熱、天井断熱、外気に接する床の断熱（木造）

大戸 浩［おおと・ひろし］ 建築計画網・大系舎
1954年神奈川県生まれ。'78年福井大学工学部建築学科卒業。'81年渡辺豊和建築工房入所。'83年大野建築アトリエ入所。'89年建築計画網・大系舎設立、現在に至る
＞天井、浴室（木造）

織田遼平［おだ・りょうへい］ 織田建築設計室
1984年神奈川県生まれ。2007年中央大学理工学部土木工学科卒業後、現場監督として分譲住宅メーカーに勤務。'10年デザインファーム建築設計スタジオ入学。'12年彦根建築設計事務所を経て、'19年織田建築設計室を設立
＞壁断熱（木造）

勝見紀子［かつみ・のりこ］ アトリエ・ヌック建築事務所
1963年石川県生まれ。'84年女子美術短期大学造形科卒業。'88年桑沢デザイン研究所スペースデザイン科卒業。連合設計社市谷建築事務所勤務、主に個人住宅の設計に携わる。'99年アトリエ・ヌック建築事務所設立
＞屋根断熱（木造）

上大迫真一［かみおおさこ・しんいち］ シノフィス一級建築士事務所
1968年鹿児島県生まれ。'92年鹿児島大学工学部建築学科卒業。前田建築事務所勤務後、2007年にシノフィス設立
＞外気に接する床の断熱、屋根断熱（S造）

神成 健［かんなり・けん］ 神成建築計画事務所
1961年宮城県生まれ。'86年東京理科大学大学院理工学研究科建築学専攻修士課程修了後、日建設計勤務。2007年神成建築計画事務所設立
＞屋根断熱（木造）

小島建一［こじま・けんいち］ 想設計工房
1947年埼玉県生まれ。'71年法政大学工学部建築学科卒業、同年木村誠之助総合計画事務所入社。'82年想設計工房設立、現在に至る
＞床、階段（木造）

佐藤高志［さとう・たかし］ サトウ工務店
1968年新潟県生まれ。県内の建築事務所に勤務後、2002年サトウ工務店に入社。'10年同工務店代表に就任
＞外気に接する床の断熱（S造）

佐藤欣裕［さとう・やすひろ］ もるくす建築社
1984年秋田県生まれ。2012年もるくす建築社設立
＞床・基礎断熱、壁断熱、屋根断熱（木造）

白石建設［しらいしけんせつ］
1949年創業。「品質はすべてに優先する」という企業理念の下、設計図面では表現が難しい施工面での仕上げや、品質管理、施工精度などを追求する。特にコンクリート打放しの施工では、日本におけるパイオニア的な存在であり、その高精度な施工技術が高く評価されている今回は以下の者が執筆した

春日靖雅［かすが・やすまさ］

1963年東京都生まれ。1級建築士、1級建築施工管理技士、1級土木施工管理技士。'88年白石建設に入社。現場での施工管理に従事、その後技術部で仮設計画・品質管理を担当
＞壁断熱、外気に接する床の断熱、屋根断熱（RC造）

関本竜太［せきもと・りょうた］リオタデザイン

1971年埼玉県生まれ。'94年日本大学理工学部建築学科を卒業し、'99年までエーディーネットワーク建築研究所に勤務。2000～'01年フィンランドのヘルシンキ工科大学（現アアルト大学）に留学。帰国後、'02年にリオタデザイン設立
＞床・基礎断熱、壁断熱、屋根断熱（木造）

瀬野和広［せの・かずひろ］設計アトリエ

1957年山形県生まれ。'78年東京デザイナー学院スペースデザイン科卒業。大成建設設計本部などを経て'88年設計アトリエ設立、現在に至る
＞開口部、屋根（木造）

タカラスペースデザイン

1959年、親会社であるタカラベルモントの建設部門を分離し設立。理美容室、エステ、化粧品店舗のほか、歯科をはじめとした諸医院の内装および建築物の設計・施工を手がける
＞屋根断熱（S造）

滝川博之［たきがわ・ひろゆき］アーキスタジオ

1958年兵庫県神戸市生まれ。'90年東京藝術大学大学院修士課程修了。'90年アーキスタジオ設立。RC外断熱の住宅、集合住宅を多数手がける
＞床・基礎断熱（木造）、壁断熱（S造、RC造）、屋根断熱（S造）

竹中工務店［たけなかこうむてん］

1899年創立。「最良の作品を世に遺し、社会に貢献する」という経営理念の下、設計施工一貫体制・技術開発力を強みに、ランドマークとなる建築物を数々手がけている。グループの総合力により、社会課題を解決し、豊かで安全・安心なまちづくりの実現を目指している
＞壁断熱（S造、R造）、屋根断熱（S造）

豊田保之［とよだ・やすし］トヨダヤスシ建築設計事務所

1974年京都府生まれ。'96年大阪芸術大学芸術学部建築学科卒業。'96～'99年瀬戸本淳建築研究室。'99～2004年Ms建築設計事務所。'05年トヨダヤスシ建築設計事務所設立
＞壁断熱（木造）

中川純一［なかがわ・じゅんいち］設計事務所バリカン

1974年千葉県生まれ。'97年金沢工業大学建築学科卒業。2001年佐藤光彦建築設計事務所入所。'04年日祥工業入社、'09年設計事務所バリカン開設。現在に至る
＞建具、浴室（木造、S造、RC造）

西方里見［にしかた・さとみ］西方設計

1951年秋田県生まれ。'75年室蘭工業大学建築工学科卒業。'75年青野環境設計研究所を経て、'81年西方設計工房開所。'93年西方設計に組織変更し、現在に至る。2004年地域の設計組合「設計チーム木」を結成（代表理事）。'16年「エコハウス・アワード」エコハウス大賞受賞

林　修三［はやし・しゅうぞう］金子設計

1960年神奈川県生まれ。'84年関東学院大学工学部建築学科卒業。同年金子設計入所。1998年～2005年関東学院大学非常勤講師。現在、執行役員設計室長
＞外壁、開口部（S造、RC造）

彦根　明［ひこね・あきら］彦根明建築設計事務所

1962年埼玉県生まれ。'87年東京藝術大学建築学科修士課程修了後、磯崎新アトリエ入所。'90年彦根建築設計事務所を設立。'99～2021年東海大学非常勤講師
＞壁断熱（木造）

古川泰司［ふるかわ・やすし］アトリエフルカワ

1963年新潟県生まれ。'85年武蔵野美術大学卒業。'88年筑波大学修士課程修了。長谷川敬アトリエ、内田工務店を経て、'98年アトリエフルカワ設立。現在に至る
＞外壁、開口部、内壁、建具（木造）

松岡哲也［まつおか・てつや］松岡哲也建築設計事務所

1961年鳥取県生まれ。'87年明治大学大学院博士前期課程修了、同年芦原太郎建築事務所入所。2001年松岡哲也建築設計事務所設立。現在に至る
＞屋根（S造）

松原正明［まつばら・まさあき］木々設計室

1956年福島県生まれ。東京電機大学工学部建築学科卒業。'86年に松原正明建築設計室設立。2018年に木々設計室に改称。NPO法人家づくりの会設計会員
＞屋根断熱（木造）

横松邦明［よこまつ・くにあき］横松建築設計事務所

東京・栃木を中心に、主に幼稚園・保育所などの園舎や、クリニックなど医療・福祉施設の設計を手がける。IT製造企業在職中に身に付けたモデリングソフトのスキルを生かし、3DCADやBIMを取り入れた新しい設計スタイルを確立している
＞床・基礎断熱（S造、RC造）、壁断熱（S造）、天井断熱（S造）、屋根断熱（RC造）

フォーマットデザイン：細山田デザイン事務所

DTP：TKクリエイト

木造・S造・RC造　ディテール集
断熱納まり増補版

2024年6月4日　初版第1刷発行

発行者　　三輪浩之

発行所　　株式会社エクスナレッジ
　　　　　〒106-0032
　　　　　東京都港区六本木7-2-26
　　　　　https://www.xknowledge.co.jp/

問合せ先　編集　Tel 03-3403-1381／Fax 03-3403-1345
　　　　　　　　info@xknowledge.co.jp
　　　　　販売　Tel 03-3403-1321／Fax 03-3403-1829